내 성격이 왜?

내 성격이 왜?

지은이 박영규

1판 1쇄 인쇄 2023년 7월 3일
1판 1쇄 발행 2023년 7월 18일

발행처 (주)옥당북스
발행인 신은영

등록번호 제2018-000080호
등록일자 2018년 5월 4일

주소 경기도 고양시 일산동구 위시티1로 7, 507-303
전화 (070)8224-5900 **팩스** (031)8010-1066

블로그 blog.naver.com/coolsey2
포스트 post.naver.com/coolsey2
이메일 coolsey2@naver.com

값은 표지에 있습니다.
ISBN 979-11-89936-42-6 (03180)

내 성격이 왜?

체질, 혈액형, 두뇌유형으로 알아보는
나의 성격유형 테스트

박영규 지음

옥당

진정한 자아를 찾는
행복취득술을 권하며

내 몸을 알아야 내 성격을 이해할 수 있다

전업 작가로 산 지 어언 30년이다. 그동안 주로 역사, 문학, 철학, 종교 등에 관한 50여 권의 책을 출간하며 인문학에 몰두해 왔다. 인문학의 궁극적 목표는 한 마디로 '사람 알기'라고 할 수 있다. 그런 차원에서 필자는 인문학 탐구의 한쪽 구석에서 지난 30년 동안 줄곧 사람에 대한 탐구를 지속해 왔다.

사람에 대한 탐구라고 하면 마치 인류학이나 의학, 심리학 같은 복잡한 학문을 떠올리기 십상이다. 하지만 필자가 주력한 '사람 알기'는 그런 전문적인 학문 영역이 아니라 사람을 대하는 태도나 말투, 고질적 습관, 인간관계, 연애, 결혼, 업무 스타일 등등 우리의 삶 속에서 흔히 보이는 사람들의 소소한 행동 양식에 대한 공통점을 파악하여 체계화하는 일이었다.

이런 일련의 사람에 대한 탐구를 위해 필자는 그동안 사주 팔자니 손금이니 하는 명리학, 즉 인간의 운명을 다루는 지식을 시작으로 프로이트나 융 등의 성격 심리학을 거쳐 인간관계 또는 행동 방식, 성격, 리더십 등을 다루는 에니어그램, MBTI와 같은 책은 물론이고 복잡다단한 의학이나 과학책도 탐독했다.

이 과정에서 필자는 중요한 사실 하나를 깨달았다. 그것은 사람의 행동 양식은 대부분 타고난 성격에 의해서 이뤄진다는 것이고, 성격은 곧 타고난 몸으로부터 비롯된다는 것이었다. 따라서 나의 행동 양식을 이해하려면 나의 성격을 알아야 하고, 나의 성격을 이해하려면 나의 몸을 알아야 한다.

체질이 성격의 뿌리다

그런데 프로이트나 융의 성격심리학이든 에니어그램이든, MBTI든 이 사실을 간과하고 있었다. 그들은 하나같이 행동의 결과를 통해 공통점을 종합하여 사람의 성격을 규정하는 데 몰두하고 있을 뿐, 성격 형성의 근원인 몸에 대해서는 언급하지 않았다.

누군가가 어떤 음식은 즐겨 먹고 어떤 음식을 회피하는 것은 결코 그의 의지나 지식, 또는 행동의 반복에 의한 것이 아니다. 그것은 순전히 우리 몸이 그 음식을 원하거나 회피하기 때문이다.

음식뿐 아니라 화를 내는 성향도 마찬가지다. 어떤 이는 화를 급하게 내는가 하면, 어떤 이는 화를 잘 드러내지 못한다. 또 화를 내다가도 금세 화가 가라앉고 뒤끝이 없는 사람이 있는가 하면, 화를 낸 뒤에도 오랫동안 화를 삭이지 못하는 사람도 있다. 이 또한 지식이나 의지와 무관하며 경험과도 무관하다. 그저 자기도 모르게 그런 성향을 드러내는 것이며, 이 역시 자기 몸이 그렇게 만드는 것이다.

일을 하는 방식이나 이성에게 끌리는 것 또한 우리의 의도나 지식, 또는 경험의 결과에 의한 것이 아니다. 그저 그렇게 타고난 것이며, 우리 몸이 시켜서 하는 행동이다.

우리 몸은 부모로부터 물려받은 유전인자의 결합체이다. 또한 몸은 제각각 고유한 성질을 가지고 있다. 비록 같은 부모에게서 태어난 자식이라고 해도 똑같은 몸을 가지고 있지는 않다. 부모로부터 물려받은 이 고유한 몸의 성질을 '체질'이라고 한다.

체질을 결정하는 것은 부모의 유전자 결합이며, 이는 한 번 형성되면 심각한 외부적인 타격을 받지 않는 한 결코 변하지 않는다. 그리고 우리의 성격은 바로 이 체질에 의해 형성된다. 그런 까닭에 체질은 우리 성격의 뿌리일 수밖에 없다.

성격은 체질과 혈액형 그리고 두뇌유형의 결정체다

하지만 우리의 성격은 체질만으론 형성되지 않는다. 체질 외에도 우리 성격에 영향을 끼치는 두 가지 요소가 더 있다. 바로 혈액형과 두뇌유형이다.

인간의 몸엔 절대 변하지 않는 두 가지가 있는데, 하나는 유전인자, 즉 DNA이고 또 다른 하나는 혈액형이다. 이 두 가지는 어떤 외부적인 충격이 가해진다고 해도 절대 변하지 않는 요소다.

이 두 가지 고유한 요소 중 하나인 DNA는 우리의 체질을 형성한다. 그리고 체질과 또 하나의 고유한 요소인 혈액형이 결합하면 우리의 기질이 드러난다.

기질이란 이성적 판단을 제외한 인간의 타고난 감정적 성향을 의미하므로 선천적이며 본능적인 것이고, 이에 인간은 각자 고유한 성향을 가지게 된다. 우리 몸에서 절대 변하지 않는 요소인 DNA와 혈액형이 우리의 기질을 정확하게 드러내게 되는 것이다. 따라서 이런 공식을 만들 수 있다.

체질 + 혈액형 = 기질

그런데 우리의 성격은 기질만으론 완성되지 않는다. 성격이란 개인의 특징적인 행동과 사고를 결정하는 정신적·물리적 체계다. 이 체계는 기질에 합리적 사고 능력이 더해진 결과물이다.

우리가 합리적 사고를 하려면 두뇌의 사고 작용을 거친다. 두뇌도 몸속 장기 중 하나이기 때문에 체질과 마찬가지로 고유한 특성을 갖는다. 이 특성 때문에 사람들의 두뇌도 제각각 활용도가 다르다. 이러한 두뇌의 활용도를 기준으로 분류한 것이 두뇌유형이고, 기질과 두뇌유형을 결합한 것이 곧 성격유형이다.

기질(체질 + 혈액형) + 두뇌유형 = 성격유형

성격유형을 알면 행복지수가 높아진다

본문에서 자세하게 설명하겠지만, 체질과 혈액형 그리고 두뇌유형을 결합하면 144가지의 성격유형이 도출된다. 체질은 기본 체질 4가지와 보조 체질 3가지가 결합하여 12가지가 도출되고, 이것이 A, B, O 혈액형과 결합하면 36가지 기질이 도출되며, 36가지 기질이 네 가지 두뇌유형과 결합하면 144가지의 성격유형이 도출되는 것이다.

이 144가지 성격유형 중 한 가지가 바로 나의 성격유형인데, 이 성격유형을 알면 자신에 대해 보다 세밀하게 알게 된다. 또한 타인의 성격유형을 알면 타인의 행동 양식과 사고방식을 이해하게 된다. 이는 곧 나와 타인의 차이점과 공통점을 이해하는 것이므로 사람에 대한 이해도를 높이는 결과를 낳는다. 결과적으로 대인관계를 원만하게 만들어준다.

우리는 나와 주변 사람에 대해 곧잘 이런 의문을 품는다.

나는 왜 남의 부탁을 단호하게 거절하지 못할까?

나는 왜 일은 잘 벌이는데 수습이 되지 않는 것일까?

나는 왜 사람을 사귀기가 힘들까?

나는 왜 남의 말에 잘 흔들릴까?

나는 왜 새로운 일을 시작하기가 어려울까?

저 사람은 왜 저렇게 오지랖이 넓을까?

저 사람은 왜 불같이 화를 내고 금방 웃을 수 있을까?

저 사람은 왜 남에게 신세 지는 것을 그토록 싫어할까?

저 사람은 왜 항상 농담을 진담으로 받아들일까?

저 사람은 왜 다른 사람의 말에 쉽게 상처받을까?

성격유형을 알면 이런 의문이 쉽게 풀린다. 또한 이해 못 할 나의 내면 상태와 타인의 행동을 이해할 수 있다. 그리고 타인에 대한 오해를 풀고 서로의 갈등을 줄일 수 있게 된다. 그것은 결과적으로 나의 행복지수를 높여준다.

그런 의미에서 보자면 이 책은 일종의 '행복취득술'에 관한 책이라 할 수 있다. 또한 진정한 자아 찾기의 가장 좋은 수단일 수도 있다.

모쪼록 이 책이 독자 대중의 행복한 자아를 찾아주는 단초가 되길 바란다.

2023년 7월, 일산 우거에서 박영규

차 / 례

서문_ 진정한 자아를 찾는 행복취득술을 권하며 _4

나의 성격유형 판별지 _14

제1부

나의 성격유형 찾기

1단계 나의 체질 찾기 _24
2단계 나의 기질 찾기 _37
3단계 나의 두뇌유형 찾기 _45
4단계 나의 성격유형 찾기 _64

제2부

체질별 성격유형

1 **소양인**의 기질별 특징과 성격유형

❶ 소양인 A·AB형 - 기질과 성격유형 _74
❷ 소양인 O형 - 기질과 성격유형 _96
❸ 소양인 B형 - 기질과 성격유형 _120

2 **태양인**의 기질별 특징과 성격유형

❹ 태양인 A·AB형 - 기질과 성격유형 _148
❺ 태양인 O형 - 기질과 성격유형 _174
❻ 태양인 B형 - 기질과 성격유형 _198

3 **소음인**의 기질별 특징과 성격유형

❼ **소음인 A형** - 기질과 성격유형 _ 230

❽ **소음인 O형** - 기질과 성격유형 _ 255

❾ **소음인 B·AB형** - 기질과 성격유형 _ 279

4 **태음인**의 기질별 특징과 성격유형

❿ **태음인 A형** - 기질과 성격유형 _ 311

⓫ **태음인 O형** - 기질과 성격유형 _ 335

⓬ **태음인 B·AB형** - 기질과 성격유형 _ 359

제3부

체질별
건강관리

1 **체질별 6장부**의 형태와 건강관리

소양인 - 6장부와 건강관리 _ 386

태양인 - 6장부와 건강관리 _ 390

소음인 - 6장부와 건강관리 _ 395

태음인 - 6장부와 건강관리 _ 401

2 **장기 손상**이 성격과 행동방식에 미치는 영향

장기 손상을 입은 **소양인** _ 407

장기 손상을 입은 **태양인** _ 411

장기 손상을 입은 **소음인** _ 415

장기 손상을 입은 **태음인** _ 418

이름			
기본 체질	보조 체질	혈액형	두뇌유형

체질 + 혈액형 + 두뇌유형 = 성격유형

나의 성격유형이 궁금하신가요? 성격유형은 타고난 체질과 무관하지 않습니다. 나의 체질을 먼저 파악한 후 혈액형을 보태고, 이어 두뇌유형을 찾으면 나의 성격유형을 도출할 수 있습니다. 지금부터 나의 성격유형을 찾는 간단하고 놀라운 여정을 떠나보세요.

① 체질 찾기

체질은 다음의 네 가지로 분류합니다. 기억해 주세요.

소양	→	Dynamic type 활동형	→	D
태양	→	Prudent type 신중형	→	P
소음	→	Calm type 침착형	→	C
태음	→	Easygoing type 여유형	→	E

나의 체질을 알고 싶다면 다음 체질 테스트 10개 문항을 체크해
보자. D(소양), P(태양), C(소음), E(태음) 중 가장 많이 나오는 문항이
나의 기본 체질, 그다음으로 많이 해당하는 문항이 보조 체질이
된다. 문항 중 일부에 해당하더라도 빠트리지 않고 체크하면 기
본 체질과 보조 체질을 보다 정확하게 알 수 있다.

체질 테스트 10

① 성정

○ 소양 D   나는 경쾌하면서(또한 성급하면서) 활동적인(dynamic) 사람이다.

○ 태양 P   나는 신중하면서(또는 계획적이면서) 활동적인(dynamic) 사람이다.

○ 소음 C   나는 생각이(또는 거리낌이) 많고 차분한(calm) 사람이다.

○ 태음 E   나는 느긋하면서(또한 무던하면서) 차분한(calm) 사람이다.

② 물과 땀

○ 소양 D   나는 물을 적당히 먹고 땀도 적당히 흘린다.

○ 태양 P   나는 물을 적당히 먹는데, 땀은 적게 흘리는 편이다.

○ 소음 C   나는 물을 적게 먹고, 땀도 적게 흘린다.

○ 태음 E   나는 물을 많이 먹고, 땀을 많이 흘린다.

③ 화

○ 소양 D   나는 화가 나면 발끈하지만 뒤끝은 없는 편이다.

○ 태양 P   나는 화가 나면 오래도록 화를 풀지 못하고, 상대방에게 화났음을 표현한다.

○ 소음 C   나는 화가 나면 입을 닫고 말을 하지 않으며, 저절로 화가 풀릴 때까지 기다린다.

○ 태음 E   나는 웬만해선 화가 나지 않는다.

④ 판단과 행동

○ 소양 D   나는 빨리 판단하고 빨리 행동하는 편이다.

○ 태양 P   나는 판단하는 데 시간이 필요하고 충분히 계획한 뒤에 행동하는 편이다.

○ 소음 C   나는 망설인 뒤에 판단하고 행동으로 옮긴 뒤에도 생각이 많은 편이다.

○ 태음 E   나는 충분히 시간을 두고 판단하는 편이고 천천히 행동하는 편이다.

⑤ 일에 대한 태도

○	소양 D	나는 여러 가지 일에 관심이 많고, 동시에 여러 가지 일을 하는 것을 좋아한다.
○	태양 P	나는 한 가지 일에 집중하고, 동시에 여러 가지 일을 진행하는 것을 피한다.
○	소음 C	나는 새로운 일을 시작할 땐 적응할 시간이 필요하다.
○	태음 E	나는 새로운 일이든 익숙한 일이든 크게 구분 없이 대한다.

⑥ 시작과 마무리

○	소양 D	나는 무슨 일이든 시작은 잘하지만 마무리가 잘되지 않는다.
○	태양 P	나는 일을 시작할 땐 신중하고 되도록 완벽하게 마무리해야 직성이 풀린다.
○	소음 C	나는 일을 시작하는 것이 힘들지만, 막상 익숙해지면 마무리는 잘하는 편이다.
○	태음 E	나는 무슨 일이든 느긋하게 시작하고, 마무리에 대한 염려가 별로 없는 편이다.

⑦ 대화

○	소양 D	나는 다른 사람의 말에 빨리 반응하는 편이고, 하고 싶은 말을 담아 두지 못한다.
○	태양 P	나는 다른 사람의 말에 신중한 편이고, 여러 가지를 살펴본 뒤 의견을 낸다.
○	소음 C	나는 말하기 전에 생각이 많은 편이고, 낯선 사람에겐 말을 잘 건네지 않는다.
○	태음 E	나는 말을 하는 것보다 걸어주는 것이 좋고, 말하는 것보다 듣는 것이 편하다.

⑧ 음식 습관

○	소양 D	나는 가리는 음식 없이 잘 먹는 편이지만 너무 많이 먹는 것은 자제한다.
○	태양 P	나는 음식을 잘 먹는 편이지만, 너무 달거나 기름진 음식은 꺼린다.
○	소음 C	나는 소화기관이 약하고, 주로 익숙한 음식을 선호한다.
○	태음 E	나는 어떤 음식이든 잘 소화하고, 많이 먹어도 별 부담이 없다.

⑨ 사람 만남

○	소양 D	나는 새로운 사람을 잘 사귀는 편이고, 많은 사람들과 함께 만나길 좋아한다.
○	태양 P	나는 새로운 사람을 잘 사귀는 편이지만 너무 많은 사람들이 있는 곳은 꺼린다.
○	소음 C	나는 새로운 사람을 사귀는 데 시간이 필요하고, 친숙해질 때까지 거리를 둔다.
○	태음 E	나는 새로운 사람이나 익숙한 사람이나 사람 대하는 것이 크게 불편하지 않다.

⑩ 얼굴과 체형

○	소양 D 소음 C	나는 눈이 작거나 보통인 편이고, 몸은 마르거나 보통인 편이다.
○	태양 P	나는 눈이 큰 편이고, 몸은 마르거나 보통인 편이다.
○	태음 E	나는 눈이 작거나 보통이거나 큰 편이고 몸은 살집이 있다.

※ **이 책의 체질 표기법** : 체질을 표기할 때는 영어 이니셜을 사용한다. 기본 체질은 대문자로, 보조 체질은 소문자로 쓴다. 자기 체질은 기본 체질과 보조 체질을 결합하여 적으면 된다. 예를 들어 기본 체질이 소양이고 보조 체질이 태음이면 De라고 쓴다.

| **나의 체질유형** | |

② 기질 찾기

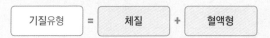

기질유형 = 체질 + 혈액형

기질유형은 앞서 찾아낸 나의 체질유형에 혈액형을 더하면 나온다. 이때 혈액형은 4가지(O, A, B, AB)가 아니라 O, A, B 세 가지로 구분한다. AB형은 사람의 기본 체질이 양성(소양 또는 태양)일 때는 A로 표기하고, 음성(소음 또는 태음)일 때는 B로 표기한다. 이는 A형 혈액형이 양혈이고, B형 혈액형이 음혈이기에 AB형은 양성과 만나면 양혈인 A형이 드러나고, 음성과 만나면 음혈인 B형이 드러나기 때문이다.

예컨대 자기 체질이 De(기본 체질이 소양이고 보조 체질이 태음)이고 혈액형이 A라면 자기 기질은 DeA로 표기하고, 혈액형이 O라면 DeO, B라면 DeB로 표기한다. 이때 혈액형이 AB라면 기본 체질 D(소양)가 양성이므로 A형과 똑같이 DeA로 표기한다.

이런 식으로 나의 기질유형을 적어 보자.

나의 기질유형	

③ 두뇌유형 찾기

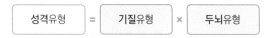

성격유형은 기질유형에 두뇌유형을 찾아 더하면 알 수 있다. 그럼 두뇌유형은 어떻게 알 수 있을까? 학창시절의 교과목에서 답을 찾을 수 있다.

학창시절 교과목인 국어, 수학, 사회, 과학, 음악, 미술 여섯 과목을 둘씩 묶었다. 다음 네 종류의 묶음 중 자신이 좋아하거나 성적이 잘 나왔던 묶음을 선택해보자. 자신이 좋아하는 교과목을 통해 자신의 두뇌유형을 알 수 있다.

나의 두뇌유형	

나의 기질유형에 두뇌유형까지 파악하면 나의 성격유형을 도출할 수 있다.

　　예컨대 자신의 기본 체질이 D, 보조 체질이 e, 혈액형이 A이고 두뇌유형이 논리형(L)이라면 성격유형은 이들의 이니셜을 모두 합친 DeAL이 된다. 또 같은 기질유형에 두뇌유형이 실리형(U)이라면 성격유형은 DeAU , 두뇌유형이 명분형(J)이라면 성격유형은 DeAJ, 두뇌유형이 감성형(S)이라면 성격유형은 DeAS가 된다.

　　이런 결합법칙에 따라 자신의 성격유형이 도출되면 아래에 적어 보자.

※ 각 기질별 성격유형의 특징에 대해서는 본문에 자세하게 언급되어 있다.

나의 성격유형	

제1부

나의
성격유형
찾기

나의 체질 찾기

① 체질이란 무엇인가?

체질이란 부모로부터 물려받은 우리 몸의 고유한 성질이다. 체질을 결정하는 것은 부모의 유전자 결합이며, 이는 한 번 형성되면 거의 변하지 않는다. 영어로는 '보디 템퍼(body temper)'라고 명명한다.

체질을 좌우하는 가장 중요한 요소는 몸속의 장기다. 장기의 성질과 성향에 따라 사람의 성격과 행동방식, 음식 취향, 습관 등이 형성된다. 예컨대 음식에 대한 기호는 우리의 의지나 지식, 또는 깨달음에 달린 것이 아니다. 그것은 순전히 몸속의 장기가 어떤 것을 원하느냐에 달렸다. 내가 어떤 음식을 좋아하려는 의지로 그 음식을 즐겨 먹는 게 아니라 내 몸이 그 음식을 원해서 즐겨 먹는다는 이야기다.

성격도 마찬가지다. 어떤 사람은 화를 급하게 내는가 하면, 어떤 사람은 화를 잘 드러내지 못한다. 또 화를 내면 오랫동안 화를 삭이지 못하는 사람이 있는가 하면, 화를 내도 금세 사라지고 뒤끝이 없는 사람도 있다. 이것은 인격의 문제도 아니고 지식의 문제도 아니며 습관의 문제도 아니다. 그저 자기도 모르게 이런 성격이 드러난다. 이 역시 자신의 몸이 그렇게 만든 것이다.

피부도 마찬가지다. 어떤 이는 거칠고 메마른데, 또 어떤 이는 부드럽고 촉촉하다. 또 다른 이는 두껍고 습하지만, 다른 이는 두껍지만 매끄럽다. 그리고 어떤 이는 얼굴에 주름살이 잘 생기지만, 어떤 이는 좀처럼 생기지 않는다. 이 역시도 우리의 의지나 지식과 무관하게 우리의 몸이 그렇게 만든다.

일하는 방식도 마찬가지다. 한꺼번에 여러 가지 일을 동시다발적으로 하는 사람이 있는가 하면, 오로지 하나의 일에만 열중하고 그 일이 끝나야만 다음 일을 하는 사람도 있다. 일을 하면 일단 벌려놓기부터 하고 수습이 잘 안되는 사람이 있는가 하면, 여러 가지 일을 동시에 진행하는 것을 즐기는 사람도 있다. 무슨 일이든 태평스럽게 진행하는 사람이 있는가 하면 어떤 일이든 긴장 속에서 진행하는 사람도 있다.

이성에게 끌리는 것 또한 우리의 의도나 지식과는 무관하다. 대개 이성에게 끌리는 데 걸리는 시간은 1분도 되지 않는다. 상대가 어떤 사람인지 파악할 수 없는 그 짧은 순간에 어떻게 단번에 자신이 원하는 이성을 발견할 수 있을까? 이 역시 우리 몸이 본능적으로 반응해서 가능한 일이다. 다른 말로는 설명이 불가능하다.

이렇듯 우리의 행동방식이나 감정 표출, 음식 습관, 이성에 대한 끌림 등은 의지나 지식에 의해 결정되지 않는다. 그저 그렇게 타고난 것이며, 우리 몸이 시켜서 하는 행동이다.

재미있는 사실은 이런 음식 취향과 행동방식, 성격, 이성 선택 등에 있어서 공통점을 가진 사람들이 많다는 점이다. '찍먹파'와 '부먹파'가 있고, '짜장면파'와 '짬뽕파'가 있듯 개인의 성격에서부터 음식 습관, 말투, 업무 처리 방식, 배우자 선택, 심지어는 병증에서도 공통점을 가진 사람들이 많다.

왜 사람들에게는 그런 공통점이 있는 것일까? 이미 말했듯 사람들의 음식 취향이나 성격, 또는 습관이나 행동방식은 자신의 의지나 지식에 의해 좌우되는 것이 아니라 각자의 몸속에 있는 장기의 성향과 성질에 의해 결정되기 때문이다.

부모로부터 물려받은 장기의 성질과 성향은 우리 몸의 고유한 성질이며, 이것이 곧 체질이다. 따라서 사람들의 각종 성향과 성질에서 나타나는 공통점은 곧 체질에 따른 발현이다.

체질은 질병에서도 공통점을 드러낸다. 그렇다면 당연히 치료와 예방에서도 공통점이 있을 수밖에 없다. 이런 논리에 착안하여 만들어진 게 바로 조선의 의학자 이제마의 체질의학이다. 이는 사람마다 체질이 달라서 사람마다 질병에 대처하는 방법도 치료도 체질에 따라 달라야 한다는 게 요지다.

이제마는 체질을 내장기관의 성향에 따라 양성과 음성으로 나눈 뒤, 다시 양성을 구분하여 소양과 태양, 음성을 구분하여 소음과 태음으로 나눔으로써 네 개의 체질, 즉 사상체질의 틀을 만들었다.

필자는 이런 이제마의 이론을 보완하여 진일보한 체질이론을 제시한다. 주로 의료 분야에 한정되어 활용되던 체질이론을 성격과 행동방식, 이성 선택, 리더십, 음식 습관 등에 적용할 수 있도록 보완했다. 이해를 돕기 위해 4체질의 대표적인 특징으로 영어 명칭을 만들고 다음과 같이 표현하였다.

소양 →	Dynamic type 활동형	→ D
태양 →	Prudent type 신중형	→ P
소음 →	Calm type 침착형	→ C
태음 →	Easygoing type 여유형	→ E

※ 향후 서술에서 체질에 대한 표기는 되도록 영어 이니셜 D, P, C, E를 사용하기로 한다.

4체질의 기본적인 특징

소양인 D	발끈하고 화를 내지만 뒤끝은 없으며, 동시에 여러 일에 관심이 많아 시작은 잘 하지만 마무리가 잘 되지 않는다.
태양인 P	원칙에 충실하고 사람에 충직하며 사회적 정의감이 높은 한편, 싫고 좋음이 분명하고 위트가 부족하여 만사에 진지하다.
소음인 C	일을 시작할 땐 망설임이 많지만 막상 시작하면 마무리는 잘하며, 장소와 사람, 음식을 대하는 데 있어 익숙함을 선호하고 화가 나면 입을 닫는다.
태음인 E	만사에 느긋하고 부탁과 거절을 잘 못하며, 말을 거는 것보다는 걸어주는 것을 선호하고 우직한 면이 있어 한 곳에 진득하게 머물길 좋아한다.

② 사람에게는 모두 기본 체질과 보조 체질이 있다

누군가 필자에게 이런 질문을 한 적이 있다.

"누구나 단 하나의 체질만 있습니까?"

필자는 아니라고 답했다. 사람의 체질은 두부 자르듯 하나만으로 이뤄져 있지 않기 때문이다. 그 이유는 이렇다.

원래 체질은 부모로부터 물려받는다. 당연히 우리 몸엔 부모의 유전 형질이 섞이기 마련이다. 하지만 부모의 유전 형질을 정확하게 반반씩 물려받지는 않는다. 만약 부모의 유전 형질을 반반씩 물려받는다면, 같은 부모에게서 태어난 모든 형제는 체질이 같아야 한다. 하지만 형제라고 하더라도 생김새와 성격, 행동방식이 판이한 경우가 허다하다. 이는 부모 중 한쪽의 체질을 더 많이 물려받아 생긴 결과다. 그렇다고 자식이 부모 중 한쪽의 체질만 100% 물려받을 가능성도 거의 없다. 모든 사람은 부모 중 한쪽을 기본으로 체질을 물려받되, 체질의 일부는 다른 쪽을 물려받는 것이다. 이에 필자는 우리의 체질은 기본 체질(base temper)과 보조 체질(aid temper)로 구성되어 있다고 본다.

기본 체질은 자신이 가장 많이 드러내는 몸의 성향이다. 이에 비해 보조 체질은 기본 체질에 가려 잘 보이지 않는 성향이다. 예컨대 체질 진단을 통해 소양인이라고 판별된 경우라고 하더라도 모든 소양인이 완전히 같지는 않다. 이들은 기본 체질은 소양이지만 보조 체질이 달라서 공통점과 차이점이 나타날 수밖에 없다. 공통점은 기본 체질의 동질성에서 오며, 차이점은 보조 체질의 이질성에서 온다.

예컨대 기본 체질이 소양(D)이라도 보조 체질은 태양(p), 소음(c), 태음(e) 등으로 형성될 수 있고, 그 비율도 10%에서 40%까지 다양하다. 따라서 기본 체질이 같은 소양이라고 하더라도 보조 체질에 따라 최소한 세 가지 형태의 체질로 나뉜다.

대부분의 사람은 이 세 개의 보조 체질 중 하나에 속하기 마련이다. 물론 기본 체질과 보조 체질의 비율에 따라 보조 체질의 영향력도 달라진다. 기본 체질 대 보조 체질의 비율이 9:1, 8:2, 7:3, 6:4 등으로 나뉠 수 있고, 그 결과 기본 체질과 보조 체질의 영향력이 다르게 나타날 수 있다. 이에 대해서는 뒤에서 좀 더 자세히 다루기로 하자. 여기서는 모든 사람에게는 기본 체질과 보조 체질이 있다는 것만 기억해 두자.

그럼 보조 체질은 어떻게 알 수 있을까? 보조 체질은 기본 체질 판별 과정에서 쉽게 확인할 수 있다. 예컨대 전반적으로 소양(D) 요소가 많지만 일부 태양(p) 요소가 있다면 기본 체질이 소양(D)이고, 보조 체질이 태양(p)이다. 소음(C) 요소가 많지만 일부 소양(d) 요소가 발견된다면 기본 체질이 소음(C)이고 보조 체질이 소양(d)이다. 자신의 체질을 판별하는 과정에서 이런 식으로 살펴본다면 기본 체질과 보조 체질은 어렵지 않게 찾아낼 수 있다.

같은 체질이라고 하더라도 보조 체질이 제각각이어서 사람들의 체질은 매우 다양하다.

③ 나의 기본 체질과 보조 체질 찾기

나의 체질은 기본 체질과 보조 체질을 결합해야 도출할 수 있다. 그렇다면 D(소양), P(태양), C(소음), E(태음) 중 나의 기본 체질과 보조 체질은 무엇일까?

사실, 체질의 원리는 한의학적인 요소가 많아 일반인이 알기에는 복잡하고 어려운 측면이 있다. 그래서 체질에 대한 구구절절한 원리는 따로 살펴보기로 하고 우선 체질 진단에 필요한 각 체질의 특성 10가지를 뽑아 정리하였다. 4체질의 10가지 특성 중에 가장 많이 해당하는 체질이 자신의 기본 체질이고, 두 번째로 많이 해당하는 체질이 자신의 보조 체질이다.

각 체질의 특성을 살펴보고 자신의 기본 체질과 보조 체질을 진단해 보자. 먼저 체질은 다음의 네 가지로 분류한다. 이를 기본 체질이라 한다.

소양	태양	소음	태음
D	**P**	**C**	**E**

자신의 체질을 찾으려면 체질별 특성 10가지 중에 자신이 어디에 가장 많이 해당하는지 찾으면 된다.

체질별 특성 10가지

① 성정

소양 D	나는 경쾌하면서(또한 성급하면서) 활동적인(dynamic) 사람이다.
태양 P	나는 신중하면서(또는 계획적이면서) 활동적인(dynamic) 사람이다.
소음 C	나는 생각이(또는 거리낌이) 많고 차분한(calm) 사람이다.
태음 E	나는 느긋하면서(또한 무던하면서) 차분한(calm) 사람이다.

② 물과 땀

소양 D	나는 물을 적당히 먹고 땀도 적당히 흘린다.
태양 P	나는 물을 적당히 먹는데, 땀은 적게 흘리는 편이다.
소음 C	나는 물을 적게 먹고, 땀도 적게 흘린다.
태음 E	나는 물을 많이 먹고, 땀을 많이 흘린다.

③ 화

소양 D	나는 화가 나면 발끈하지만 뒤끝은 없는 편이다.
태양 P	나는 화가 나면 오래도록 화를 풀지 못하고, 상대방에게 화났음을 표현한다.
소음 C	나는 화가 나면 입을 닫고 말을 하지 않으며, 저절로 화가 풀릴 때까지 기다린다.
태음 E	나는 웬만해선 화가 나지 않는다.

④ 판단과 행동

소양 D	나는 빨리 판단하고 빨리 행동하는 편이다.
태양 P	나는 판단하는 데 시간이 필요하고 충분히 계획한 뒤에 행동하는 편이다.
소음 C	나는 망설인 뒤에 판단하고 행동으로 옮긴 뒤에도 생각이 많은 편이다.
태음 E	나는 충분히 시간을 두고 판단하는 편이고 천천히 행동하는 편이다.

⑤ 일에 대한 태도

소양 D	나는 여러 가지 일에 관심이 많고, 동시에 여러 가지 일을 하는 것을 좋아한다.
태양 P	나는 한 가지 일에 집중하고, 동시에 여러 가지 일을 진행하는 것을 피한다.
소음 C	나는 새로운 일을 시작할 땐 적응할 시간이 필요하다.
태음 E	나는 새로운 일이든 익숙한 일이든 크게 구분 없이 대한다.

⑥ 시작과 마무리

소양 D	나는 무슨 일이든 시작은 잘하지만 마무리가 잘되지 않는다.
태양 P	나는 일을 시작할 땐 신중하고 되도록 완벽하게 마무리해야 직성이 풀린다.
소음 C	나는 일을 시작하는 것이 힘들지만, 막상 익숙해지면 마무리는 잘하는 편이다.
태음 E	나는 무슨 일이든 느긋하게 시작하고, 마무리에 대한 염려가 별로 없는 편이다.

⑦ 대화

소양 D	나는 다른 사람의 말에 빨리 반응하는 편이고, 하고 싶은 말을 담아 두지 못한다.
태양 P	나는 다른 사람의 말에 신중한 편이고, 여러 가지를 살펴본 뒤 의견을 낸다.
소음 C	나는 말하기 전에 생각이 많은 편이고, 낯선 사람에겐 말을 잘 건네지 않는다.
태음 E	나는 말을 하는 것보다 걸어주는 것이 좋고, 말하는 것보다 듣는 것이 편하다.

⑧ 음식 습관

소양 D	나는 가리는 음식 없이 잘 먹는 편이지만 너무 많이 먹는 것은 자제한다.
태양 P	나는 음식을 잘 먹는 편이지만, 너무 달거나 기름진 음식은 꺼린다.
소음 C	나는 소화기관이 약하고, 주로 익숙한 음식을 선호한다.
태음 E	나는 어떤 음식이든 잘 소화하고, 많이 먹어도 별 부담이 없다.

⑨ **사람 만남**

소양 D	나는 새로운 사람을 잘 사귀는 편이고, 많은 사람과 함께 만나길 좋아한다.
태양 P	나는 새로운 사람을 잘 사귀는 편이지만 너무 많은 사람이 있는 곳은 꺼린다.
소음 C	나는 새로운 사람을 사귀는 데 시간이 필요하고, 친숙해질 때까지 거리를 둔다.
태음 E	나는 새로운 사람이나 익숙한 사람이나 사람 대하는 것이 크게 불편하지 않다.

⑩ **얼굴과 체형**

소양 D 소음 C	나는 눈이 작거나 보통인 편이고, 몸은 마르거나 보통인 편이다.
태양 P	나는 눈이 큰 편이고, 몸은 마르거나 보통인 편이다.
태음 E	나는 눈이 작거나 보통이거나 큰 편이고 몸은 살집이 있다.

이 4체질의 특징 중 자신에게 가장 많이 해당하는 것이 자신의 기본 체질이고, 다음으로 많이 해당하는 것이 보조 체질이다. 문항 중 일부만 해당하는 부분도 체크하면 기본 체질과 보조 체질을 더욱 정확하게 알 수 있다.

체질을 표기할 때는 영어 이니셜을 사용한다. 기본 체질은 대문자로, 보조 체질은 소문자로 쓴다. 자기 체질은 기본 체질과 보조 체질을 결합하여 표현한다. 예컨대 기본 체질이 D, 보조 체질이 E라면 자기 체질은 De로 쓴다. 또 D가 8개 E가 2개라면 기본 체질과 보조 체질의 비율이 8:2라는 뜻이고, 이를 표현할 때는 De82라고 쓴다.

④ 자기 체질 분류하기

이렇게 해서 기본 체질과 보조 체질을 찾았다면 이제 자기 체질을 찾아보자. 기본 체질에 보조 체질을 곱하면 자기 체질 12가지가 나온다.

기본 체질(4) × 보조 체질(3) = 자기 체질(12)

기본 체질이 소양(D)이면 보조 체질은 태양(p), 소음(c), 태음 (e) 등으로 나뉘고, 기본 체질이 태양(P)이라면 보조 체질은 소양 (d), 소음(c), 태음(e) 등 3개가 생긴다. 기본 체질이 소음(C)이라면 보조 체질은 소양(d), 태양(p), 태음(e) 등 3개가 생길 것이며, 기본 체질이 태음(E)이라면 역시 보조 체질은 소음(c), 소양(d), 태양(p) 등 3개가 생길 것이다. 4체질에 각각 3개의 보조 체질이 나오니 체질유형은 모두 12개가 된다.

이 12개의 자기 체질을 간단하게 표현하기 위해 4체질에 해당하는 영어 이니셜을 사용하기로 한다. 이때 기본 체질은 대문자로, 보조 체질은 소문자로 표기한다. 자기 체질 분류법 표를 보면 쉽게 이해할 수 있다.

12가지 자기 체질 분류법

기본 체질		보조 체질		자기 체질
D 소양	+	**p** 태양	→	Dp
		c 소음		Dc
		e 태음		De
P 태양	+	**d** 소양	→	Pd
		c 소음		Pc
		e 태음		Pe
C 소음	+	**d** 소양	→	Cd
		p 태양		Cp
		e 태음		Ce
E 태음	+	**d** 소양	→	Ed
		p 태양		Ep
		c 소음		Ec

나의 기질 찾기

① 체질과 혈액형을 알면 기질이 보인다

기질이란 인간이 타고난 성질의 일부다. 기질을 체질처럼 구분하면 그 유형을 파악할 수 있다. 물론 기질유형을 만든 것도 궁극적으로는 인간의 성격유형을 파악하기 위함이다.

필자는 인간의 성격유형을 연구하면서 성격이란 것이 체질을 바탕으로 형성되긴 하지만, 체질만으로 모든 성격이 결정되지는 않는다는 사실을 발견했다. 인간의 성격을 형성하는 데에는 체질이 절대적인 영향을 끼치는 건 분명하지만 그 외에도 두 가지 요소를 더 살펴야했다. 그중 하나가 혈액형(Blood Type)이다.

다시 말하지만 체질은 성격은 물론이고 행동방식과 배우자 선택, 음식 선호도, 갈등 양상 등 인간의 삶에 지대한 영향을 끼친다. 그와 더불어 혈액형이 인간의 기질과 연관이 있다는 사실을 발견했다.

　물론 이는 이미 알려진 사실이지만 체질과 혈액형을 동시에 결합하여 인간의 기질 관계를 연구한 일은 없었다. 이 연구는 필자의 한 가지 재미있는 발상에서 비롯됐다.

　'만약 같은 체질에 같은 혈액형을 가진 사람의 기질은 어떨까?'

　이런 의문이 생기자 실험에 들어갔다. 성별, 나이, 체중, 키, 본인 혈액형, 부모 혈액형 등을 항목에 넣고, 당시 체질 수업 수강자를 대상으로 테스트를 했다. 제1차 테스트에 참여한 사람은 모두 100명이었다.

　이후 필자는 같은 체질에 같은 혈액형을 가진 사람들끼리 분류하여 체질 테스트 10 문항 속에 있는 기질이 그들에게 실제로 있는지 통계를 내고 분석했다. 그 결과 꽤 놀라운 결과를 얻어냈다. 그것을 간단하게 정리하면 아래와 같다.

①	같은 체질이라고 해도 모두 기질이 동일한 것은 아니다.
②	혈액형이 같은 사람도 기질은 너무나 판이한 경우가 많다.
③	같은 체질에 같은 혈액형을 가진 사람들의 기질은 거의 80% 이상 동일하다.

　필자는 이후에도 강연 행사나 학부모, 학생을 대상으로 한 강의 때 100명에게 했던 체질 테스트를 해보았다. 그렇게 5년

동안 테스트한 사람의 수는 약 3,000명 정도 된다. 그 결과 100명을 대상으로 테스트했던 것보다 훨씬 더 세밀한 결과를 얻어냈다. 그래서 얻은 결론은 다음과 같다.

'같은 체질에 같은 혈액형을 가진 사람들은 매우 유사한 성격과 기질을 드러낸다.'

이런 결론에 따라 얻어낸 것은 체질과 혈액형의 결합을 통한 12가지 기질유형이었다. 그렇다면 체질과 혈액형은 어떻게 결합할까?

혈액형은 일반적으로 크게 O형, A형, B형, AB형 등 넷으로 구분하는데 이는 수혈을 위한 분류이고, 기질을 구분하기 위해서는 O형, A형, B형 세 가지로 나눈다. AB형은 A형과 B형이 결합한 형질로서 양인일 경우 A형 기질을, 음인일 경우 B형 기질을 강하게 드러낸다.

다음은 형액형 형질 분석표다. 혈액형별 기질 중에 가장 확실하고 명확한 부분만 정리했다.

O형	활동적이고 공격적이지만 한편으론 용서를 잘하고 감정에 잘 이끌리는 형질이다. 말하자면 공격성과 관용성을 함께 가진 셈이다. 그래서 중혈(中血)이라고도 한다. 이런 양면적인 성향은 각 체질과 만나면서 특별한 성격을 만든다.

A형	밝고 경쾌한 기질이지만 한편으론 가볍고 소심한 형질이다. 양혈(陽血)이라고도 한다. A형에는 AA형과 AO형, AB형이 있다. AA형은 전형적인 A형. AO형은 A형에 중혈인 O형이 섞여 있어 AA형보다 공격적이고 절도가 있다. 다만 AA형보다 밝지 못하고 감각이 무디다. AO형의 가장 이상적인 형태는 A형의 발랄함과 O형의 진취성이 결합할 경우다. 반대로 가장 나쁜 형태는 A형의 경솔함과 O형의 공격성이 결합한 경우다. 대개 AO형은 상황에 따라 이 두 가지 경우를 모두 드러낸다.
B형	정(靜)적이고 방어적이지만 한편으론 예민하고 독자적이며 폐쇄적인 형질이다. B형에는 BB형과 BO형이 있다. BB형은 전형적인 B형. BO형은 중혈인 O형이 섞여 있어 BB형에 비해 활동적이고 공격적이며, 다소 너그럽다. 대신 BB형보다는 세밀하지 못하여 실수가 잦고 허점이나 말실수가 많다. BO형의 가장 이상적인 형태는 B형의 섬세함과 O형의 진취성이 결합한 경우다. 반대로 가장 나쁜 형태는 B형의 날카로운 면과 O형의 공격성이 결합한 경우다. 대개의 BO형은 두 가지 경우를 다 드러낸다.
AB형	A형과 B형이 결합한 형질로써 양면성이 매우 강하다. 그러므로 A형과 B형의 중간 형질이라고 할 수 있다. AB형은 혈액형 주인의 체질에 따라 다른 기질을 드러낸다. 만약 양인 AB형이라면 밝고 경쾌한 A형 성향이 강해지고, 음인 AB형이라면 조용하고 방어적인 B형 성향이 강해진다. 양인 AB형은 A형 기질에 가깝고, 음인 AB형은 B형 기질에 가깝다. AB형은 A형의 밝은 면과 B형의 정적인 면이 결합한 상태가 되면 가장 이상적인 인간유형이 될 수 있으나 반대로 A형의 경박성과 B형의 신경질적인 면이 결합한 상태가 되면 늘 손가락질 받는 인간 유형이 될 수 있다. 특히 AB형은 AO형이나 BO형보다 양면성이 훨씬 강해서 자기 조절 능력이 뛰어나야만 한다.

② 12가지 기본 기질

필자는 기본 체질과 혈액형을 결합해서 인간의 기질을 12가지로 분류했다. 이를 공식으로 표현하면 다음과 같다.

| 기본 체질(4) | x | ABO식 혈액형(3) | = | 기본 기질(12) |

12가지 기본 기질 분류법

기본 체질	혈액형			기본 기질
D 소양	+	A형 AB형	→	DA
		O형		DO
		B형		DB
P 태양	+	A형 AB형	→	PA
		O형		PO
		B형		PB
C 소음	+	A형	→	CA
		O형		CO
		B형 AB형		CB
E 태음	+	A형	→	EA
		O형		EO
		B형 AB형		EB

12기질의 행동 스타일

DA	소심하고 권위에 위축되나 재주 많고 쾌활한 아이디어맨
DO	성급함과 너그러움을 동시에 발산하며 실천에 능한 열정주의자
DB	순하면서도 공격적이고, 낙관적이면서도 자주 절망하는 로맨티스트
PA	밝고 예의 바르나 깐깐하고 원칙적인 충복
PO	카리스마는 넘치나 유연성이 부족한 불굴의 용장
PB	치밀하고 정의롭지만 무리 짓길 싫어하는 외로운 지배자
CA	소극적이고 여리지만 세심하고 사려 깊은 살림꾼
CO	두려움 많고 소심하지만 때때로 화끈한 용감한 혁명가
CB	예민하고 폐쇄적이지만 효율적이고 예리한 책략가
EA	마음 여리고 순하지만 맡은 일엔 몸을 아끼지 않는 조력자
EO	온순하고 무던하지만 내면으론 저돌적이고 뜨거운 행동주의자
EB	태평스럽고 몽상적이지만 조심성 많고 체계적인 기획자

③ 자기 기질 = 기본 기질 + 보조 기질

이렇게 해서 12가지 기본 기질을 알았다면 이제 자기 기질을 알아야 한다. 자기 기질은 기본 기질과 보조 기질의 결합으로 만들어진다. 기본 기질은 이미 기본 체질과 혈액형의 결합을 통해 12가지를 얻었다. 그렇다면 보조 기질은 어떻게 구할 수 있을까? 기본 체질과 혈액형의 결합으로 기본 기질이 만들어진 것처럼 보조 기질도 보조 체질과 혈액형의 결합으로 구할 수 있다.

따라서 자기 기질은 다음과 같이 형성된다.

| 기본 기질(12) | x | 보조 체질(3) | = | 자기 기질(36) |

체질과 혈액형에 의한 36가지 자기 기질 분류법

소양인(D)

기본 기질		보조 기질		자기 기질
DA	+	pA	→	DpA
		cA		DcA
		eA		DeA
DO	+	pO	→	DpO
		cO		DcO
		eO		DeO
DB	+	pB	→	DpB
		cB		DcB
		eB		DeB

태양인(P)

기본 기질		보조 기질		자기 기질
PA	+	dA	→	PdA
		cA		PcA
		eA		PeA
PO	+	dO	→	PdO
		cO		PcO
		eO		PeO
PB	+	dB	→	PdB
		cB		PcB
		eB		PeB

소음인(C)

기본 기질		보조 기질		자기 기질
CA	+	dA	→	CdA
		pA		CpA
		eA		CeA
CO	+	dO	→	CdO
		pO		CpO
		eO		CeO
CB	+	dB	→	CdB
		pB		CpB
		eB		CeB

태음인(E)

기본 기질		보조 기질		자기 기질
EA	+	dA	→	EdA
		pA		EpA
		cA		EcA
EO	+	dO	→	EdO
		pO		EpO
		cO		EcO
EB	+	dB	→	EdB
		pB		EpB
		cB		EcB

나의 두뇌유형 찾기

① 두뇌유형이란 무엇인가?

필자가 두뇌에 관심을 가진 것은 인간의 행동 방식과 학습 능력이 체질과 성격에 의해서만 결정되는 것이 아니라는 생각을 하면서였다. 교육현장에서 보면 특히 학습 능력은 체질과 성격 못지않게 두뇌의 역할이 크게 작용한다. 성인이 직업과 배우자를 선택할 때도 두뇌는 결정적인 역할을 한다.

대개 체질이나 성격은 반대인 사람에게 매력을 느끼지만 두뇌유형은 오히려 비슷한 사람을 선택해야 합이 잘 맞는다. 어떤 문제를 해결하거나 특정 상황에서 행동방식을 결정할 때, 비슷한 결론을 내려야 갈등을 줄일 수 있기 때문이다.

그렇다면 두뇌유형(Brain Type)이란 무엇일까? 무엇이길래 이렇게도 중요한 역할을 하는 것일까? 두뇌는 말 그대로 '머리에 있는 뇌'다. 뇌는 우리 몸의 중추신경을 관장한다. 인간의 움직임과 행동을 결정하고, 신체의 조화를 유지하게 하는 한편 감정과 기억, 학습 기능을 담당한다. 이를 위해 뇌는 저장, 기억, 연산, 조합, 상상, 판단, 명령 등을 행사한다.

뇌는 좌뇌와 우뇌로 나뉘어 이러한 능력을 적절히 발휘한다. 그리고 좌뇌와 우뇌의 발달 정도에 따라 사람마다 다른 행동방식과 사고 양상, 그리고 학습 능력을 보인다. 대개 좌뇌는 분석적이고 논리적이며, 우뇌는 감성적이고 직관적인 양상을 보인다.

그런데 사람마다 좌뇌와 우뇌를 쓰는 비중이 달라 개인마다 두뇌의 활용도가 다르고, 그에 따라 행동방식에 있어 공통점과 차이점이 나타난다.

예컨대, 어떤 사건을 대할 때 앞뒤 상황부터 따진 뒤 명분이나 현실성이 확인되면 행동으로 옮기는 사람이 있는가 하면, 우선 그 일을 일목요연하게 정리하고 요약한 뒤에 그것을 행동의 매뉴얼로 삼는 사람이 있다. 또 같은 사건을 대할 때도 사건의 이면을 보는 사람이 있는가 하면 사건 자체에만 집중하는 사람도 있다. 심지어 어떤 이는 실제 일어난 사건엔 관심이 없고 사건을 기반으로 상상의 나래를 펼쳐 하나의 작품으로 만드는 데 골몰하기도 하고, 어떤 이는 사건의 원인을 규명하고 해결책을 마련하는 데만 몰두하기도 한다.

같은 사건을 두고 이렇게 천차만별로 다른 행동방식이 나온다는 것은 사람마다 뇌를 쓰는 방식이 다르다는 뜻이다. 일군의 사람들을 모아놓고 하나의 사건을 대하는 방식에 대한 공통점과 차이점을 비교해보면 뇌를 유사하게 사용하는 집단끼리 묶일 수 있다는 것을 발견할 수 있다. 말하자면 사람마다 뇌를 쓰는 방식이 천차만별인 것 같지만 유사한 방식으로 뇌를 사용하는 사람들끼리 묶어놓을 수도 있다는 뜻이다.

필자는 여기에 착안하여 두뇌도 활용 양상에 따라 유형별로 분류할 수 있다는 생각을 했다. 그러면서 만들어낸 용어가 '두뇌유형(Brain Type)'이다.

두뇌유형이 있다면 두뇌유형을 판별해낼 수 있는 방법도 있지 않을까? 어떻게 하면 두뇌유형을 쉽게 판별할 수 있을지 고민했다. 두뇌유형 판별법을 고안하면서 필자가 가장 고민한 것은 판별법이 매우 쉽고 간단해야 하며, 또한 누구에게나 익숙한 것을 대상으로 삼아야 한다는 것이었다. 그래서 선택한 것이 교과목이었다. 누구나 쉽게 떠올리고 선택할 수 있는 방법이라고 생각했다. 그 결과 4가지 두뇌유형을 도출했다. 이후 실제 내 강의를 수강하던 사람들과 학생들을 대상으로 두뇌유형 판별법을 시도해 보았는데 결과는 매우 성공적이었다.

이 판별법에 따라 여러분도 자신의 두뇌유형을 진단해보기 바란다.

② 두뇌유형 판별법

다음은 학창시절에 배운 교과목인 국어, 수학, 사회, 과학, 음악, 미술 여섯 가지를 둘씩 묶은 것이다. 다음 네 종류의 묶음 중비교적 자신의 선호도가 제일 높은 항목 하나를 선택하라.

이 네 가지 과목 선호도를 통해 우리가 알 수 있는 것은 좌뇌와 우뇌의 발달 형태와 활용 능력이다.

뇌의 활용과 관련하여 대개 좌뇌는 지식에 대한 기억력, 수리 능력, 논리력 등을 다스리고, 우뇌는 예술적 감각과 감성, 감정의 조절과 표현, 독창성 등을 다스리는 것으로 알려져 있다.

이를 보다 더 간단하게 말하면 좌뇌는 주로 이성(理性)을 주관하고, 우뇌는 감성(感性)을 주관한다고 볼 수 있다. 따라서 좌뇌는 원리를 파악하여 해결 방법을 제시하는 다소 하드웨어 기능을 하고, 우뇌는 독창성을 기반으로 감정을 표현하고 상황과 관계의 변화에 적응하는 소프트웨어 기능을 한다.

좌뇌와 우뇌 중에 어느 쪽이 더 발달했느냐에 따라 개인의 행동방식이 달라진다. 이 두뇌유형 판별법은 좌뇌와 우뇌의 활용성을 알아보는 방법으로 우리에게 가장 익숙한 학교 교과목을 선택한 것이다. 우리가 학교에서 배우는 교과목을 잘 분석해보면 좌뇌와 우뇌를 얼마만큼 사용하는지 알 수 있기 때문이다.

다음은 교과목별 좌뇌 우뇌 활용도에 대한 설명이다.

① **국어 :** 국어는 좌뇌보다는 우뇌를 많이 활용하는 과목이다. 국어는 이해력, 표현력, 창의력, 논리력 등이 요구되는 과목인데, 이 중에서 표현력과 창의력은 우뇌에 많이 의존하고 있고, 이해력은 우뇌와 좌뇌의 기능이 거의 비슷하게 요구되며, 논리력은 좌뇌의 기능이 많이 요구된다. 예컨대 시나 수필 같은 장르는 전적으로 우뇌적인 문학에 속하고 소설은 우뇌와 좌뇌의 복합적인 능력에 의존하며, 사설이나 기사문, 설명문 등은 좌뇌에 많이 의존한다. 그래서 전체적으로 보면 국어는 우뇌를 기반으로 좌뇌를 활용하는 구도다.

② **수학 :** 수학은 수리 능력을 기반으로 하고 있는데, 이는 좌뇌가 가장 많이 작용하는 과목이다. 수학은 좌뇌 능력을 평가하는 기준이 될 수 있다. 그러나 수학에서 도형의 경우엔 우뇌의 작용이 중요하다. 좌뇌가 발달하지 않은 사람이 수학을 할 땐 도형

을 최대한 활용하면 이해하는 데 도움이 된다.

③ **사회** : 사회는 우뇌보다는 좌뇌의 활동을 많이 요구한다. 기억, 연산, 이해, 논리 등이 복합적으로 결합해 있는데, 이들 능력은 대부분 좌뇌에서 발생한다. 그러나 이해력은 우뇌의 기능도 어느 정도 작용해서 완전히 좌뇌의 영역 속에 있다고 볼 수는 없다. 단지 우뇌보다는 좌뇌를 더 많이 활용할 뿐이다.

④ **과학** : 과학은 수리적 능력과 관찰 능력, 체험에 대한 기억 능력, 실행 능력 등이 복합적으로 요구되는 과목이다. 수리 능력은 좌뇌에서 발생하지만 관찰 능력은 좌뇌와 우뇌를 동시에 사용하고, 체험에 대한 기억 능력은 우뇌가 많이 작용하며, 실행 능력 역시 좌뇌와 우뇌의 동시 판단에 따라 이뤄진다. 따라서 과학은 두뇌 판단의 중심에 놓기엔 애매한 면이 있다.

⑤ **미술** : 미술은 전적으로 우뇌에 의존한다. 수리적 능력이 뛰어난 아이는 미술 능력이 뛰어나기 힘들고, 미술 능력이 뛰어난 아이는 수학 과목이 뒤처질 가능성이 높다. 여기서 뒤처진다는 것은 더 많은 시간과 노력을 요구한다는 뜻이다.

대개 그림을 잘 그리는 아이는 문학 능력, 특히 시를 짓는 능력도 뛰어날 수 있다. 시를 짓는 것과 그림을 그리는 것은 같은 코드이기 때문이다. 그러나 소설이나 다른 논술형 글은 다르다. 오히려 논술형 글은 그림을 잘 그리는 사람이 잘 쓰기 힘들다.

⑥ **음악** : 음악적 능력은 원래 좌뇌와 우뇌의 가운데에 걸쳐 있다. 음악을 좋아하느냐는 물음에 두 가지의 대답이 나올 수 있다. 하나는 노래 부르는 것이나 듣는 것을 좋아하는 경우이고, 하나는 악기를 다루는 경우다. 악기를 다루는 것은 좌뇌가, 노래를 좋아하는 것은 우뇌가 많이 작용한다. 음악을 좋아한다는 공통점이 있더라도 악기를 잘 다루는 사람과 노래를 잘하는 사람은 서로의 성향이 많이 다르다.

음악은 또 기억 능력과 연주 능력, 리듬에 대한 감각, 소리에 대한 감각과 선천적 능력이 결합해 있어 사실은 어떤 과목보다도 복잡한 구도를 지닌다. 음악적 능력 중에 어느 것이 발현되느냐에 따라 뇌의 활용도가 완전히 달라질 수 있다는 것이다. 이에 음악은 두뇌유형을 판단하는 근거로 작용하기 매우 어려운 측면이 있다.

③ 두뇌유형별 특징

① 논리형(L타입) = 국어 + 수학(또는 과학)

논리형은 어떤 사건이나 현상에 대해 그 원인과 원리를 파악하는 데 치중하는 한편, 사안의 핵심을 정리하여 논리적 체계를 갖추려는 성향이 있는 두뇌다.

복잡한 문제를 간결하게 정리하는 간결성, 생각을 이치에 맞게 표현하는 논리성, 어떤 현상이든 구조화시켜서 이론으로 정립하려는 체계성 등에 강한 면모를 보인다. 하지만 이에 비해 구체성, 실용성, 독창성 등은 약하다.

논리형에는 세 가지 유형이 있다.

논리1형(L1) : 지식을 쌓는 것에는 능하나 행동으로 옮기는 것에는 어려움을 느낀다. 무슨 문제든 지식으로 저장하려는 경향이 강하고, 그것을 현실에 활용하려는 경향은 매우 약하다. 따라서 이들은 지식을 쌓는 것을 마치 무슨 집을 짓는 것처럼 체계화하는 것을 좋아한다. 이들은 어린 시절에 혼자 노는 것을 좋아하고, 무슨 일이든 스스로 생각하여 자기만의 방식으로 체계화하려는 습관이 있다. 사람들은 이들을 볼 때 꼬마철학자를 보는 듯한 느낌을 받는다.

논리2형(L2) : 상상력이 매우 발달한 사람들이다. 하지만 이들의 상상력은 물질적인 것이다. 이들은 늘 세상의 변화 과정이나 물질의 움직임, 또는 물질의 결합에 대해서 관심을 갖는다. 해당 물질의 현상에 깊이 몰입하여 그것의 원리를 파악하는 데 주력한다. 이들은 주로 어린 시절에 사물을 관찰하는 것을 좋아하며, 그것을 말이나 글로 표현하는 능력이 매우 뛰어나다. 또한 자신이 관찰한 결과를 다른 사물에 적용하여 독창적인 원리를 발견하는 데 집중한다.

논리3형(L3) : 우뇌와 좌뇌의 극과 극을 공유한 존재들이다. 이런 두뇌는 형성되기 매우 어려운데, 논리형 중 극히 일부에서만 발견된다. 사물을 바라볼 때 항상 사물과 사물이 어떻게 놓여야 조화를 이룰 수 있는지 골몰한다. 그래서 어떤 상황에서도 사물의 모양과 위치, 균형 등을 중시하고, 그것이 제대로 이뤄지지 않으면 어떻게 해서든 맞춰보려고 애를 쓴다.

이들은 아주 순간적으로 사물을 스쳐보더라도 그것이 어떤 모양과 형태로 이뤄졌는지 잘 기억한다. 그리고 혹 그 사물들이 불균형한 상태로 있으면 불안감에 안절부절한다. 이런 두뇌는 어릴 때부터 퍼즐 게임을 좋아한다. 또 블록으로 집을 짓거나 조립형 장난감을 가지고 노는 것을 좋아한다.

이들은 세 타입 중 한 유형만 발달한 사람, 두 유형이 발달한 사람, 세 가지 유형이 모두 발달한 사람도 있다.

② 실리형(U타입) = 수학(또는 과학) + 사회

실리형은 매우 현실적이고 실용적이며 실리를 추구하는 사람들이다. 어떤 문제에 봉착했을 때, 이들은 어떻게 하면 현실적이면서도 신속하고 실리적인 방안을 마련할까 고민한다. 이들은 타협에 능하고 실리를 중시한다.

실리형은 현실성, 합리성, 신속성, 실용성이 강점이다. 하지만 이들은 결과와 실리 또는 합리성만 중시하는 까닭에 명분이나 절차, 이론이나 체계, 독창성 등을 무시하는 경향이 있다.

실리형에는 세 가지 유형이 있다.

실리1형(U1) : 사회 현상이나 학문을 체계화하는 데 남다른 재주가 있다. 아무리 복잡한 문제에 봉착하더라도 그 문제의 핵심을 빨리 파악하고, 문제를 간단하고 명료하게 만들어 해결할 수 있는 실리적인 방안을 내놓는다. 또한 사람을 조직화하고 기능적으로 배치하는 능력이 탁월하며 언변이 뛰어나다.

이들은 어릴 때부터 중재자 역할을 많이 하는 편이다. 친구들 사이에 다툼이 있으면 해결책을 내놓고 타협할 것을 요구한다. 이들은 개인적인 친분에도 쉽게 감정에 휘둘리지 않는다. 어떻게 하는 것이 문제를 확대시키지 않고 현실적으로 해결할 수 있는지 고민한다. 그래서 아이들 세계에서 이들은 심판관 역할을 많이 한다.

실리2형(U2) : 지식에 의한 증명을 중요하게 생각하는 사람들이다. 이들은 어떤 현상을 대하면 그것의 원리를 파악하고 현실에서 어떻게 그런 일이 일어날 수 있는지를 검증하려고 한다. 대개 행동보다는 관찰을 중시한다. 따라서 어떤 일에 참여하기 위해서는 오랜 시간이 필요하다.

이들은 어린 시절에 어떤 하나의 현상이나 사물의 움직임을 오랫동안 관찰하는 행동을 자주 한다. 그리고 그 결과를 볼 때까지 쉽게 결론을 말하지 않는다.

실리3형(U3) : 좌뇌 중에서도 가장 극단적인 부분만 발달한 두뇌유형이다. 이들의 수는 많지 않지만 이들 중에는 천재가 많다. 이들은 모든 사물은 일정한 법칙에 의해 움직이고, 그 법칙은 모두 숫자나 기호로 나타낼 수 있다고 믿는다.

어릴 때부터 모든 현상을 숫자 또는 자기만의 암호로 표현하려고 한다. 간혹 아무도 알아듣지 못하는 말을 잘하며, 배우지도 않은 수학 문제를 혼자 터득하여 풀어내기도 한다.

이들은 세 타입 중 한 유형만 발달한 사람, 두 유형이 발달한 사람, 세 가지 유형이 모두 발달한 사람도 있다.

③ 명분형(J타입) = 국어 + 사회

명분형은 어떤 일이나 사물을 대할 때 앞뒤 상황을 따진 뒤,

명분이나 가치가 확인되면 행동으로 옮기거나 수용하는 두뇌다. 따라서 이들은 행동하기 전에 명분과 가치를 따지는 한편, 객관성과 활용성을 중시한다. 그리고 사안의 과정과 절차 등을 자세히 살피는 경향이 강하다. 반면 신속성이 떨어지고 실리가 적으며 현실성이 약하다.

명분형에는 세 가지 유형이 있다.

명분1형(J1) : 대개 사회 현상이나 그 현상의 진행 과정에 민감하고, 지식의 활용보다는 지식의 축적에 무게는 두는 성향을 지녔다. 지식을 쌓는 것은 매우 좋아하지만, 지식을 현실에 적용하는 데에는 어려움을 느낀다. 하지만 스스로 매우 현실적인 사람이라고 생각하고, 현실에 응용하는 것에도 전혀 미숙하지 않다고 생각한다.

이들은 어린 시절에 다방면에 관심이 많아 잡다한 지식을 쌓는 것을 즐긴다. 어떤 하나의 일에 집착하기보다는 여러 가지에 관심을 가진다. 지식을 남에게 전달하는 것을 즐기고, 가르치는 것도 좋아한다.

명분2형(J2) : 보이지 않는 것을 마치 눈앞에 있는 것처럼 인식하여 현실에 잘 활용한다. 사물을 바라볼 때 사물에 집착하지 않고, 사물이 풍기는 느낌을 중시한다. 그 느낌을 놓치지 않고 현실 속에서 살려내는 능력이 탁월하다. 이들은 곧잘 주위 사람들로부터 무에서 유를 창조하는 능력이 있다는 소리를 듣곤 한다.

그렇다고 이들을 환상적인 것을 추구하는 사람으로 보면 곤란하다. 이들은 비록 보이지 않는 것에서 느낌을 잡아내는 데 익숙하지만, 그 느낌을 현실 속에서 실천으로 옮기는 사람들이기 때문이다.

명분3형(J3) : 어떤 일이든 자기 눈으로 확인하려고 한다. 확인되지 않은 일에 섣불리 가담하지 않으며, 비록 확인되었다 하더라도 그것의 진행 과정에 문제가 있으면 참여하지 않는다. 그러나 본질적으로 참여 의지가 강한 사람들이어서 어떤 형태로든 행동으로 옮기는 속성이 있다.

사회 현상을 분석하고, 예측하여 행동으로 옮기는 성향을 가졌다. 사람을 평가할 때도 그 사람의 사회적 위치와 역할, 능력 등을 매우 중시한다. 말하자면 인격보다는 능력이나 위치를 중시하는 경향이 있다.

이들은 어릴 때 왜? 라는 질문을 많이 던지는 유형이다. 이런 아이들은 비록 부모나 선생님의 지시라고 하더라도 합당한 이유가 없으면 잘 따르지 않는다. 때때로 고집을 부리며 자기의 주장을 굽히지 않는다.

이들은 세 타입 중 한 유형만 발달한 사람, 두 유형이 발달한 사람, 세 가지 유형이 모두 발달한 사람도 있다.

④ 감성형(S타입) = 국어 + 미술 (또는 음악)

감성형은 언어적 표현과 예술적 능력이 탁월한 사람이며, 독창적인 세계관이 있다. 상상력이 풍부하여 다른 사람은 흉내 낼 수 없는 감각적인 면을 보인다.

이들은 독창성, 감수성, 표현력, 개성 등이 탁월하다. 하지만 자유분방한 기질에 개인주의 성향이 강하여 때론 공감대 형성에 어려움을 느끼는 경우가 많고, 실용성이나 현실성, 공동체 의식 등이 약하다.

감성형에는 세 가지 유형이 있다.

감성1형(S1) : 무슨 일을 하더라도 남과 다른 자기만의 방법을 구사하려 하며, 색에 대한 감각이나 언어적 표현이 탁월하다. 이들 대다수는 책을 좋아하고, 그림에 몰두한다. 또한 자기 생각을 말로 표현하는 것보다 글이나 그림으로 표현하는 것을 훨씬 쉽게 생각하고, 남의 간섭이나 강압을 극도로 싫어한다.

이들 중에는 어린 시절에 대개 수학을 싫어할 뿐 아니라 심지어는 숫자만 보아도 머리가 아픈 사람도 많다. 그리고 악기 다루는 것에 미숙하고, 역사나 철학 같은 인문학에는 크게 관심이 없으며, 오직 문학적인 책들에 몰두하는 경향이 있다.

하지만 수학에서 도형에는 관심이 많으며, 음악에서도 노래 부르기에는 관심을 보인다. 따라서 이들에게 수학을 가르치려면 도형을 먼저 가르쳐야 하며, 음악도 악보가 아닌 노래를 기본으로 가르쳐야 한다.

감성2형(S2) : 현실 참여 의식이 강하고 공간 감각이 뛰어나다. 사물을 바라볼 때 그 외형을 빠르게 인식하고, 그것을 현실에서 어떻게 표현하고 적용할 수 있는가에 집착한다.

매우 이상주의적인 면모를 가지고 있으면서도 한편으론 실용적인 사람들이다. 사회를 계몽하고 사람들을 변화시키는 것을 좋아하며, 자신이 만든 창작물이 어떤 형태로든 사회 변화에 도움이 되길 바란다. 그래서 새로운 것을 추구하는 경향이 강하다. 또 자신이 고안한 것을 사회에 드러내고 활용하기를 바란다.

감성3형(S3) : 음악적 능력이 탁월하다. 이들은 노래형과 악기형, 조합형으로 구분할 수 있다. 노래형은 논리적인 해석이나 수리적인 설명을 싫어하고, 만사를 감정과 느낌에 의존한다. 기분이 자주 바뀌고, 흥분을 잘하며, 감정 변화가 심하다. 어릴 때부터 한 분야에 깊이 빠져드는 성향을 보이고, 한 번 빠지면 그것을 완전히 즐기는 단계에 이를 때까지 쉽게 빠져나오지 못한다.

악기형은 차분하고 이성적이며 수리에도 밝고 보다 현실적이다. 어떤 분야에 깊이 빠지는 일이 드물고, 늘 자신을 되돌아보는 습관이 있다.

노래와 악기에 모두 능한 조합형은 균형감이 있는 반면, 일부는 균형감이라곤 도저히 찾아볼 수 없는 극단적인 모습을 보이기도 한다.

이들은 세 타입 중 한 유형만 발달한 사람, 두 유형이 발달한 사람, 세 가지 유형이 모두 발달한 사람도 있다.

※ **두뇌유형은** 한 가지만 해당하는 사람도 있고, 두 가지가 섞여 있는 사람도 있다. 또 극히 일부는 세 가지가 섞여 있는 경우도 있다. 그중에서 가장 많이 차지하고 있는 부분이 자신의 기본유형이고, 나머지는 보조유형이라 할 수 있다. 따라서 두뇌유형의 특징 중에 자신에게 해당하는 부분들을 골라낸다면 자신의 현실적인 두뇌유형을 파악할 수 있을 것이다.

④ 두뇌유형 사이의 선호도와 갈등지수

두뇌유형은 같을 때 가장 좋고, 가까울수록 좋다. 갈등이 줄어들기 때문이다. 그렇다면 두뇌유형 사이의 선호도와 갈등 관계는 어떻게 될까?

논리형(L) : 논리형이 가장 중시하는 것은 복잡한 문제를 간결하게 정리하여 논리적 체계를 갖췄느냐 하는 점이다. 그렇기 때문에 무엇보다도 이치와 논리를 중시할 수밖에 없다. 이에 비해 실리형(U)은 합리성을 기반으로 이치보다는 이익을 중시하는 경향이 있다. 논리형은 실리형의 합리성은 받아들이지만 지나치게 이익에만 매달리는 부분은 잘 받아들이지 않는다.

명분형(J)은 앞뒤 상황을 따져 명분과 가치에 치중하는 경향이 있다. 논리형은 앞뒤 상황을 따지는 것에는 반감이 없으나 그 중심이 가치와 명분이다 보니 논리성과는 거리가 멀다고 비판할 가능성이 높다.

그리고 감성형(S)은 이치나 논리보다는 감성과 개성에 의존한다. 이들에겐 논리적 과정이나 체계보다는 감성과 개성이 훨씬 중요하다. 논리형과 감성형 판단 방법과 행동 방식이 정반대라고 할 수 있다. 이 때문에 논리형은 감성형을 몹시 꺼릴 수밖에 없고, 이것이 곧 갈등 양상으로 드러나기 십상이다. 그래서 논리형은 감성형을 상극으로 여기는 경우가 많다. 이에 논리형과 잘 맞는 두뇌유형의 순서는 L(논리형), U(실리형), J(명분형), S(감성형) 순이 될 것이다.

실리형(U) : 실리형은 매우 현실적이고 실용적이며 실리를 추구한다. 이들은 실리만 가져다준다면 어떤 두뇌유형이든 상관없다. 말하자면 모든 두뇌유형과 잘 어울릴 수 있다는 뜻이다. 이는 반대로 모든 유형과 갈등을 유발할 수 있다는 뜻이기도 하다. 논리형에 대해선 지나치게 체계의 완성에 집착하는 것을 비판할 것이고, 명분형에 대해서는 명분과 가치에만 매달리다 실익이 무시되는 점을 참을 수 없을 것이며, 감성형에 대해서는 너무 자기중심적이어서 현실성이 떨어진다는 점을 비판하게 된다. 따라서 실리형은 실리형 이외의 모든 두뇌와 화합할 수도 있고, 상극으로 지낼 수도 있다. 그래도 굳이 실리형와 잘 어울릴 수 있는 두뇌유형의 순서를 정한다면 U, L, J, S 순이 될 것이다.

명분형(J) : 명분과 가치를 중시한다. 따라서 이들은 실리나 논리보다는 감성에 의존하는 감성형(S)에 대해서 호의적인 성향을 보인다. 하지만 논리형(L)의 논리나 실리형(U)의 실리 또한 명분이나 가치의 일환이라고 보기 때문에 그들에 대해서도 적대적인 경향이 별로 없다. 말하자면 명분형 역시 실리형과 마찬가지로 어느 두뇌유형과도 어울릴 수 있다는 뜻이다. 하지만 이들은 지나치게 이론만 추구하는 논리형, 너무 결과만 추구하는 실리형, 너무 감정에만 치우치는 감성형을 몹시 싫어한다. 이들은 명분과 가치도 중시하지만 객관성과 활용성도 매우 중시하기 때문이다. 따라서 이들 또한 명분형 이외의 모든 두뇌유형과 상극이 될 수 있다. 그래도 굳이 명분형(J)과 잘 어울릴 수 있는 두뇌유형을 정한다면 J, S, U, L 순이 될 것이다.

감성형(S) : 감성형은 예술성과 독창성, 개성 중심의 감성적 두뇌다. 이들에게 중요한 것은 논리나 실리, 명분 따위가 아니다. 그런 것이 전혀 없더라도 새로운 것을 창조하고 사람들에게 감동을 유발할 수 있다면 상관없다. 그런 까닭에 감성형은 어떤 유형이든 자신의 창조성과 예술성을 알아주기만 한다면 갈등을 일으킬 이유가 없다. 반대로 자신의 예술성이나 독창성을 비판하거나 폄하하면 바로 적으로 규정한다.

감성형(S)은 항상 모든 두뇌유형과 상극이 될 소지를 안고 있다. 심지어 같은 감성형에 대해서도 마찬가지다. 오히려 자신에게 적으로 규정된 감성형과 더욱 강력한 갈등 양상을 초래할 수도 있다. 그런 의미에서 감성형은 갈등의 소지가 가장 많은 두뇌유형이다. 그래도 그나마 감성형(S)을 이해해줄 수 있는 것은 감성형뿐이기에 S는 자기를 알아주는 S를 만나는 것이 가장 중요하다. 그래서 굳이 S와 잘 어울릴 수 있는 두뇌유형의 순서를 정한다면 S, J, U, L 순이 될 것이다.

나의 성격유형 찾기

① 기질과 두뇌를 알면 성격유형이 보인다

이번에는 성격유형(PT: Personality Type)에 대해 알아보자. 필자는 체질과 혈액형이 결합하여 기질을 형성하고, 기질이 인간의 행동과 판단에 결정적인 영향을 끼친다고 설명하면서 여기에 두뇌유형을 추가했다. 그리고 필자는 최종적으로 인간의 성격은 체질과 혈액형, 두뇌의 결합을 통해 알 수 있다고 본다. 이는 다음과 같은 공식으로 나타낼 수 있다.

$$\boxed{성격유형} = \boxed{기질유형} \times \boxed{두뇌유형}$$

앞에서 우리는 기본 기질과 보조 기질의 결합을 통해 36가지 자기 기질유형이 나온다는 사실을 확인했다. 성격유형은 36가지 자기 기질유형과 4가지 두뇌유형을 결합해서 만들어진다. 이를 축약하면 다음과 같은 공식을 만들 수 있을 것이다.

예컨대 기본 체질이 소양(D), 보조 체질이 태양(p), 혈액형이 A인 DpA의 성격유형을 이니셜로 간단하게 표현하자면 다음의 네 가지가 나온다.

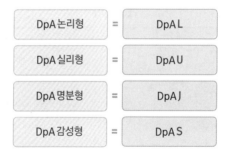

이 네 가지 이외에 나머지 성격유형도 기질유형에다 4개의 두뇌유형을 결합한 형태로 이해하면 된다. 이렇게 해서 알파벳 이니셜 4개로 우리는 144개의 성격유형을 얻을 수 있다. 다음은 144가지 성격유형이 만들어지는 과정과 분류법이다.

소양인(D)

기본 기질		보조 기질		자기 기질		두뇌유형		성격유형			
DA	+	pA	→	DpA	+	L	→	DpAL	DpAU	DpAJ	DpAS
		cA		DcA		U		DcAL	DcAU	DcAJ	DcAS
		eA		DeA		J		DeAL	DeAU	DeAJ	DeAS
						S					
DO	+	pO	→	DpO	+	L	→	DpOL	DpOU	DpOJ	DpOS
		cO		DcO		U		DcOL	DcOU	DcOJ	DcOS
		eO		DeO		J		DeOL	DeOU	DeOJ	DeOS
						S					
DB	+	pB	→	DpB	+	L	→	DpBL	DpBU	DpBJ	DpBS
		cB		DcB		U		DcBL	DcBU	DcBJ	DcBS
		eB		DeB		J		DeBL	DeBU	DeBJ	DeBS
						S					

태양인(P)

기본 기질		보조 기질		자기 기질		두뇌유형		성격유형			
PA	+	dA	→	PdA	+	L	→	PdAL	PdAU	PdAJ	PdAS
		cA		PcA		U		PcAL	PcAU	PcAJ	PcAS
		eA		PeA		J		PeAL	PeAU	PeAJ	PeAS
						S					
PO	+	dO	→	PdO	+	L	→	PdOL	PdOU	PdOJ	PdOS
		cO		PcO		U		PcOL	PcOU	PcOJ	PcOS
		eO		PeO		J		PeOL	PeOU	PeOJ	PeOS
						S					
PB	+	dB	→	PdB	+	L	→	PdBL	PdBU	PdBJ	PdBS
		cB		PcB		U		PcBL	PcBU	PcBJ	PcBS
		eB		PeB		J		PeBL	PeBU	PeBJ	PeBS
						S					

소음인(C)

기본 기질		보조 기질		자기 기질		두뇌유형		성격유형			
CA	+	dA	→	CdA	+	L	→	CdAL	CdAU	CdAJ	CdAS
		pA		CpA		U J		CpAL	CpAU	CpAJ	CpAS
		eA		CeA		S		CeAL	CeAU	CeAJ	CeAS
CO	+	dO	→	CdO	+	L	→	CdOL	CdOU	CdOJ	CdOS
		pO		CpO		U J		CpOL	CpOU	CpOJ	CpOS
		eO		CeO		S		CeOL	CeOU	CeOJ	CeOS
CB	+	dB	→	CdB	+	L	→	CdBL	CdBU	CdBJ	CpBS
		pB		CpB		U J		CpBL	CpBU	CpBJ	CpBS
		eB		CeB		S		CeBL	CeBU	CeBJ	CeBS

태음인(E)

기본 기질		보조 기질		자기 기질		두뇌유형		성격유형			
EA	+	dA	→	EdA	+	L	→	EdAL	EdAU	EdAJ	EdAS
		pA		EpA		U J		EpAL	EpAU	EpAJ	EpAS
		cA		EcA		S		EcAL	EcAU	EcAJ	EcAS
EO	+	dO	→	EdO	+	L	→	EdOL	EdOU	EdOJ	EdOS
		pO		EpO		U J		EpOL	EpOU	EpOJ	EpOS
		cO		EcO		S		EcOL	EcOU	EcOJ	EcOS
EB	+	dB	→	EdB	+	L	→	EdBL	EdBU	EdBJ	EdBS
		pB		EpB		U J		EpBL	EpBU	EpBJ	EpBS
		cB		EcB		S		EcBL	EcBU	EcBJ	EcBS

※ 각 성격유형의 특징에 대해서는 1부에 자세하게 언급되어 있다.

제2부

체질별
성격유형

1

소양인의

기질별 특징과
성격유형

소양인의 특징과 행동양식

소양인은 심폐가 강한 사람들이어서 활동적이고 성정이 급한 편이다. 거기다 위가 강한 까닭에 무슨 일에서든 공격적으로 접근한다. 이들의 심장과 폐는 강하기는 해도 크지 않아 공격적이긴 하지만 순간적일 뿐이고, 행동력이 뛰어나지만 치밀하지 못하다. 신장이 작고 약하여 끈기가 없는 탓이다.

이들은 화를 잘 내는데 이는 간이 약해서다. 하지만 비췌(비장과 췌장)가 튼튼한 까닭에 화를 내도 금세 사라지며, 신장이 약한 탓에 남을 원망하는 마음도 오래 간직하지 않는다.

활동성과 공격성이 발달한 이들은 여러 가지 방면에 호기심이 많아 한꺼번에 여러 일을 진행하는 특징이 있다. 하지만 일을 잘 벌이기는 해도 수습을 잘 못하며, 하나의 일을 오랫동안 지속하는 힘이 약해 책임감이 없다는 소리를 들을 수 있다. 그래서 소양인은 일을 시작하면 목표를 가볍게 잡아 빨리 승부를 봐야 한다. 만약 목표를 너무 크게 잡으면 목표를 이루기 전에 지쳐버릴 수도 있다.

소양인은 순간적인 머리 회전이 빠르고 임기응변에 강하다. 하지만 여러 방면을 고려하거나 다른 사람의 입장을 헤아리는 데엔 약하다. 또한 사안을 체계적으로 정리하거나 치밀하게 준비하는 일에도 약하다. 그럼에도 위가 강해 공격력이 세서 겁 없이 일을 시작한다. 말하자면 일단 일을 저질러 놓고 보는 성격이다. 저지른 뒤에 일이 감당이 안 되면 물러나 포기하는 경향이 있다.

소양인은 폐활량이 좋아 말이 빠르고 심장이 강해 행동이 급하다. 이들은 말이 많고 남의 말을 잘 들어주지 않는 경향이 있다. 말이 많다 보니 말실수를 자주 하지만 비장과 위가 강해 공격적이고 세심하지 못하므로 자신이 한 말을 잘 까먹는다. 말로 남의 마음을 상하게 하거나 싸우는 일도 많다. 하지만 뒤끝은 없다. 이들은 모든 것에 행동이 앞서서 자신이 한 잘못은 잘 기억하지 못한다. 또한 말을 하다가 상대가 반론을 제기하면 끝까지 들어보지도 않고 공격성을 드러내곤 하는데, 이는 간과 신장이 약한 탓이다.

소양인의 이런 천성이 긍정적으로 작용하면 인간관계가 원만하고 활동의 폭이 넓으며 밝고 친근한 성격의 소유자가 될 수 있다. 여러 가지 재주를 익혀 늘 새롭고 재미있는 생활을 누릴 수 있고, 남에게 기쁨을 주면서 자족하는 삶을 살 수 있다.

그러나 소양인의 천성이 부정적으로 작용하면 가는 곳마다 적을 만들게 되고, 지나치고 과격한 말로 남의 마음에 상처를 줄 수 있다. 무슨 일이든 제대로 하는 것이 없는 골칫거리가 될 가능성도 있다. 모든 일을 너무 감정적으로 처리하고, 자기만 알고 남은 모른다는 식으로 혼자만 잘난 체하는 안하무인격의 성품이 될 수 있다.

소양인의 특징

①	성정	경쾌하면서 활동적이다.
②	물과 땀	물을 적당히 마시고 땀을 적당히 흘린다.
③	화	화가 나면 발끈하지만, 뒤끝은 없는 편이다.
④	판단과 행동	생각은 짧게 하고 판단과 행동은 빠르다.
⑤	일을 대하는 태도	여러 가지 일에 관심이 많고, 동시에 여러 가지 일을 하는 것을 좋아한다.
⑥	시작과 마무리	무슨 일이든 시작은 잘하지만 마무리가 잘되지 않는다.
⑦	대화	다른 사람의 말에 빨리 반응하는 편이고, 하고 싶은 말을 담아두지 못한다.
⑧	음식 습관	가리는 음식 없이 잘 먹는 편이지만, 너무 많이 먹는 것은 꺼린다.
⑨	사람 만남	새로운 사람을 잘 사귀는 편이고, 많은 사람과 같이 함께 만나는 것을 좋아한다.
⑩	얼굴과 체형	대다수가 몸이 마른 편이거나 보통이고, 눈은 작거나 보통인 편이다.

혈액형별 특징

A·AB형	① 경쾌하고 밝다. ② 분주하고 가볍다. ③ 겁이 많고 소심하다.
O형	① 활동적이고 공격적이다. ② 감정 기복이 심하다. ③ 화끈하고 포용력이 좋다.
B형	① 정적이고 방어적이다. ② 예민하고 독자적이다. ③ 집요하고 세심하다.

하지만 소양인이라고 해도 어떤 혈액형과 결합하느냐에 따라 다른 특징과 행동 양식을 보일 수 있다.

소양인의 체질과 혈액형을 결합하면 DA, DO, DB 등 세 가지 기본 기질을 얻을 수 있다. 여기에 보조 체질 3가지(p, c, e)와 두뇌유형 네 가지(L, U, J, S)가 결합하면 소양인의 36가지 성격유형이 발생한다.

이를 DA, DO, DB 세 기질로 분류하여 특징과 성격유형을 설명하고자 한다.

소양인 A·AB형 –DA

기질과 성격유형

다재다능한 분위기 메이커

무대 체질 원숭이

시작은 화려하지만 끝을 맺지 못하는 리더

DA타입은 소양인으로서 혈액형 A·AB형인 사람을 지칭한다. 소양인은 양성이므로 혈액형이 AB형이라고 하더라도 양혈인 A형의 특성이 주로 드러나고, 음혈인 B형의 특성은 잘 드러나지 않는다. 따라서 소양인 AB형은 A형 소양인과 같이 봐도 무방할 것이다. 이에 A형 혈액형의 기질적 특징을 알 필요가 있다. DA는 소양인의 특징과 A형 혈액형의 기질이 화학적으로 결합하여 새로운 양상을 드러낸다.

다재다능한 분위기 메이커

DA는 소양인 중에서도 가장 쾌활하고 밝은 성격을 지니고 있어 소양인의 전형이라고 할 수 있다. 소양인의 활동성과 A형 혈액형의 밝고 경쾌한 면이 잘 어우러졌다.

이들은 사교성이 좋고 재주가 다양하며 한 번에 여러 일에 관심이 있다. 하지만 말이 많은 까닭에 말실수가 많고, 본의 아니게 남의 심사를 긁는 소리를 잘 한다. 전체적으로 호기심이 많아서 대부분 분주하게 움직인다. 한 곳에 오래 머물지 못하며, 새로운 것이나 흥미로운 일을 찾아다닌다. 덕분에 아는 사람이 많고, 발이 넓은 편이다.

이들은 생각 없이 남의 일에 나서는 탓에 오지랖이 넓다는 소리를 많이 듣는다. 대수롭지 않게 남의 영역을 침범하는 일이 많아 태양인이나 소양인과 부딪치는 경우가 잦다. 하지만 상대가 화를 내면 잠시 발끈하다가 빨리 사과하고 끝낸다. 본질적으로 소심해서 함부로 큰일을 벌이지는 않는다. 그래서 어떤 단체의 우두머리가 되는 것을 꺼리는 편이다.

DA는 분위기 메이커 역할을 잘 한다. 주변 사람들이 침체되어 있으면 어떻게 해서든 그들의 마음을 밝게 만들려고 애를 쓰기도 하고, 스스로 우스갯소리를 잘 내뱉는다. 하지만 때론 그것이 지나쳐서 오히려 분위기를 이상하게 끌고 가는 경우도 있다.

이들 중에는 무대 체질이 많다. 자기 자신을 연극의 주인공 쯤으로 생각하는 사람들인 셈이다. 어디서든 자신이 중심이 되길 바란다. 빈축을 사는 경우가 잦지만 다른 사람의 시선을 끌기 위해 창의적인 노력에도 열심이다. 덕분에 이들 중에는 재미있는 이야기를 만들어내는 재주가 있는 사람이 많다.

이들은 또 비밀을 잘 간직하지 못하는 스타일이다. 어떤 이야기를 하다가 자신도 모르게 비밀을 쏟아내 버린다. 뒤늦게 후회하기도 하지만 이들이 진심으로 깊이 후회하는 경우는 드물다. 후회하고 반성하더라도 그때뿐인 사람이 많다.

DA의 이러한 특징들을 긍정적인 면과 부정적인 면으로 구분해 보자. 우선 긍정적인 면으론 경쾌함, 다재다능, 화려함, 다양성, 친화력 등이 있고 부정적인 면으론 오만함, 성급함, 분주함, 자기중심적, 무책임함 등으로 요약할 수 있다.

이런 성향들이 긍정적으로 결합하면 매우 밝은 에너지를 기반으로 폭넓은 인간관계를 꾸릴 수 있고, 친절하면서 다재다능한 사람으로 평가받을 수 있다. 특유의 호기심을 바탕으로 신선하고 기발한 아이디어맨으로 인정받고, 다양한 분야에서 화려한 이력을 뽐내며 성공적인 삶을 살 수 있다.

하지만 부정적으로 결합하면 오만하고 자기중심적이며, 어느 곳에서도 너무 설친다는 인상을 주기 쉽다. 일만 잔뜩 벌여놓고 책임은 지지 않는다는 비판을 받을 수 있다. 또한 다른 사람의 일에 지나치게 개입하여 주변을 곤란하게 만들 뿐 아니라 자신에게 이익도 없는 남의 일에 휘말려 곤욕을 치를 수도 있다.

무대 체질 원숭이

DA의 심리는 크게 두 가지로 나뉜다. 연극배우 성향을 지닌 사람들이 있는 반면에 관객 성향의 사람들이 있다.

연극배우 성향의 사람들은 태어날 때부터 스스로 배우가 된 듯한 착각에 빠져 있다. 그래서 늘 뭔가 새로운 이야기를 들려주고자 한다. 이야기의 주인공은 자기 자신이다. 하지만 이들의 연극은 오래 공연되지 않는다. 대본이 바뀌면 역할이 바뀌는 배우들처럼 자주 일을 벌여 자신을 새로운 주인공으로 바꾸기를 좋아한다. 반면에 관객 성향의 사람들은 주인공을 바라보며 즐기는 타입이다. 주인공의 변화에 따라 자신을 변모시키고, 주인공의 무대 변화가 있을 때마다 자신이 서 있는 곳을 살핀다.

이들에게도 공통점은 있다. 눈이 늘 무대를 향해 있다는 것이다. 이들은 모두 무대 지향적 심리 구조를 가진 셈이다. 이들에게 가장 중요한 것은 환경이다. 환경이 나쁘면 무대는 초라하고 보잘것없어지고, 환경이 좋으면 무대도 화려하고 아름답다. 이들은 늘 신선하면서도 자신에게 알맞은 무대를 찾고자 노력한다. 그래야 심리적 안정을 누릴 수 있다.

이들을 12지의 동물에 비유한다면 원숭이의 성향과 유사하다. 원숭이는 인상이 밝고 재주가 많으며 여러 일에 호기심이 많아 분주하고 늘 자신이 무대의 주인공처럼 행동한다.

③ 리더십

시작은 화려하지만 끝을 맺지 못하는 리더

DA의 리더십은 매우 창조적이고 예술적이다. DA 성향의 리더 아래 있으면 즐겁고 재미있는 일을 많이 경험할 수 있다. 이들은 늘 이벤트를 벌이는 탓에 볼거리가 많다.

하지만 이들은 이벤트가 자신의 의도대로 되지 않으면 몹시 불편해한다. 심지어 폭력적으로 변하는 경우도 많다. 때때로 세상이 자신을 몰라준다며 세상 전체를 적으로 규정하기도 한다.

이들은 화려하거나 튀는 것을 좋아한다. 뭔가 새롭고 독창적인 일이 아니면 하지 않으려는 속성을 갖는다. 물론 그 일의 중심에 자신이 있어야 한다.

이런 심리는 목표를 자주 망각하게 만든다. 목표를 세우고 열정적으로 덤비긴 하지만 비판의 목소리가 나오면 쉽게 목표를 망각하고 중도에 포기해버린다.

DA의 리더십을 원숭이 종류에 비유하자면 침팬지형, 고릴라형, 개코원숭이형 등으로 구분할 수 있다.

침팬지형의 리더십은 매우 화려하다. 이들은 이른바 소양인의 대표주자라 할 수 있는데, 다양한 일들을 동시에 벌이는가 하면, 주변을 항상 웃음이 넘치게 하는 능력이 있다. 또한 이들은 한 번에 여러 사업을 동시에 진행하는 경향이 있다. 일을 잘 벌이기는 해도 수습을 못하는 경향이 있어 참모를 잘 둬야 한다.

이에 비해 고릴라형은 다소 발걸음이 무겁고 주변 사람들에게 매우 온화한 성품을 드러낸다. 침팬지형에 비해 꼼꼼한 편이며, 포용적이고 여유로운 성향이다. 하지만 여러 가지 일에 관심이 많은 것은 마찬가지다. 이들 또한 여러 일을 동시에 진행하는 성향이 있다.

마지막으로 개코원숭이형은 매우 공격적인 리더십을 발휘한다. 우두머리 기질도 강하다. 상대가 약하면 거침없이 공격을 가하는 성향이 있다. 경영 스타일도 매우 공격적이고 집요하다.

이런 DA의 리더십이 성공하기 위해서는 묵묵히 일하는 EB(태음인 B형)나 뒷심이 강한 EO(태음인 O형), 냉철하고 현실적인 CB(소음인 B형), 화려하면서도 현실을 망각하지 않는 CO(소음인 O형) 등의 도움이 필요하다.

④ 3가지 기질별 특징

DpA(소양태양 A형)

DpA는 DA를 기본으로 PA가 보조하고 있는 형국으로 DA의 경쾌함, 다재다능, 화려함 등의 기질을 중심으로 PA의 충성심, 해맑음, 배려심 등이 결합한 유형이다.

이들의 외형적 특징을 살펴보면 얼굴이 밝고 몸이 날씬하며 상냥한 인상을 풍긴다. P의 비율이 높을수록 눈이 크고 영롱한 특징이 있다. 기질적으론 급하고 공격적이지만 뒤끝은 별로 없다. 화를 급하게 내는 경향이 있고, 성정이 다혈질이다. 이들은 비위만 발달했을 뿐 아니라 심폐도 튼튼하다. 따라서 행동이 기민하고 음식을 가리지 않고 먹으며, 여행을 아주 좋아한다.

그러나 P의 비율이 높아질수록 깐깐하고 치밀한 성정이 강화되며, 뒤끝도 길어진다. 또한 희생정신이나 충성심, 배려심이 강해진다.

하지만 DpA라고 해서 모두 같은 성격과 행동방식이 나타나진 않는다. 보조 기질 PA의 결합 비율에 따라 다소 다른 양상을 보일 수 있다. 따라서 DpA를 좀 더 세분하여 Dp91A, Dp82A, Dp73A, Dp64A 등 네 가지로 구분하여 이해할 필요가 있다. (Dp91A는 DA와 PA의 비율이 9:1이고, Dp82A는 8:2, Dp73A는 7:3, Dp64A는 6:4인 경우이다. 이를 확인하기 위해서는 앞의 체질 진단 10가지 항목에서 기본 체질과 보조 체질 비율이 어떠했는지 보면 된다.)

Dp91A는 DA와 거의 유사한 유형이다. 하지만 Dp64A는 DA의 성향이 상당히 줄어들고 PA의 성향이 많다. 이에 따라 이들의 특징을 정리해보자.

우선 Dp91A는 DA의 특성 90%에 PA의 특성이 10% 정도여서 DA의 특성이 대부분이고 PA의 특성은 아주 일부분이다. 특히나 PA가 DA와 같은 양성인 까닭에 Dp91A는 DA의 성격과 거의 일치한다고 볼 수 있다.

Dp82A는 Dp91A보다는 PA의 특성이 더 많아 충성심과 해맑은 기질이 추가된 형태다.

Dp73A는 PA의 강한 특징인 충성심, 해맑음, 배려심, 치밀함, 원칙주의와 준비성 같은 긍정적 면과 겁 많음, 과도한 조심스러움, 지나치게 따짐 등의 부정적 기재가 더해지는 양상을 보이게 된다.

Dp64A는 P의 기질이 절반 가까이 차지하는 형태로써 DA의 기본 기질을 기반으로 PA의 충성심, 해맑음, 배려심, 원칙주의, 사회적 정의감, 준비성 등의 긍정적 요소와 겁 많음, 과도한 조심스러움, 지나친 원론주의, 답답함, 고집스러움 등의 부정적 요소가 더해진다.

이러한 DA와 PA의 화학적 결합이 어떤 형식으로 이뤄지느냐에 따라 인격과 능력이 결정된다. 긍정적으로 결합하면 DA의 경쾌함, 다재다능, 다양성, 친화력, 화려함 등에 PA의 충성심, 해맑음, 배려심, 치밀함, 정의감, 원칙주의, 준비성 등이 만나 대단한 시너지 효과를 일으키며 뛰어난 인격과 능력을 갖출 것이다.

하지만 부정적으로 결합한다면 DA의 성급함, 인내력 부족, 무책임함, 분주함 등에 PA의 두려움, 답답함, 불안감, 느림, 과한 공격성 등이 불협화음을 일으켜 독단적이고 배타적이며 안하무인의 행동을 일삼는 인격을 형성하게 될 수 있다.

DcA(소양소음 A형)

DcA는 DA를 기본으로 CA가 보조하고 있는 형국으로 DA의 경쾌함, 다재다능, 화려함 등의 기질을 중심으로 CA의 온화함, 배려심, 냉철함 등이 결합한 유형이다.

이들의 외형적 특징을 살펴보면 대개 날씬하거나 덩치가 작은 편이다. 혹 통통하더라도 키가 작거나 키가 조금 크더라도 살이 찌지 않는 특징을 보인다.

이들은 사교성이 좋고 뒤끝이 별로 없으며, 전반적으로 밝은 편이다. 모든 일에 적극적인 편이고, 나서기를 좋아하지만 집요하거나 끈질긴 면은 부족하다. 고집스럽지는 않지만 옹졸하고 소심하다. 기분에 따라 행동이 좌우되는 경우가 많지만 되도록 밝은 분위기를 유지하려 한다.

그러나 C의 비율이 늘어날수록 화가 나면 꽁하고 말을 하지 않는 성향이 강해진다. 이들은 심폐가 발달한 반면 위장이 약한 경우가 많아 자주 체하거나 차멀미를 하는 경우가 많으며, 여행 중에 쉽게 지치는 경향을 보인다. 이런 현상은 C의 비율이 높아질수록 심해진다.

하지만 DcA라고 해서 모두 같은 성격과 행동방식이 나타나진 않는다. 기본 기질(DA)과 보조 기질(CA)의 결합 비율에 따라 다소 다른 양상을 보일 수 있다. 따라서 DcA를 좀 더 세분하여 Dc91A, Dc82A, Dc73A, Dc64A 등 네 가지로 구분하여 이해할 필요가 있다. (Dc91A는 DA와 CA 비율이 9:1이고, Dc82A는 8:2, DC73A는 7:3, Dc64A는 6:4인 경우이다.)

Dc91A는 DA와 거의 유사한 유형이다. 하지만 Dc64A는 DA의 성향이 상당히 줄어들고 CA의 성향이 많이 가미된 유형이다. 이들의 특징은 다음과 같다.

우선 Dc91A는 DA의 특성 90%에 CA의 특성이 10% 정도 더해졌다. DA의 특성이 대부분을 차지하고 CA의 특성은 아주 일부만 차지한다. 하지만 CA의 특성이 전혀 영향을 끼치지 않는 것은 아니다. 특히, CA의 가장 두드러지는 특징인 소심함과 겁 많은 성향이 작용할 가능성이 높다.

Dc82A는 Dc91A보다는 CA의 기질이 더 많아, 소심함과 겁 많음에 이어 CA의 또 다른 기질인 온화함과 배려심이 추가된 형태다.

Dc73A는 CA형의 강한 특징인 소심함, 겁 많음, 온화함, 배려심 기질에 효율성이나 옹졸함이 더해진 형태다.

Dc64A는 CA형의 기질이 절반 가까이 차지하는 형태로써 DA의 기본 성격을 기반으로 CA의 긍정적 요소인 온화함, 배려심, 효율성, 냉철함, 사려 깊음과 부정적 요소인 소심함, 겁 많음, 옹졸함, 게으름, 낯가림, 미루기 등이 복합적으로 작용한다.

이러한 DA와 CA의 화학적 결합이 어떤 형식으로 이뤄지느냐에 따라 인격과 능력이 결정된다. 긍정적으로 결합하면 DA의 경쾌함, 다재다능, 화려함, 다양성, 친화적 등에 CA의 온화함, 배려심, 효율성, 냉철함, 사려 깊음이 시너지 효과를 일으키며 다방면에서 뛰어난 능력을 발휘하고 주변을 항상 밝은 에너지로 넘치게 하는 다재다능한 인격을 드러내게 될 것이다.

하지만 부정적으로 결합한다면 DA의 오만함, 성급함, 분주함, 자기중심적, 무책임 등에 CA의 소심함, 겁 많음, 옹졸함, 게으름, 낯가림, 미루기 등이 불협화음을 일으키며 무능력하면서도 자기중심적이고 옹졸한 인격을 형성하게 된다.

DeA(소양태음 A형)

DeA는 DA를 기본으로 EA가 보조하고 있는 형국으로 DA의 경쾌함, 다재다능, 화려함 등의 기질을 중심으로 EA의 여유로움, 포용성, 온화함 등이 결합한 유형이다.

이들의 외형적 특징을 살펴보면 대개 키가 크거나 통통하고 덩치가 있는 편이다. 이들 중에는 아주 뚱뚱한 사람도 있다. 또 말이 많고, 말을 하기 시작하면 잘 끊지 못한다. 이들은 사교성이 좋고 뒤끝이 별로 없으며 전반적으로 밝다. 하지만 공격적일 때는 지나칠 정도로 말을 함부로 하는 경우가 종종 있다. 모든 일에 적극적인 편이고, 나서기를 좋아하고 다소 끈질긴 면도 있으며 고집도 있다. 하지만 옹졸하지 않고 느긋한 면도 있다. 기분에 따라 행동이 좌우되는 경우도 있지만, 무겁고 진중한 면도 있다.

이들은 비위와 심폐, 그리고 간까지 튼튼한 사람들이라 못 먹는 음식이 거의 없고, 음식을 아주 즐긴다. 특히 덩치가 있는 경우에는 더욱 그렇다. 또한 술을 좋아하는 사람이 많고 모임을 즐긴다. 이들은 여행도 매우 즐기는데, 특히 여행지에서 맛집을 찾아가는 것을 아주 좋아한다.

하지만 DeA라고 해서 모두 같은 성격과 행동방식이 나타나는 것은 아니다. 기본 기질(DA)과 보조 기질(EA)의 결합 비율에 따라 다소 다른 양상을 보일 수 있다. 따라서 DeA를 좀 더 세분하여 De91A, De82A, De73A, De64A 네 가지로 구분하여 이해할 필요가 있다. (De91A는 DA와 EA 비율이 9:1이고, De82A는 8:2, De73A는 7:3, De64A는 6:4인 경우이다.)

따라서 De91A는 DA와 거의 유사한 유형이다. 하지만 De64A는 DA의 성향이 상당히 줄어들고 EA의 성향이 많이 가미된 유형이다. 이에 따라 이들의 특징을 정리해보자.

우선 De91A는 DA의 특성 90%에 EA의 특성이 10% 정도 더해졌다. DA의 특성이 대부분을 차지하고 EA의 특성은 아주 일부만 차지한다. 하지만 EA의 특성이 전혀 영향을 끼치지 않는 것은 아니다. 특히 EA의 가장 두드러지는 특징인 여유로움과 포용성이 작용할 가능성이 높다.

De82A는 De91A보다는 EA의 기질이 더 많아, 여유로움과 포용성에 이어 EA의 또 다른 기질인 온화함과 친절함이 추가된 형태다.

De73A는 EA의 강한 특징인 여유로움, 포용성, 온화함, 친절함 등과 같은 기질에 이어 지속성이나 우유부단함이 더해진다.

De64A는 EA의 기질이 절반 가까이 차지하는 형태로써 DA의 기본 성격을 기반으로 EA의 긍정적 요소인 여유로움, 포용성, 온화함, 친절함과 부정적 요소인 우유부단, 유약함, 느림, 눈치 없음 등이 복합적으로 작용한다.

이러한 DA와 EA의 화학적 결합이 어떤 형식으로 이뤄지느냐에 따라 인격과 능력이 결정된다. 긍정적으로 결합하면 DA의 경쾌함, 다재다능, 화려함, 다양성, 친화적 등에 CA의 여유로움, 포용성, 온화함, 친절함 등이 시너지 효과를 일으키며 다방면에서 뛰어난 능력을 발휘하고 주변을 항상 밝은 에너지로 넘치게 하는 다재다능한 인격을 드러내게 될 것이다.

하지만 부정적으로 결합한다면 DA의 오만함, 성급함, 분주함, 자기중심적, 무책임 등에 EA의 우유부단, 유약함, 느림, 눈치 없음, 언변 부족 등이 불협화음을 일으키며 무능력하면서도 자기중심적이고 우유부단한 인격을 형성하게 될 것이다.

DA의 성격유형은 DA의 세 가지 자기 기질인 DpA, DcA, DeA와 네 가지 두뇌유형 L(논리형), U(실리형), J(명분형), S(감성형)의 결합을 통해 12가지가 만들어진다.

DpA 계열 - DpAL, DpAU, DpAJ, DpAS

DcA 계열 - DcAL, DcAU, DcAJ, DcAS

DeA 계열 - DeAL, DeAU, DeAJ, DeAS

배우자를 선택할 때는 체질과 기질 그리고 두뇌유형을 모두 고려해야 한다. 체질과 기질은 멀수록 좋고, 두뇌유형은 가까울수록 좋다. 이성 관계에서 체질과 기질은 반대인 사람에게 끌리게 되어 있지만 끌린다고 해서 반드시 좋은 배우자가 될 수 있는 것은 아니다. 또 그런 배우자와 결혼을 했다고 해서 반드시 결혼생활이 무난한 것도 아니다.

끌림이 있고 난 뒤에 갈등이 적어야 한다. 갈등은 대개 문제에 접근하고 해결하는 방식에서 비롯되는 경우가 많은데, 이러한 갈등은 대개 두뇌유형의 차이로 일어난다. 말하자면 두뇌유형이 비슷할수록 갈등이 일어날 확률이 낮아진다는 뜻이다. 따라서 가장 적절한 배우자는 체질과 기질이 가장 멀고, 두뇌유형은 같은 상대여야 한다.

DA는 소양인의 하나여서 일단 태음인(E)을 가장 선호한다. 소양인은 말과 행동이 빨라서 선천적으로 자기 말을 잘 들어주는 사람을 좋아한다. 네 체질 중에 남의 말을 가장 잘 들어주는 체질은 태음인이다. 소양인은 자기도 모르게 태음인에게 끌린다.

하지만 태음인 중에 혈액형이 같은 EA에게는 끌림이 약할 수 있다. 또한 O형 혈액형은 양면성이 강해 A형보다는 부딪칠 우려가 있다. 따라서 DA에게는 EB가 가장 잘 어울리고, 다음으로 EO, 그리고 그 다음으로 EA가 어울린다.

태음인 다음으로 DA가 끌리는 체질은 소음인(C)이다. 소음인의 순서도 혈액형에 따라 순위가 정해진다. 따라서 소음인과의 배우자 적합도 순서는 CB, CO, CA가 된다. 그리고 소양인과 태양인은 서로 상극인 탓에 태양인에 해당하는 기질유형은 모두 배제되고, 또 소양인은 같은 소양인에게 매력을 느끼지 못하므로 이 역시 제외된다.

두뇌유형은 같을 때 가장 좋고, 가까울수록 좋다. 두뇌유형 사이의 선호도와 갈등 관계에 대해서는 1부를 참조하기 바란다.

DpA 계열

DpAL(소양태양 A형 논리형 두뇌): DpA 기질과 논리형(L) 두뇌가 결합한 성격유형으로 긍정적으로 결합하면 행동력이 좋으면서 다재다능하고 일 처리가 명료하고 언변이 뛰어나다는 특징을 보인다. 하지만 부정적으로 결합하면 성급하고 무책임하고 실용성이 부족한 측면이 나타날 수 있다.

1순위	EcBL EdBL EpBL	2순위	EcOL EdOL EpOL
3순위	EcAL EdAL EpAL	4순위	CeBL CdBL CpBL
5순위	CeOL CdOL CpOL	6순위	CeAL CdAL CpAL

※ 앞쪽이 적합도가 더 높다.

이는 기본 기질과 보조 기질 그리고 두뇌유형을 세밀하게 따져서 내린 결론이다. DpA는 기본 기질인 DA(소양인 A형)가 EB(태음인 B형)와 가장 잘 맞고, 보조 기질인 pA(태양인 A형)는 cB(소음인 B형)와 가장 잘 어울린다. 또 같은 두뇌유형을 선호하므로 DpAL에겐 EcBL이 가장 좋은 배우자감이다. 1순위 그룹의 EdBL, EpBL이 그 다음 순위를 잇는 것도 이런 원리이고, 2순위부터 6순위까지의 형성 과정도 마찬가지다.

DpAU(소양태양 A형 실리형 두뇌) : DpA 기질과 실리형(U) 두뇌가 결합한 성격유형으로 긍정적으로 결합하면 행동력이 좋으면서 다재다능하고 현실적이고 실리적인 추진력을 드러내는 특징이 있다. 하지만 부정적으로 결합하면 성급하고 무책임하고 결과만 중시하는 특징을 보일 수 있다.

DpAU 적절한 배우자

1순위	EcBU EdBU EpBU	2순위	EcOU EdOU EpOU

1. 소양인 A·AB형의 기질과 성격유형

3순위	EcAU EdAU EpAU	4순위	CeBU CdBU CpBU
5순위	CeOU CdOU CpOU	6순위	CeAU CdAU CpAU

DpAJ(소양태양 A형 명분형 두뇌) : DpA 기질과 명분형(J) 두뇌가 결합한 성격유형으로 긍정적으로 결합하면 행동력 좋고 다재다 능하면서 객관적이고 분명한 가치관에 입각하여 일을 처리한다. 하지만 부정적으로 결합하면 성급하고 무책임하고 허례와 명분 만 따지는 경향을 보일 수 있다.

DpAJ 적절한 배우자

1순위	EcBJ EdBJ EpBJ	2순위	EcOJ EdOJ EpOJ
3순위	EcAJ EdAJ EpAJ	4순위	CeBJ CdBJ CpBJ
5순위	CeOJ CdOJ CpOJ	6순위	CeAJ CdAJ CpAJ

DpAS(소양태양 A형 감성형 두뇌) : DpA 기질과 감성형(S) 두뇌가 결합한 성격유형으로 긍정적으로 결합하면 행동력이 좋으면서 다재다능하고 매우 예술적이고 독창적인 능력을 발휘한다. 하지 만 부정적으로 결합하면 성급하고 무책임하고 오만하고 자기중 심적인 행동을 일삼을 수 있다.

1순위	EcBS EdBS EpBS	2순위	EcOS EdOS EpOS
3순위	EcAS EdAS EpAS	4순위	CeBS CdBS CpBS
5순위	CeOS CdOS CpOS	6순위	CeAS CdAS CpAS

DcA 계열

DcAL(소양소음 A형 논리형 두뇌) : DcA 기질과 논리형(L) 두뇌가 결합한 성격유형으로 긍정적으로 결합하면 행동력이 좋으면서 다재다능하고 세심하며 언변이 뛰어난 특징을 보인다. 하지만 부정적으로 결합하면 성급하고 자기중심적이며 실용성이 부족한 경향이 있다.

DcAL 적절한 배우자

1순위	EpBL EdBL EcBL	2순위	EpOL EdOL EcOL
3순위	EpAL EdAL EcAL	4순위	CpBL CdBL CeBL
5순위	CpOL CdOL CeOL	6순위	CpAL CdAL CeAL

DcAU(소양소음 A형 실리형 두뇌) : DcA 기질과 실리형(U) 두뇌가 결합한 성격유형으로 긍정적으로 결합하면 행동력이 좋으면서 다재다능하고 세심하며 현실적이고 추진력이 뛰어난 특징을 보

인다. 하지만 부정적으로 결합하면 성급하고 자기중심적이며 결과만 중시하는 특징을 보일 수 있다.

DcAU 적절한 배우자

1순위	EpBU EdBU EcBU		2순위	EpOU EdOU EcOU	
3순위	EpAU EdAU EcAU		4순위	CpBU CdBU CeBU	
5순위	CpOU CdOU CeOU		6순위	CpAU CdAU CeAU	

DcAJ(소양소음 A형 명분형 두뇌) : DcA 기질과 명분형(J) 두뇌가 결합한 성격유형으로 긍정적으로 결합하면 행동력이 좋으면서 다재다능하고 세심하며 객관적이고 분명한 가치관에 입각하여 일을 처리하는 특징을 보인다. 하지만 부정적으로 결합하면 성급하고 자기중심적이며 허례와 명분만 따지는 경향을 볼 수 있다.

DcAJ 적절한 배우자

1순위	EpBJ EdBJ EcBJ		2순위	EpOJ EdOJ EcOJ	
3순위	EpAJ EdAJ EcAJ		4순위	CpBJ CdBJ CeBJ	
5순위	CpOJ CdOJ CeOJ		6순위	CpAJ CdAJ CeAJ	

DcAS(소양소음 A형 감성형 두뇌) : DcA 기질과 감성형(S) 두뇌가 결합한 성격유형으로 긍정적으로 결합하면 행동력이 좋으면서

다재다능하고 세심하며 객관적이고 예술적이고 창조적인 특징을 보인다. 하지만 부정적으로 결합하면 성급하고 자기중심적이며 오만하고 개념 없는 모습을 볼 수 있다.

DcAS 적절한 배우자

1순위	EpBS EdBS EcBS	2순위	EpOS EdOS EcOS
3순위	EpAS EdAS EcAS	4순위	CpBS CdBS CeBS
5순위	CpOS CdOS CeOS	6순위	CpAS CdAS CeAS

DeA 계열

DeAL(소양태음 A형 논리형 두뇌) : DeA 기질과 논리형(L) 두뇌가 결합한 성격유형으로 긍정적으로 결합하면 행동력이 좋으면서 포용력 있고 언변이 뛰어나다. 하지만 부정적으로 결합하면 성급하고 눈치가 없으며 실용성이 부족한 모습을 볼 수 있다.

DeAL 적절한 배우자

1순위	EdBL EpBL EcBL	2순위	EdOL EpOL EcOL
3순위	EdAL EpAL EcAL	4순위	CdBL CpBL CeBL
5순위	CdOL CpOL CeOL	6순위	CdAL CpAL CeAL

DeAU(소양태음 A형 실리형 두뇌) : DeA 기질과 실리형(U) 두뇌가 결합한 성격유형으로 긍정적으로 결합하면 행동력이 좋으면서 포용력이 있고 현실적이면서 추진력이 있다. 하지만 부정적으로 결합하면 성급하고 눈치 없고 결과만 중시하는 경향을 보일 수 있다.

	DeAU 적절한 배우자					
1순위	EdBU	EpBU	EcBU	2순위	EdOU EpOU EcOU
3순위	EdAU	EpAU	EcAU	4순위	CdBU CpBU CeBU
5순위	CdOU	CpOU	CeOU	6순위	CdAU CpAU CeAU

DeAJ(소양태음 A형 명분형 두뇌) : DeA 기질과 명분형(J) 두뇌가 결합한 성격유형으로 긍정적으로 결합하면 행동력이 좋으면서 포용력 있고 분명한 가치관에 입각하여 일을 처리하는 특징을 보인다. 하지만 부정적으로 결합하면 성급하고 눈치 없고 허례와 명분만 따지는 경향이 나타날 수 있다.

	DeAJ 적절한 배우자					
1순위	EdBJ	EpBJ	EcBJ	2순위	EdOJ EpOJ EcOJ
3순위	EdAJ	EpAJ	EcAJ	4순위	CdBJ CpBJ CeBJ
5순위	CdOJ	CpOJ	CeOJ	6순위	CdAJ CpAJ CeAJ

DeAS(소양태음 A형 감성형 두뇌) : DeA 기질과 감성형(S) 두뇌가 결합한 성격유형으로 긍정적으로 결합하면 행동력이 좋으면서 포용력 있고 예술적이면서 독창적인 능력을 드러낸다. 하지만 부정적으로 결합하면 성급하고 눈치 없으며 오만하고 자기중심적인 행동을 일삼는 경향이 있다.

DeAS 적절한 배우자

1순위	EdBS	EpBS	EcBS	2순위	EdOS	EpOS	EcOS
3순위	EdAS	EpAS	EcAS	4순위	CdBS	CpBS	CeBS
5순위	CdOS	CpOS	CeOS	6순위	CdAS	CpAS	CeAS

소양인 O형 -DO

기질과 성격유형

성격 급한 직설가

비상을 꿈꾸는 닭

일 벌이는 화끈한 리더

DO는 소양인이면서 O형 혈액형을 가진 사람을 지칭한다. 앞에서 설명한 소양인의 특징부터 이해한 다음 O형 혈액형의 기질적 특징을 알 필요가 있다. DO는 소양인의 특징과 O형 혈액형의 기질이 화학적으로 결합하여 새로운 양상을 드러낸다.

① 성격

성격 급한 직설가

DO타입은 소양인 중에서도 감정을 가감 없이 드러내는 사람들이다. 소양인의 성급함에다 O형 혈액형의 공격적인 기질이 더해진 탓이다. 원래 O형의 기질은 다소 이중적이다. 즉, 한편으론 매우 공격적이고 한편으론 포용력이 좋고 인정이 많다. 그런데 여기에 소양인의 성급한 면과 화가 났다가도 쉽게 화를 풀어버리는 면이 더해지면 O형의 특성은 더욱 강화된다. 그래서 화가 날 땐 매우 공격적이게 되고, 기분이 좋을 땐 순간적인 기분에 의존하는 기분파의 경향이 짙어진다.

DO는 체면이나 예의보다는 감정이 중요하다. 그래서 일단 누구에게라도 감정이 상하게 되면 예의고 체면이고 뒷전이 되기 쉽다. 이들은 화가 나면 상대가 누구라도 할 말은 하고 보는 성격이다. 그로 인해 일이 크게 어그러지더라도 크게 개의치 않는다.

DO의 이런 면은 매우 직설적인 성격을 형성한다. 이들은 어떤 문제든 에둘러서 말하는 법이 별로 없다. 화려한 수사를 사용하지도 않고 상대에게 잘 보이려고 거짓 웃음을 지어 보이지도 않는다. 이들은 대개 솔직하고 담백하며 화끈한 것을 추구한다.

DO타입 여성들의 경우, 이른바 여성적인 성향이 별로 없다. 겉보기는 매우 여성적으로 보이는 여자도 실제 성격은 전혀 딴판이다. 이들은 자신을 매우 화려하게 장식하기도 하며, 화려한 물건을 좋아하기도 한다. 하지만 실제 생활은 매우 실용적이다. 말하자면 생활과 차림새가 딴판인 셈이다.

DO타입 남성들은 세심한 구석을 찾아보기 힘들다. 남을 배려하거나 남의 입장에 서서 상대를 이해하는 일이 드물다. 배려 깊은 면을 찾아보기가 몹시 힘든 성격이다. 그럼에도 매우 인정이 많고 감정에 잘 휘둘린다. 또한 매우 진취적이라는 소리를 많이 듣는다. 용맹스럽고 정의롭다는 소리도 많이 듣는 편이다. 옳다고 생각하는 일엔 닥쳐올 위험을 두려워하지 않고 과감히 몸을 내던진다.

DO는 한편으론 매우 사교적인 편이다. 사람을 가리지 않고 누구와도 거리낌 없이 이야기하는 까닭이다. 그러나 감정 기복이 심해서 일단 화가 나면 상대를 무섭게 몰아붙이는 경향이 있다. 인간관계가 나빠지는 경우가 잦은 이유다. 또 비록 친한 상대라고 하더라도 마음에 들지 않는 행동을 하면 참지 못하고 거침없이 공격하는 성향이 있는데, 이런 성질 또한 관계를 나쁘게 만드는 요인이 되기도 한다.

이들은 사람을 사귀는 것을 쉽게 생각하는 경향이 있다. 이들은 관계를 쉽게 청산하기도 한다. 말하자면 '너 아니면 친구 할 사람 없냐?'라는 생각인 셈이다. 하지만 뒤에서는 친구 문제로 눈물을 펑펑 쏟기도 한다.

대다수의 DO들은 열이 빨리 오르고, 열이 나면 얼굴까지 붉게 달아오르는 경향이 있다. 그래서 누구나 쉽게 그들의 흥분 상태를 짐작할 수 있다. 말하자면 자신의 내면을 잘 감추지 못한다.

또 이들은 자신의 영역을 침범하는 것을 몹시 싫어한다. 누구라도 자신의 영역을 침범하면 가차 없이 공격하고, 집요하게 무너뜨린다. 하지만 막상 상대가 잘못을 인정하고 고개를 숙이면 언제 그랬냐는 듯 너그러운 태도를 보인다.

DO의 이러한 특징들을 긍정적인 면과 부정적인 면으로 간략하게 요약해보자. 우선 긍정적인 면으론 행동력, 추진력, 다양성, 포용력 등이 있고 부정적인 면으론 성급함, 인내력 부족, 무책임함, 감정적, 공격성, 돌발성 등이 있다.

이런 성향들이 긍정적으로 결합하면 매우 화끈한 성격에 진취적이고 사교적인 능력이 더해져 폭넓은 인간관계를 형성할 수 있고 인정 많고 포용력 있는 사람으로 평가받을 수 있다. 또한 특유의 친화력과 추진력을 바탕으로 새로운 영역을 개척하는 선구자적 역할을 할 수 있으며 다양한 분야에서 화려한 이력을 쌓으며 성공 신화를 만들어 갈 수 있다.

하지만 부정적으로 결합하면 지나치게 감정을 앞세우다가 어디서나 갈등과 다툼을 유발하는 트러블 메이커로 인식될 수 있고, 일을 벌여놓기만 하고 뒷감당은 하지 않는 무책임한 태도를 보일 수 있다. 또한 모든 것을 인정에만 호소하여 체계와 규칙을 무너뜨리기 십상이고, 사람들을 이간질하거나 약속을 쉽게 뒤집고 배신을 잘하는 인물로 인식될 수 있다.

비상을 꿈꾸는 닭

DO는 기분에 많이 좌우되는 불안정한 성향이다. 목표를 정해도 감정에 따라 쉽게 포기하는 경우가 많다. 목표를 향해 가는 가운데 기분 나쁜 일이 생기면 즉시 포기해 버리기 때문이다. 기분파라고 해도 과언이 아니다.

DO는 심리적으로 안정을 이루지 못하면 무슨 일을 해도 끝까지 지속할 수 없게 된다. 시작할 땐 너무 활기차고 적극적인 자세를 보이다가도 어느 한순간에 갑자기 태도가 돌변하여 거들떠보지도 않는 상황도 자주 연출된다. 즉, 용두사미형의 행동을 보인다. 사람들은 그들의 행동을 다소 불안한 느낌으로 바라보기 쉽고, 이는 그들이 신뢰를 잃는 결정적인 요인으로 작용한다.

DO들은 이를 극복하기 위해 스스로 기분을 조절하는 능력을 키워야 한다. 또한 자신의 공간에 뜻이 맞는 사람을 많이 배치하고, 함께 즐길 수 있는 일을 만들어둬야 하며, 자기의 감정을 조절해 줄 수 있는 사람을 곁에 둬야 한다.

또 이들은 무슨 일이든 초반전에 전력을 다해 투구하는 탓에 계획을 잡을 땐 기간을 짧게 잡고, 목표도 매우 구체적으로 잡아야 한다. 그래야 쉽게 지치지도 않고, 포기하지도 않는다.

이들을 12지의 동물에 비유한다면 닭과 닮았다. 닭은 12지 중에 유일하게 날개가 달린 동물로서 자신의 영역이 정확하고 쉴 새 없이 주변을 돌아다니는 속성이 있다. 또한 닭은 벼슬이 화려하여 스스로 고고함을 추구하고 늘 하늘을 바라보며 날기를 소원한다. 그런 닭은 늘 비상을 꿈꾸지만 실제로는 높은 곳에 뛰어오를 뿐 날지는 못하는 한계가 있다. 항상 날기를 시도하지만 매번 나는 것을 포기하게 된다.

③ 리더십

일 벌이는 화끈한 리더

DO가 리더가 되면 일을 많이 벌인다. 이들은 기분에 따라 마음이 달라지는 경향이 있어서 정해진 목표를 향해 나아가는 것이 매우 힘들다. 이들은 목표를 향해 가는 중에 여러 가지 일을 동시에 벌이는 경우가 많고, 그 일들이 원래의 목표와 전혀 관계가 없는 경우도 많다. 이들이 리더가 될 경우엔 한꺼번에 여러 가지 일을 동시에 진행해야 하는 상황이 자주 발생한다. 말하자면 문어발식으로 리더십을 발휘하는 경향을 보인다.

또 이들은 여러 곳과 동시에 경쟁하는 심리가 있어서 리더십이 성공하려면 권력이나 자금력이 튼튼해야 한다. 그렇지 않으면 일만 잔뜩 벌여놓고 하나도 성공시키지 못하는 결과를 낳을 수 있다.

이들은 동시에 여러 일을 진행한다. 만약 리더십이 성공할 경우 겉모습이 매우 화려하고 웅장하게 보인다. 그러나 반대로 실패할 경우엔 아무것도 남는 것이 없게 되는 상황에 부딪칠 수 있다.

이들의 리더십은 두 종류로 구분될 수 있다. DO의 심리가 12지의 닭과 유사하다고 했는데, 닭도 멧닭과 집닭으로 구분할 수 있듯 리더십도 멧닭형과 집닭형으로 구분해서 이해할 필요가 있다.

멧닭형은 평소에 핏대를 자주 세우는 사람들로서 성격이 화끈하고 매우 공격적인 성향의 사람들이다. 이들의 리더십 역시 매우 공격적이고 화끈하며, 또 대범하다. 또한 신념이 투철하고 용기가 대단하다. 그래서 새로운 일을 잘 개척하고 감당하기 힘든 일을 곧잘 해낸다.

하지만 집닭형은 결이 다르다. 이들은 성격이 순한 편이고, 웬만한 일에 화를 내지 않는다. 또한 공격적인 경향도 적고, 여간해서 싫은 소리를 하지 않는다. 이들은 대개 보조유형이 EO인 경우인데, 태음인의 성향이 많이 가미되어 있는 사람들이다. 따라서 이들은 포용력이 좋은 편이다.

이런 DO의 리더십이 성공하기 위해서는 어떤 일이라도 마다하지 않고 묵묵히 해내는 EB(태음인 B형)나, 냉철하고 분석력이 뛰어난 CB(소음인 B형), 세심하고 주의력이 뛰어난 CA(소음인 A형) 등의 도움을 받아야 한다.

④ 3가지 기질별 특징

DpO(소양태양 O형)

DpO는 DO를 기본으로 PO가 보조하고 있는 형국으로 DO의 공격성, 감정적, 화끈함 등의 기질을 중심으로 PO의 엄격성과 치밀성, 과감성 등이 결합해 있는 유형이다.

이들은 외형적으로 살이 잘 찌지 않고 눈빛이 강한 사람들이다. 이들은 평소에 핏대를 자주 세우는데, 화가 나면 마치 닭이 부리로 지렁이를 쪼아대듯이 무섭게 공격하는 형질이다.

하지만 이들은 상대가 잘못을 인정하거나 저자세를 취하면 금세 화를 풀어버린다. 이런 성질을 긍정적으로 키우면 대범한 인격을 형성할 수 있다. 그러나 부정적으로 키우면 상대를 너무 극단까지 몰아세우는 치졸한 인격이 될 수도 있다.

이들은 소양인 중에서 가장 용감하고 화끈한 사람들이다. 이들은 열정이 대단하고 신념이 투철한 편이다. 그것을 위해서는 목숨도 불사하고 덤벼든다. 그러나 때때로 감당할 수 없는 일에 덤벼들어 화를 자초하기도 한다. 또 만용을 부려 신뢰를 잃기도 하고, 감정을 이기지 못해 스스로 불구덩이로 뛰어들기도 한다.

하지만 DpO라고 해서 모두 같은 성격과 행동방식이 나타나는 것은 아니다. 기본 기질(DO)과 보조 기질(PO)의 결합 비율에 따라 다소 다른 양상을 보일 수 있다. 따라서 DpO를 좀 더 세분하여 Dp91O, Dp82O, Dp73O, Dp64O 네 가지로 구분하여 이해할 필요가 있다. (Dp91O는 DO와 PO 비율이 9:1이고, Dp82O는 8:2, Dp73O는 7:3, Dp64O는 6:4인 경우이다. 이를 확인하기 위해서는 앞의 체질 진단 10가지 항목에서 기본 체질과 보조 체질 비율이 어떠했는지 보면 된다.)

따라서 Dp91O는 DO와 거의 유사한 유형이다. 하지만 Dp64O는 DO의 성향이 상당히 줄어들고 PO의 성향이 많이 가미된다. 이에 따라 이들의 특징을 정리해본다.

우선 Dp91O는 DO의 특성 90%에 PO의 특성이 10% 정도 더해진 탓에 DO의 특성이 대부분 차지하고 PO의 특성은 아주 일부만 차지한다. 특히나 태양 PO가 소양 DO와 같은 양성인 까닭에 Dp91O는 DO의 성격과 거의 일치한다고 볼 수 있다.

Dp82O는 Dp91O보다는 PO의 기질이 더 많이 더해져, 엄격함과 치밀성 기질이 추가된 형태다.

Dp73O는 PO형의 강한 특징인 엄격성, 치밀성, 이외에 과감성과 준비성 같은 긍정적 면과 과도한 조심스러움, 지나치게 따짐 등의 부정적 기재가 더해지는 양상을 보인다.

Dp64O는 PO형의 기질이 절반 가까이 차지하는 형태로써 DO의 기본 성격을 기반으로 PO의 엄격함, 치밀성, 과감성, 준비성 외에 원칙주의, 사회적 정의감 등의 긍정적 요소와 과도한 조심스러움, 지나친 원론주의, 답답함, 고집스러움 등의 부정적 요소가 더해진다.

이러한 DO와 PO의 화학적 결합이 어떤 형식으로 이뤄지느냐에 따라 인격과 능력이 결정된다. 긍정적으로 결합하면 DO의 행동력과 추진력, 진취성, 다양성, 포용력 등에 PO의 치밀함, 엄격성, 정의감, 원칙주의, 과감성 등이 더해져 대단한 시너지 효과를 일으키며 균형감 있고 사려 깊은 인격을 갖출 것이다.

하지만 부정적으로 결합한다면 DO의 성급함, 인내력 부족, 무책임함, 감정적, 공격성 등에 PO의 고집스러움, 지나친 불안감, 과한 공격성, 저돌성, 감정적 태도 등이 불협화음을 일으켜 감정적이고 고집스러운 행동을 일삼으며 항상 갈등을 유발하는 인격을 형성하게 될 것이다.

DcO(소양소음 O형)

DcO는 DO를 기본으로 CO가 보조하고 있는 형국으로 DO의 공격성, 감정적, 화끈함 등의 기질을 중심으로 CO의 사려 깊음, 효율성, 세심함 등이 결합한 유형이다.

이들의 외형적 특징을 살펴보면 대개 날씬하거나 덩치가 작은 편이다. 혹 통통하더라도 키가 작거나 키가 조금 크더라도 매우 날씬한 특징을 보인다.

이들은 사교성이 좋고, 뒤끝이 별로 없으며, 감정 기복이 심한 편이다. 모든 일에 적극적인 편이고, 나서기를 좋아하지만 집요하거나 끈질긴 면은 매우 부족하다. 또한 고집스럽거나 옹졸한 면은 없고, 기분이 좋으면 남에게 잘 베푼다. 하지만 기분이 나쁘면 순식간에 태도를 바꾸고 공격적인 성향을 드러낸다. 하지만 공격을 하다가도 상대가 잘못을 인정하거나 호의적인 태도를 보이면 바로 공격을 멈추고 상대를 받아들인다.

하지만 DcO라고 해서 모두 같은 성격과 행동방식이 나타나진 않는다. 기본 기질(DO)과 보조 기질(CO)의 결합 비율에 따라 다소 다른 양상을 보일 수 있다. 따라서 DcO를 좀 더 세분하여 Dc91O, Dc82O, Dc73O, Dc64O 네 가지로 구분하여 이해할 필요가 있다. (Dc91O는 DO와 CO 비율이 9:1이고, Dc82O는 8:2, Dc73O는 7:3, Dc64O는 6:4인 경우이다.)

따라서 Dc91O는 DO와 거의 유사한 유형이라 할 수 있다. 하지만 Dc64O는 DO의 성향이 상당히 줄어들고 CO 성향이 많이 더해진 유형이다. 이에 따라 이들의 특징을 정리해본다.

우선 Dc91O는 DO의 특성 90%에 CO의 특성이 10% 정도 섞여 있어서 DO의 특성이 대부분 차지하고 CO의 특성은 아주 일부만 차지한다. 하지만 CO의 특성이 전혀 영향을 끼치지 않는 것은 아니다. 특히, CO의 가장 두드러지는 특징인 망설임과 두려움이 작용할 가능성이 높다.

Dc82O는 Dc91O보다는 CO의 기질이 더 많아, 망설임과 낯가림에 이어 CO의 또 다른 특성인 객관성과 내성적 기질이 추가된 형태다.

Dc73O는 CO의 강한 특징인 망설임, 낯가림, 객관성, 내성적 기질에 이어 세심함과 냉철함이 더해진다.

Dc64O는 CO의 기질이 절반 가까이 차지하는 유형으로 DO의 기본 성격을 기반으로 CO의 망설임, 낯가림, 객관성, 내성적, 세심함, 냉철함이 더해진 형태다. 이어 또 다른 CO의 특성인 게으름, 미루기, 폐쇄성, 독단성, 돌발성, 이중성 같은 부정적인 요소와 사려 깊음, 효율성 등의 긍정적인 요소가 작용한다.

이러한 DO와 CO의 화학적인 결합이 어떤 형식으로 이루어지느냐에 따라 인격과 능력이 결정된다. 긍정적으로 결합하면 DO의 행동력과 추진력, 진취성, 다양성, 포용력이라는 성향에 CO의 사려깊음과 효율성, 냉철함, 객관성, 관용성이 시너지 효과를 일으키며 인정이 많고 포용력 있고 합리적인 인격을 드러내게 될 것이다.

하지만 부정적으로 결합한다면 DO의 성급함, 인내력 부족, 무책임함, 감정적, 공격성 등에 CO의 게으름, 미루기, 망설임, 폐쇄성, 낯가림, 두려움, 돌발성, 이중성 등이 불협화음을 일으키며 무능하면서도 감정적이고 공격적인 인격을 보이게 될 것이다.

DeO(소양태음 O형)

DeO는 DO를 기본으로 EO가 보조하고 있는 형국이다. DO의 공격성, 감정적, 화끈함 등의 기질을 중심으로 EO의 여유로움, 너그러움, 포용성 등이 결합한 유형이다. DO가 가진 문제점들을 EO가 잘 보완해줌으로써 매우 균형적인 성격을 이룰 가능성이 높다.

이들은 외형적으로 키가 크거나 살집이 있다. 조금만 방심하면 살이 찐다. 하지만 살을 빼고자 마음먹고 노력하면 의외로 잘 빠진다. 그래서 이들은 살을 잘 찌우기도 하고 잘 빠지기도 한다는 소리를 듣는다.

이들은 대개 성격이 순하다. 그래서 여간해서 화를 내지 않는 사람도 많다. 또 대개의 소양인과 달리 남에게 싫은 소리도 잘하지 못하고, 때때로 꼭 해야 하는 말도 못하는 소심한 측면도 있다. 특히 여성들의 경우 이런 유형이 많다.

그래서 얼핏 보면 태음인처럼 보이는 사람들도 많다. 이들 중에는 가끔 태음인보다 훨씬 더 비대한 사람도 있다.

하지만 DeO라고 해서 모두 같은 성격과 행동방식을 보이진 않는다. 기본 기질(DO)과 보조 기질(EO)의 결합 비율에 따라 다소 다른 양상을 띨 수 있다. 따라서 DeO를 좀 더 세분하여 De91O, De82O, De73O, De64O 네 가지로 구분하여 이해할 필요가 있다. (De91O는 DO와 EO 비율이 9:1이고, De82O는 8:2, De73O는 7:3, De64O는 6:4인 경우이다.)

De91O는 DO와 거의 유사한 유형이다. 하지만 De64O는 DO의 성향이 상당히 줄어들고 CO 성향이 많이 가미된 유형이다. 이에 따라 이들의 특징을 정리해본다.

우선 De91O는 DO의 특성 90%에 EO의 특성이 10% 정도 더해졌다. DO의 특성이 대부분을 차지하고 EO의 특성은 아주 일부만 차지한다. 하지만 EO의 특성은 아주 일부이지만 DO의 성급함이나 공격성은 제법 완화될 수 있다.

De82O는 De91O보다는 EO의 기질이 더 많이 있어 DO의 기질보다 여유로움과 너그러움이 더해지는 양상을 보인다.

De73O는 EO의 강한 특징인 여유로움과 너그러움 이외에도 포용성이나 무던함 등의 긍정적인 요소와 저돌성, 무감각, 눈치 없음, 언변 부족 등의 부정적 요소가 더해질 수 있다.

De64O는 EO의 기질이 절반 가까이 차지하는 형태로써 DO 의 기본 성격을 기반으로 EO의 여유로움, 관용성, 포용성, 지속성, 인내력 등의 긍정적 요소와 저돌성, 무감각, 눈치 없음, 언변 부족, 답답함, 고집스러움, 엉뚱함 등의 부정적 요소가 가미된다.

이러한 DO와 EO의 화학적 결합이 어떤 형식으로 이뤄지느냐에 따라 인격과 능력이 결정된다. 긍정적으로 결합하면 DO의 행동력과 추진력, 진취성, 다양성, 포용력 등에 EO의 여유로움, 관용성, 포용성, 지속성, 인내력 등이 만나 대단한 시너지 효과를 일으키며 뛰어난 인격과 능력을 갖출 것이다. 특히 소양인 중에서는 균형감이 좋고 다방면에서 여러 가지 능력을 보이게 된다. 하지만 부정적으로 결합한다면 DO의 성급함, 인내력 부족, 무책임함, 감정적, 공격성 등에 EO의 저돌성, 무감각, 느림, 언변 부족, 고집스러움, 엉뚱함, 답답함 등이 불협화음을 일으켜 아주 막무가내식 인격을 형성하게 될 것이다.

⑤ 내 성격유형에 맞는 배우자

DO의 성격유형은 DO의 세 가지 자기 기질인 DpO, DcO, DeO와 네 가지 두뇌유형 L(논리형), U(실리형), J(명분형), S(감성형)의 결합을 통해 12가지가 만들어진다.

DpO 계열 - DpOL, DpOU, DpOJ, DpOS

DcO 계열 - DcOL, DcOU, DcOJ, DcOS

DeO 계열 - DeOL, DeOU, DeOJ, DeOS

배우자를 선택할 때는 체질과 기질 그리고 두뇌유형을 모두 고려해야 한다. 체질과 기질은 멀수록 좋고, 두뇌유형은 가까울수록 좋다. 이성 관계에서 체질과 기질은 반대인 사람에게 끌리게 되어 있지만 끌린다고 해서 반드시 좋은 배우자가 될 수 있는 것은 아니다. 또 그런 배우자와 결혼했다고 해서 반드시 결혼 생활이 무난한 것도 아니다.

끌림이 있고 난 뒤에 갈등이 적어야 한다. 갈등은 대개 문제에 접근하고 해결하는 방식에서 비롯되는 경우가 많은데, 이러한 갈등은 대개 두뇌유형의 차이로 일어난다. 말하자면 두뇌유형이 비슷할수록 갈등이 일어날 확률이 낮아진다는 뜻이다. 따라서 가장 적절한 배우자는 체질과 기질이 가장 멀고, 두뇌유형은 같은 상대여야 한다.

DO는 소양인의 하나여서 일단 태음인(E)을 가장 선호한다. 소양인은 말과 행동이 빨라서 선천적으로 자기 말을 잘 들어주는 사람을 좋아하는데, 네 체질 중에 남의 말을 가장 잘 들어주는 체질은 태음인이다. 그러므로 소양인은 자기도 모르게 태음인에게 끌린다. 하지만 태음인 중에 혈액형이 같은 O형에게는 끌림이 약할 수 있다. 또한 소양인 O형은 양성이 강해 양혈인 A형과는 부딪칠 소지가 있어 B형과의 배우자 적합도가 더 높다. 따라서 소양인에 O형 혈액형을 가진 DO에게는 EB가 가장 잘 어울리고, 다음으로 EA, 그리고 그 다음으로 EO가 잘 어울린다. 태음인 다음으로 DO가 끌리는 체질은 소음인이다. 소음인도 혈액형에 따라 순위가 정해진다. 따라서 소음인과의 배우자 적합도 순서는 CB, CA, CO가 된다. 그리고 소양인과 태양인은 서로 상극이어서 태양인에 해당하는 기질유형은 모두 배제되고, 또 소양인은 같은 소양인에게 매력을 느끼지 못하므로 이 역시 제외된다.

두뇌유형은 같을 때 가장 좋고, 가까울수록 좋다. 두뇌유형 사이의 선호도와 갈등 관계에 대해서는 1부를 참조하기 바란다.

DpO계열

DpOL(소양태양 O형 논리형 두뇌) : DpO 기질과 논리형(L) 두뇌가 결합한 성격유형으로 긍정적으로 결합하면 행동력이 좋으면서 화끈하고 일 처리가 명료하고 언변이 뛰어난 특징을 보인다. 하지만 부정적으로 결합한다면 성급하고 공격적이면서 실용성이 부족할 수 있다.

1순위	EcBL EdBL EpBL		2순위	EcAL EdAL EpAL
3순위	EcOL EdOL EpOL		4순위	CeBL CdBL CpBL
5순위	CeAL CdAL CpAL		6순위	CeOL CdOL CpOL

이는 기본 기질과 보조 기질 그리고 두뇌유형을 세밀하게 따져서 내린 결론이다. DpO는 기본 기질인 DO(소양인 O형)가 EB(태음인 B형)와 가장 잘 맞고, 그다음으로 EA, EO 순이다. 보조 기질 pO(태양인 O형)는 CB(소음인 B형)와 가장 잘 어울리고 그다음으로 CA, CO 순이다. 또 같은 두뇌유형을 선호하므로 DpOL에겐 EcBL이 가장 좋은 배우자감이다. 1순위 그룹의 EdBL, EpBL이 그 다음 순위를 잇는 것도 이런 원리이고, 2순위부터 6순위까지의 형성 과정도 마찬가지다.

DpOU(소양태양 O형 실리형 두뇌) : DpO 기질과 실리형(U) 두뇌가 결합한 성격유형으로 긍정적으로 결합하면 행동력이 좋으면서 화끈하고 현실적이고 실리적인 추진력을 드러낸다. 하지만 부정적으로 결합한다면 성급하고 공격적이면서 결과만 중시하는 특징을 보일 수 있다.

DpOU 적절한 배우자

1순위	EcBU	EdBU	EpBU	2순위	EcAU	EdAU	EpAU
3순위	EcOU	EdOU	EpOU	4순위	CeBU	CdBU	CpBU
5순위	CeAU	CdAU	CpAU	6순위	CeOU	CdOU	CpOU

DpOJ(소양태양 O형 명분형 두뇌) : DpO 기질과 명분형(J) 두뇌가 결합한 성격유형으로 긍정적으로 결합하면 행동력 좋고 화끈하면서 객관적이고 분명한 가치관에 입각하여 일을 처리하는 특징을 보인다. 하지만 부정적으로 결합한다면 성급하고 공격적이며 허례와 명분만 따지는 특징을 보일 수 있다.

DpOJ 적절한 배우자

1순위	EcBJ	EdBJ	EpBJ	2순위	EcAJ	EdAJ	EpAJ
3순위	EcOJ	EdOJ	EpOJ	4순위	CeBJ	CdBJ	CpBJ
5순위	CeAJ	CdAJ	CpAJ	6순위	CeOJ	CdOJ	CpOJ

DpOS(소양태양 O형 감성형 두뇌) : DpO 기질과 감성형(S) 두뇌가 결합한 성격유형으로 긍정적으로 잘 결합하면 행동력이 좋으면서 화끈하고 매우 예술적이고 독창적인 능력을 드러내는 특징을 보일 수 있다. 하지만 부정적으로 결합한다면 성급하고 공격적이고 오만하고 자기중심적인 행동을 일삼는 특징을 보일 수 있다.

1순위	EcBS EdBS EpBS	2순위	EcAS EdAS EpAS
3순위	EcOS EdOS EpOS	4순위	CeBS CdBS CpBS
5순위	CeAS CdAS CpAS	6순위	CeOS CdOS CpOS

DcO 계열

DcOL(소양소음 O형 논리형 두뇌) : DcO 기질과 논리형(L) 두뇌가 결합한 성격유형으로 긍정적으로 결합하면 행동력이 좋으면서 다재다능하고 세심하며 언변이 뛰어난 특징을 보인다. 하지만 부정적으로 결합한다면 성급하고 자기중심적이며 실용성이 부족한 특징을 보일 수 있다.

DcOL 적절한 배우자

1순위	EpBL EdBL EcBL	2순위	EpOL EdOL EcOL
3순위	EpAL EdAL EcAL	4순위	CpBL CdBL CeBL
5순위	CpOL CdOL CeOL	6순위	CpAL CdAL CeAL

DcOU(소양소음 O형 실리형 두뇌) : DcO 기질과 실리형(U) 두뇌가 결합한 성격유형으로 긍정적으로 결합하면 행동력이 좋으면서 다재다능하고 세심하며 현실적이고 추진력이 있다. 하지만 부정

적으로 결합한다면 성급하고 자기중심적이며 결과만 중시하는
특징을 보일 수 있다.

DcOU 적절한 배우자

1순위	EpBU EdBU EcBU		2순위	EpOU EdOU EcOU	
3순위	EpAU EdAU EcAU		4순위	CpBU CdBU CeBU	
5순위	CpOU CdOU CeOU		6순위	CpAU CdAU CeAU	

DcOJ(소양소음 O형 명분형 두뇌) : DcO 기질과 명분형(J) 두뇌가
결합한 성격유형으로 긍정적으로 결합하면 행동력이 좋으면서
다재다능하고 세심하며 객관적이고 분명한 가치관에 입각하여
일을 처리하는 특징을 보인다. 하지만 부정적으로 결합하면 성급
하고 자기중심적이며 허례와 명분만 따지는 성향을 보인다.

DcOJ 적절한 배우자

1순위	EpBJ EdBJ EcBJ		2순위	EpOJ EdOJ EcOJ	
3순위	EpAJ EdAJ EcAJ		4순위	CpBJ CdBJ CeBJ	
5순위	CpOJ CdOJ CeOJ		6순위	CpAJ CdAJ CeAJ	

DcOS(소양소음 O형 감성형 두뇌) : DcO기질과 감성형(S) 두뇌가
결합한 성격유형으로 긍정적으로 결합하면 행동력이 좋으면서

다재다능하고 세심하며 객관적이고 예술적이고 창조적일 수 있다. 하지만 부정적으로 결합한다면 성급하고 자기중심적이며 오만하고 개념 없는 특징을 보일 수 있다.

DcOS 적절한 배우자

1순위	EpBS EdBS EcBS	2순위	EpOS EdOS EcOS
3순위	EpAS EdAS EcAS	4순위	CpBS CdBS CeBS
5순위	CpOS CdOS CeOS	6순위	CpAS CdAS CeAS

DeO 계열

DeOL(소양태음 O형 논리형 두뇌): DeO 기질과 논리형(L) 두뇌가 결합한 성격유형으로 긍정적으로 결합하면 행동력이 좋으면서 포용력 있고 화끈하고 언변이 뛰어난 특징을 보인다. 하지만 부정적으로 결합하면 성급하고 공격적이며 눈치가 없고 실용성이 부족할 수 있다.

DeOL 적절한 배우자

1순위	EdBL EpBL EcBL	2순위	EdAL EpAL EcAL
3순위	EdOL EpOL EcOL	4순위	CdBL CpBL CeBL
5순위	CdAL CpAL CeAL	6순위	CdOL CpOL CeOL

DeOU(소양태음 O형 실리형 두뇌) : DeO 기질과 실리형(U) 두뇌가 결합한 성격유형으로 긍정적으로 결합하면 행동력이 좋으면서 포용력 있고 화끈하고 현실적인 추진력을 드러낼 수 있다. 하지만 부정적으로 결합한다면 성급하고 공격적이며 눈치 없고 결과만 중시하는 특징을 보일 수 있다.

DeOU 적절한 배우자

1순위	EdBU EpBU EcBU	2순위	EdAU EpAU EcAU
3순위	EdOU EpOU EcOU	4순위	CdBU CpBU CeBU
5순위	CdAU CpAU CeAU	6순위	CdOU CpOU CeOU

DeOJ(소양태음 O형 명분형 두뇌) : DeO 기질과 명분형(J) 두뇌가 결합한 성격유형으로 긍정적으로 결합하면 행동력이 좋으면서 포용력 있고 화끈하며 분명한 가치관에 입각하여 일을 처리하는 특징을 보인다. 하지만 부정적으로 결합한다면 성급하고 공격적이며 눈치 없고 허례와 명분만 따질 수 있다.

DeOJ 적절한 배우자

1순위	EdBJ EpBJ EcBJ	2순위	EdAJ EpAJ EcAJ
3순위	EdOJ EpOJ EcOJ	4순위	CdBJ CpBJ CeBJ
5순위	CdAJ CpAJ CeAJ	6순위	CdOJ CpOJ CeOJ

DeOS(소양태음 O형 감성형 두뇌) : DeO 기질과 감성형(S) 두뇌가 결합한 성격유형으로 긍정적으로 결합하면 행동력이 좋으면서 포용력 있고 화끈하며 예술적이면서 독창적인 능력을 드러내는 특징을 보인다. 하지만 부정적으로 결합한다면 성급하고 공격적이며 눈치 없고 오만하고 자기중심적인 행동을 일삼는 특징이 나타날 수 있다.

DeOS 적절한 배우자

1순위	EdBS EpBS EcBS		2순위	EdAS EpAS EcAS	
3순위	EdOS EpOS EcOS		4순위	CdBS CpBS CeBS	
5순위	CdAS CpAS CeAS		6순위	CdOS CpOS CeOS	

소양인 B형 -DB

기질과 성격유형

이성보다는 감정

희생도 불사하는 리더

목표를 향해 달리는 말

DB는 소양인이면서 B형 혈액형인 가진 사람을 지칭한다. DB를 이해하기 위해서는 앞에서 설명한 소양인의 특징부터 이해해야 한다. 또 B형 혈액형의 기질적 특징을 알 필요가 있다. DB는 소양인의 특징과 B형 혈액형의 기질이 화학적으로 결합하여 새로운 양상을 드러낸다.

이성보다는 감정

DB는 소양인의 활발하고 경쾌하고 급한 성격에 B형 혈액형의 방어기제와 독자성 그리고 예민한 기질이 결합한 형질로서 외향적 성향이 강한 소양인 중에서는 그나마 내향적인 성향인 기질유형이다. 그런 까닭에 얼핏 보면 소음인이나 태음인처럼 보이기도 한다. 하지만 소양인 특유의 기질을 기반으로 형성된 기질유형이어서 소양인의 특성은 고스란히 간직하고 있으며, 거기에 B형 기질이 더해져 다소 독자적이고 방어적이며 집요한 면을 보인다. 소양인의 부족한 끈기와 급한 성격을 B형의 기질을 통해 어느 정도 보완한다. 반대로 소양인의 성급함에 B형의 예민함과 독자성이 더해지면 날카롭고 공격적인 성격과 배타적이고 독단적인 기질이 드러날 수 있다.

이런 기본적인 성향들이 화학적으로 결합하면 다양한 특징으로 나타나게 되는데, 이를 나열하자면 이렇다.

DB는 소양인 특유의 활동성과 추진력에다 소양인에게 부족한 집요한 면이 있다. 거기다 독자성이 강해 남에게 신세 지는 것을 싫어하고 되도록 모든 문제를 홀로 해결하려는 성향이 있다. 좋게 말하면 독립성이 강하고, 나쁘게 말하면 배타적인 셈이다.

이들은 이성적 판단보다는 감정에 따라 행동이 좌우되는 경우가 많다. 때론 감정 때문에 지나친 고집을 부리기도 한다. 특히 감정이 상한 경우엔 그 어떤 말로도 설득이 잘되지 않는다. 자칫 옹졸하다는 소리를 듣기 십상이다. 이런 경우 감정이 가라앉을 때까지 기다린 후에 감성적으로 접근하여 맺힌 감정을 우선 풀어주고 차근차근 설득하면 의외로 쉽게 고집을 꺾는다. 그만큼 DB에겐 감정이 중요하다. 감정이 상하면 앞뒤 가리지 않아 상한 강점을 풀어주는 것이 문제 해결의 열쇠인 셈이다.

이들은 또한 소양인 중에서는 경우를 따지는 경향이 강하고, 자기 가족이 아닌 바깥사람들에 대해 체면을 중시하는 경향이 있다. 때때로 실용성도 없는 허례에 매달린다는 비판을 받기도 한다.

겉보기에는 완강해 보이지만 소양인 특유의 인정 많고 눈물 많은 요소는 그대로 간직하고 있다. 때론 자기감정을 억제하지 못해 소리 내어 우는 경우도 있다. 이는 냉철하고 이성적인 면이 약하다는 의미이지만 그나마 이들은 소양인 중에서는 조심성이 많은 편이다. 비록 일을 벌일 때 성급한 면이 있지만 막상 일을 시작하면 세심하고 조심스럽다. 그래서 때론 소양인 특유의 진취적인 기상이 약화된 것처럼 보일 수 있다.

이들은 소양인 중에 독자 성향이 가장 강한 형질이다. 그래서 다른 소양인에 비해 독자적인 행동을 많이 하는 편이다. 다른 사람들과 어울리는 중에도 자기만의 자리를 물색하거나, 자기 홀로 모든 일을 지배할 수 있는 위치를 열망하곤 한다.

이런 DB의 특징을 긍정적인 면과 부정적인 면으로 간단하게 정리하자면 우선 긍정적인 면은 행동력, 추진력, 진취성, 다양성, 독자성 등이고, 부정적인 면은 성급함, 인내력 부족, 무책임함, 감정적, 폐쇄성 등으로 요약할 수 있다.

이런 특징들이 긍정적으로 결합하면 활발한 성격에 집요함과 독자성이 더해져 인간관계가 원만하고, 여러 가지 일을 한꺼번에 해낼 수 있는 활동성과 책임감을 동시에 갖출 수 있다. 또한 소양인 특유의 발 빠른 기획력을 바탕으로 새로운 일을 두려워하지 않고 진취적으로 추진하는 능력을 갖출 수 있으며, 동시다발적으로 여러 사업을 운영하면서도 성공적인 결과를 이끌어 낼 수 있다.

하지만 부정적으로 결합하면 어디서나 자신의 주장만을 앞세우다 많은 적을 양산할 수 있으며, 일만 많이 벌여놓고 책임은 지지 않으면서 남 탓만 하는 경향을 보일 수 있다. 물건에 대한 지나친 집착으로 인심을 잃을 소지가 높고, 실없는 명분이나 허례에 매달려 실리를 잃을 수 있다. 게다가 작은 일에 집착하다 큰일을 그르치거나 쓸데없는 고집으로 타이밍을 놓쳐 단번에 대사를 그르치는 결과를 낳을 수 있다.

목표를 향해 달리는 말

DB는 다소 목표 지향적이다. 근성은 급하고 진취적인 데 반해 시야가 좁고 독자적이어서 오직 목표점만 보인다. 그래서 어떤 일을 하는 데 있어 목적만 중시하고 주변을 돌아보지 않는다. 처음엔 매우 의욕적으로 하지만 오래지 않아 힘을 잃고 목표를 바꿔서 다른 일을 물색하려 한다. 이들의 마음은 늘 새로운 세상을 향해 있다. 이는 마치 풀을 뜯고 있는 중에도 늘 다른 풀밭을 찾고 있는 야생마를 보는 느낌이다.

이들은 이성적인 판단보다는 직관에 의존하는 경향이 많아 자신이 다른 사람보다 앞서 가야 한다는 심리가 있다. 그래서 모든 일에서 선구자적 역할을 하는 것을 매우 좋아한다. 하지만 너무 앞서가는 바람에 실패하는 일이 잦다. DB는 일을 하는 중에 한 번씩 멈추고 주변을 둘러보는 습관을 들여야 한다.

이들을 12지의 동물에 비유하자면 말과 유사하다. 말은 행동이 빠르고 항상 목표점을 바라보며 달리는 습성이 있으며, 활기찬 기질을 갖는다. 동시에 한편으론 내성적이고 폐쇄적인 성향이 있는 점이 DB의 심리와 비슷하다.

③ 리더십

희생도 불사하는 리더

DB가 리더가 되면 일 추진이 빠르고, 목표를 향해 무섭게 돌진하는 경향이 있다. 비록 어느 정도 희생이 따른다 하더라도 그다지 개의치 않는다. 그들에게 있어 어느 정도 희생은 목표 달성을 위한 과정에 불과하다.

이들이 리더로 있는 단체나 기업은 외형적으론 여러 가지 대단한 사업을 벌인다. 그리고 실제 목표로 삼았던 일들을 발 빠르게 성공시킨다. 하지만 목표 달성까지 시간이 오래 걸리면 스스로 지쳐 포기하는 일이 많다.

이들의 빠른 성공 뒤엔 늘 그늘이 많다. 주변을 돌아보지 않고 빠른 것만 추구하다 보니, 여기저기서 원망의 소리가 들린다.

이런 DB의 리더십은 어떤 단체나 기업이 기반을 잡는 데 좋은 역할을 할 수 있다. 국가로 보자면 개발도상국형 리더인 셈이고, 기업으로 보자면 건축업이나 선박업 같이 속도가 중요한 곳의 리더로 제격이다.

DB의 리더십이 빛을 발하려면 주변을 잘 챙기는 CA(소음인 A형)나, 화려함을 추구하면서 현실성을 잃지 않는 CO(소음인 O형), 뒷심이 좋아 끝까지 일을 끌고 가는 EB(태음인 B형) 등의 부하가 필요하다. 이들의 조력을 얻지 못하면 어느 시점이 되면 대단한 저항에 부딪히게 된다.

④ 3가지 기질별 특징

DpB(소양태양 B형)

DpB는 DB를 기본으로 PB가 보조하고 있는 형국으로 DB의 목표지향성, 완고함, 공격성 등의 기질을 중심으로 PB의 엄격성과 치밀성, 진지함 등이 결합하고 있는 유형이다.

이들의 외형적 특징을 살펴보면 눈빛이 강하고 몸이 날씬하며 다소 엄한 인상을 보인다. 기질적으론 급하고 다소 집요하며 뒤끝은 별로 없다. 다만 성급하게 화를 내는 경향이 있고 다소 성정이 무섭다.

하지만 DpB라고 해서 모두 같은 성격과 행동방식을 보이진 않는다. 기본 기질(DB)과 보조 기질(PB)의 결합 비율에 따라 다소 다른 양상이 나타날 수 있다. 따라서 DpB를 좀 더 세분하여 Dp91B, Dp82B, Dp73B, Dp64B 등 네 가지로 구분하여 이해할 필요가 있다. (Dp91B는 DB와 PB의 비율이 9:1이고, Dp82B는 8:2, Dp73B는 7:3, Dp64B는 6:4인 경우이다. 이를 확인하기 위해서는 앞의 체질 진단 10가지 항목에서 기본 체질과 보조 체질 비율이 어떠했는지 보면 된다.)

우선 Dp91B는 DB의 특성 90%에 PB의 특성이 10% 정도 더해졌다. DB의 특성이 대부분이고 PB의 특성은 아주 일부만 차지한다. 특히나 PB가 DB와 같은 양성인 까닭에 Dp91B은 DB의 성격과 거의 일치한다고 볼 수 있다.

Dp82B는 Dp91B보다는 PB의 기질이 더 많아, 엄격함과 치밀성 더 많다. Dp73B는 PB의 강한 특징인 엄격성, 치밀성, 이외에 원칙주의와 준비성 같은 긍정적인 면과 과도한 조심스러움, 지나치게 따짐 등의 부정적 기재가 더해지는 양상을 보인다.

Dp64B는 PB의 기질이 절반 가까이 되는 유형으로 DB의 기본 성격을 기반으로 PB의 엄격함, 치밀성, 원칙주의, 사회적 정의감, 준비성 등의 긍정적 요소와 과도한 조심스러움, 지나친 원론주의, 답답함, 고집스러움 등의 부정적 요소가 가미된다.

이러한 DB와 PB의 화학적 결합이 어떤 형식으로 이뤄지느냐에 따라 인격과 능력이 결정된다. 긍정적으로 결합하면 DB의 행동력과 추진력, 진취성, 다양성, 독자성 이라는 성향에 PB의 치밀함, 엄격성, 정의감, 원칙주의, 준비성 등이 만나 대단한 시너지 효과를 일으켜 뛰어난 인격과 능력을 갖출 것이다.

하지만 부정적으로 결합한다면 DB의 성급함, 인내력 부족, 무책임함, 감정적, 폐쇄성, 예민함 등에 PB의 고집스러움, 지나친 불안감, 느림, 과한 공격성 등이 불협화음을 일으켜 독단적이고 배타적이며 안하무인으로 행동하는 인격을 형성하게 될 것이다.

DcB(소양소음 B형)

DcB는 DB를 기본으로 CB가 보조하고 있는 형국이다. DB의 목표지향성, 완고함, 공격성 등의 기질을 중심으로 CB의 고고함과 방어적 기제, 폐쇄성 등이 결합한 유형이다.

이들의 외형적 특징을 살펴보면 대개 날씬하거나 덩치가 작은 편이다. 혹 통통하더라도 키가 작거나 키가 조금 크더라도 매우 날씬한 특징을 보인다. 그래서 소양인이지만 어릴 때는 소음인처럼 여위고 작으며 창백한 얼굴을 한 경우가 많다. 소음인 취급을 당하기도 하는 이유다.

이들은 자존심이 강하고 궂은일은 잘 하지 않으려는 경향이 있으며 감정이 여리다. 기질적으론 집요하고 끈질기며, 일을 할 때는 근면하고 책임감도 강한 편이다.

하지만 자존심이나 감정을 건드리면 맡은 일을 순식간에 내팽개치는 성향도 있다. 또한 선입견이 강한 편이고 사람에 대한 증오심도 오래 간다. 한 번 악감정을 품은 상대에 대해서는 기회만 나면 비난하는 경향이 있다. 고집스럽고 옹졸하다는 소리를 듣곤 한다.

하지만 DcB라고 해서 모두 같은 성격과 행동방식이 나타나는 것은 아니다. 기본 기질(DB)과 보조 기질(CB)의 결합 비율에 따라 다소 다른 양상을 보일 수 있다. 따라서 DcB를 좀 더 세분하여 Dc91B, Dc82B, Dc73B, Dc64B 등 네 가지로 구분하여 이해할 필요가 있다. (Dc91B는 DB와 CB 비율이 9:1이고, Dc82B는 8:2, Dc73B는 7:3, Dc64B는 6:4인 경우이다.)

따라서 Dc91B는 DB와 거의 유사한 유형이다. 하지만 Dc64B는 DB의 성향이 상당히 줄어들고 뱀형(CB)의 성향이 많이 추가된 유형이다. 이에 따라 이들의 특징을 정리해본다.

우선 Dc91B는 DB의 특성 90%에 CB의 특성이 10% 정도 더해져, DB의 특성이 대부분을 차지하고 CB의 특성은 아주 일부만 차지한다. 하지만 CB의 특성이 전혀 영향을 끼치지 않는 것은 아니다. 특히 CB의 가장 두드러지는 기질인 강한 자존심과 고고한 태도가 일부 작용할 수밖에 없다.

Dc82B는 Dc91B보다는 CB의 기질이 더 많아, 강한 자존심과 고고한 태도에 이어 CB형의 또 다른 특성인 낯가림과 은밀성, 객관화 같은 기질이 추가된 형태다.

Dc73B는 CB형의 강한 특징인 자존심, 고고함, 은밀성, 낯가림, 객관성에 이어 세심함과 냉철함이 더해진 형태다.

Dc64B는 CB형의 기질이 절반 가까이 차지하는 형태로써 DB의 기본 성격을 기반으로 CB의 자존심, 고고함, 은밀성, 낯가림, 객관화, 세심함에 이어 또 다른 CB형의 특성인 게으름, 미루기, 폐쇄성, 독단성, 망설임 같은 부정적인 요소와 사려 깊음, 효율성, 냉철함 등의 긍정적인 요소가 더해진 형태다.

이러한 DB와 CB의 화학적 결합이 어떤 형식으로 이뤄지느냐에 따라 인격과 능력이 결정된다. 긍정적으로 결합하면 DB의 행동력과 추진력, 진취성, 다양성, 독자성 등에 CB의 사려 깊음과 효율성, 냉철함, 객관성이 시너지 효과를 일으키며 뛰어난 인격과 능력을 갖출 것이다.

하지만 부정적으로 결합한다면 DB의 성급함, 인내력 부족, 무책임함, 감정적, 독단성 등에 CB의 게으름, 미루기, 망설임, 폐쇄성, 낯가림 등이 불협화음을 일으키며 무능력하고 형편없는 인격을 형성하게 될 것이다.

DeB(소양태음 B형)

DeB는 DB를 기본으로 EB가 보조하고 있는 형국이다. DB의 목표지향성, 완고함, 공격성 등의 기질을 중심으로 EB의 여유로움, 관용성, 포용성 등이 결합한 유형이다. 그래서 DB가 가진 문제점들을 잘 보완해줌으로써 매우 균형적인 성격을 형성할 가능성이 높다.

이들의 외형적 특징을 살펴보면 키가 크거나 몸집이 있으며, 기질적으론 다소 급하긴 하지만 성격은 순하며 뒤끝은 별로 없다. 비록 성급하게 화를 내는 경향이 있지만 성정은 온순하고, 균형감이 잘 갖춰져 있는 편이다.

하지만 DeB라고 해서 모두 같은 성격과 행동방식이 나타나는 것은 아니다. 기본 기질(DB)과 보조 기질(EB)의 결합 비율에 따라 다소 다른 양상을 보일 수 있다. 따라서 DeB를 좀 더 세분하여 De91B, De82B, De73B, De64B 등 네 가지로 구분하여 이해할 필요가 있다. (De91B는 DB와 EB 비율이 9:1이고, De82B는 8:2, De73B는 7:3, De64B는 6:4인 경우이다.)

우선 De91B는 DB의 특성 90%에 EB의 특성이 10% 정도 더해져, DB의 특성이 대부분을 차지하고 EB의 특성은 아주 일부만 차지한다. DB의 성급함이나 공격성은 제법 완화될 수 있다.

De82B는 De91B보다는 EB의 기질이 더 많아 DB의 기질보다 여유로움과 관용성이 더해지는 양상을 보인다.

De73B는 EB형의 강한 특징인 여유로움과 관용성 이외에도 포용성이나 무던함 등의 긍정적인 요소와 무감각, 눈치 없음, 언변 부족 등의 부정적 요소가 더해질 수 있다.

De64B는 EB형의 기질이 절반 가까이 차지하는 형태로써 DB의 기본 성격을 기반으로 EB의 여유로움, 관용성, 포용성, 지속성, 인내력 등의 긍정적 요소와 무감각, 눈치 없음, 언변 부족, 답답함, 고집스러움, 엉뚱함 등의 부정적 요소가 가미된다.

이러한 DB와 EB의 화학적 결합이 어떤 형식으로 이뤄지느냐에 따라 인격과 능력이 결정된다. 긍정적으로 결합하면 DB의 행동력과 추진력, 진취성, 다양성, 독자성 등에 EB의 여유로움, 관용성, 포용성, 지속성, 인내력 등이 결합하여 대단한 시너지 효과를 일으키며 뛰어난 인격과 능력을 갖출 것이며, 특히 소양인 중에서는 균형감이 좋고 다방면에서 여러 가지 능력을 보이게 된다.

하지만 부정적으로 결합한다면 DB의 성급함, 인내력 부족, 무책임함, 감정적, 독자성 등에 EB의 무감각, 느림, 언변 부족, 고집스러움, 엉뚱함, 답답함 등이 불협화음을 일으켜 아주 철없는 인격이 될 것이다.

⑤ 내 성격유형에 맞는 배우자

DB의 성격유형은 DB의 세 가지 자기유형인 DpB, DcB, DeB 와 네 가지 두뇌유형 L(논리형), U(실리형), J(명분형), S(감성형)의 결합을 통해 12가지가 형성된다.

DpB계열 - DpBL, DpBU, DpBJ, DpBS

DcB계열 - DcBL, DcBU, DcBJ, DcBS

DeB계열 - DeBL, DeBU, DeBJ, DeBS

배우자를 선택할 때는 체질과 기질 그리고 두뇌유형을 모두 고려해야 한다. 체질과 기질은 멀수록 좋고, 두뇌유형은 가까울수록 좋다. 이성 관계에서 체질과 기질은 반대인 사람에게 끌리게 되어 있지만 끌린다고 해서 반드시 좋은 배우자가 될 수 있는 것은 아니다. 또 그런 배우자와 결혼했다고 해서 반드시 결혼 생활이 무난한 것도 아니다.

끌림이 있고 난 뒤에 갈등이 적어야 한다. 갈등은 대개 문제에 접근하고 해결하는 방식에서 비롯되는 경우가 많은데, 이러한 갈등은 대개 두뇌유형의 차이로 일어난다. 말하자면 두뇌유형이 비슷할수록 갈등이 일어날 확률이 낮아진다는 뜻이다. 따라서 가장 적절한 배우자는 체질과 기질이 가장 멀고, 두뇌유형은 같은 상대여야 한다.

DB는 소양인의 하나여서 일단 태음인을 가장 선호한다. 소양인은 말과 행동이 빨라서 선천적으로 자기 말을 잘 들어주는 사람을 좋아한다. 네 체질 중에 남의 말을 가장 잘 들어주는 체질은 태음인이다. 그러므로 소양인은 자기도 모르게 태음인에게 끌린다. 하지만 태음인 중에 혈액형이 같은 B에게는 끌림이 약할 수 있다. 또한 O형 혈액형은 양면성이 강해서 A형보다는 부딪힐 우려가 많다.

따라서 DB에게는 EA가 가장 잘 어울리고, 다음으로 EO, 그리고 그 다음으로 EB가 잘 어울린다. 태음인 다음으로 DB가 끌리는 체질은 소음인이다. 소음인의 순서도 혈액형에 따라 순위가 정해진다. 그리고 소양인과 태양인은 서로 상극이어서 태양인에 해당하는 기질유형은 모두 배제되고, 또 소양인은 같은 소양인에게 매력을 느끼지 못하므로 이 역시 제외된다.

두뇌유형은 같을 때 가장 좋고, 가까울수록 좋다. 두뇌유형 사이의 선호도와 갈등 관계에 대해서는 1부를 참조하기 바란다.

DpB계열

DpBL(소양태양 B형 논리형 두뇌) : DpB 기질과 논리형(L) 두뇌가 결합한 성격유형으로 긍정적으로 결합하면 행동력이 좋으면서 치밀하고 언변이 뛰어난 특징을 보인다. 하지만 부정적으로 결합하면 성급하고 유연성이 없고 실용성이 부족할 수 있다.

DpBL 적절한 배우자

1순위	EcAL EdAL EpAL	2순위	EcOL EdOL EpOL
3순위	EcBL EdBL EpBL	4순위	CeAL CdAL CpAL
5순위	CeOL CdOL CpOL	6순위	CeBL CdBL CpBL

DpBU(소양태양 B형 실리형 두뇌) : DpB 기질과 실리형(U) 두뇌가 결합한 성격유형으로 긍정적으로 결합하면 행동력이 좋으면서 치밀하고 현실적인 추진력을 드러낸다. 하지만 부정적으로 결합하면 성급하고 유연성이 없으며 결과만 중시하는 사람이 될 수 있다.

DpBU 적절한 배우자

1순위	EcAU EdAU EpAU	2순위	EcOU EdOU EpOU
3순위	EcBU EdBU EpBU	4순위	CeAU CdAU CpAU
5순위	CeOU CdOU CpOU	6순위	CeBU CdBU CpBU

DpBJ(소양태양 B형 명분형 두뇌) : DpB 기질과 명분형(J) 두뇌가 결합한 성격유형으로 긍정적으로 결합하면 행동력이 좋으면서 치밀하고 분명한 가치관에 입각하여 일을 처리하는 특징을 보인다. 하지만 부정적으로 결합하면 성급하고 유연성이 없으며 허례와 명분만 따지는 성격이 될 수 있다.

1순위	EcAJ EdAJ EpAJ	2순위	EcOJ EdOJ EpOJ
3순위	EcBJ EdBJ EpBJ	4순위	CeAJ CdAJ CpAJ
5순위	CeOJ CdOJ CpOJ	6순위	CeBJ CdBJ CpBJ

DpBS(소양태양 B형 감성형 두뇌) : DpB 기질과 감성형(S) 두뇌가 결합한 성격유형으로 긍정적으로 결합하면 행동력이 좋으면서 치밀하고 독창적인 세계관을 드러낸다. 하지만 부정적으로 결합하면 성급하고 유연성이 없으며 오만하고 자기중심적인 행동을 일삼을 수 있다.

DpBS 적절한 배우자

1순위	EcAS EdAS EpAS	2순위	EcOS EdOS EpOS
3순위	EcBS EdBS EpBS	4순위	CeAS CdAS CpAS
5순위	CeOS CdOS CpOS	6순위	CeBS CdBS CpBS

DcB계열

DcBL(소양소음 B형 논리형 두뇌) : DcB 기질과 논리형(L) 두뇌가 결합한 성격유형으로 긍정적으로 결합하면 행동력이 좋으면서 사려 깊으며 일 처리가 명료하고 언변이 뛰어난 특징을 보인다.

하지만 부정적으로 결합하면 성급하고 무책임하고 실용성이 부족한 특징을 보일 수 있다.

DcBL 적절한 배우자						
1순위	EpAL	EdAL	EcAL	2순위	EpOL EdOL EcOL
3순위	EpBL	EdBL	EcBL	4순위	CpAL CdAL CeAL
5순위	CpOL	CdOL	CeOL	6순위	CpBL CdBL CeBL

이는 기본 기질과 보조 기질 그리고 두뇌유형을 세밀하게 따져서 내린 결론이다. DcB는 기본 기질인 DB가 소양인에 B형 혈액형이기에 EA와 가장 잘 맞고, 보조 기질 CB는 소음인이면서 B형이기에 PA와 가장 잘 어울린다. 또한 같은 두뇌유형을 선호해서 DcBL에겐 EpAL이 가장 좋은 배우자감이다. 1순위 그룹의 EdAL, EcAL이 그 다음 순위를 잇는 것도 이런 원리이고, 2순위 그룹부터 6순위 그룹까지의 형성 과정도 마찬가지다.

DcBU(소양소음 B형 실리형 두뇌) : DcB 기질과 실리형(U) 두뇌가 결합한 성격유형으로, 긍정적으로 결합하면 행동력이 좋으면서 사려 깊으며 현실적인 추진력이 있다. 하지만 부정적으로 결합하면 성급하고 무책임하고 결과만 중시하는 성향이 있다.

1순위	EpAU EdAU EcAU	2순위	EpOU EdOU EcOU
3순위	EpBU EdBU EcBU	4순위	CpAU CdAU CeAU
5순위	CpOU CdOU CeOU	6순위	CpBU CdBU CeBU

DcBJ(소양소음 B형 명분형 두뇌) : DcB 기질과 명분형(J) 두뇌가 결합한 성격유형으로 긍정적으로 결합하면 행동력이 좋으면서 객관적이고 분명한 가치관에 입각하여 일을 처리하는 특징을 보인다. 하지만 부정적으로 결합하면 성급하고 무책임하고 허례와 명분만 따지는 특징을 보일 수 있다.

DcBJ 적절한 배우자

1순위	EpAJ EdAJ EcAJ	2순위	EpOJ EdOJ EcOJ
3순위	EpBJ EdBJ EcBJ	4순위	CpAJ CdAJ CeAJ
5순위	CpOJ CdOJ CeOJ	6순위	CpBJ CdBJ CeBJ

DcBS(소양소음 B형 감성형 두뇌) : DcB 기질과 감성형(S) 두뇌가 결합한 성격유형으로 긍정적으로 결합하면 행동력이 좋으면서 매우 창의적이고 독창적인 세계관을 드러내는 특징을 보일 수 있다. 하지만 부정적으로 결합하면 성급하고 무책임하고 오만하고 자기중심적인 행동을 일삼는 특징을 보일 수 있다.

1순위	EpAS EdAS EcAS	2순위	EpOS EdOS EcOS
3순위	EpBS EdBS EcBS	4순위	CpAS CdAS CeAS
5순위	CpOS CdOS CeOS	6순위	CpBS CdBS CeBS

DeB계열

DeBL(소양태음 B형 논리형 두뇌) : DeB 기질과 논리형(L) 두뇌가 결합한 성격유형으로 긍정적으로 결합하면 행동력이 좋으면서 포용력 있고 언변이 뛰어난 특징을 보인다. 하지만 부정적으로 결합하면 성급하고 눈치가 없으며 실용성이 부족한 특징을 보일 수 있다.

DeBL 적절한 배우자

1순위	EdAL EpAL EcAL	2순위	EdOL EpOL EcOL
3순위	EdBL EpBL EcBL	4순위	CdAL CpAL CeAL
5순위	CdOL CpOL CeOL	6순위	CdBL CpBL CeBL

DeBU(소양태음 B형 실리형 두뇌) : DeB 기질과 실리형(U) 두뇌가 결합한 성격유형으로 긍정적으로 결합하면 행동력이 좋으면서 치밀하고 현실적이면서 추진력이 있다. 하지만 부정적으로 결합

하면 성급하고 유연성이 없으며 결과만 중시하는 특징을 보일 수 있다.

DeBU 적절한 배우자

1순위	EdAU EpAU EcAU	2순위	EdOU EpOU EcOU
3순위	EdBU EpBU EcBU	4순위	CdAU CpAU CeAU
5순위	CdOU CpOU CeOU	6순위	CdBU CpBU CeBU

DeBJ(소양태음 B형 명분형 두뇌) : DeB 기질과 명분형(J) 두뇌가 결합한 성격유형으로 긍정적으로 결합하면 행동력이 좋으면서 치밀하고 분명한 가치관에 입각하여 일을 처리하는 특징을 보인다. 하지만 부정적으로 결합하면 성급하고 유연성이 없으며 허례와 명분만 따지는 특징을 보일 수 있다.

DeBJ 적절한 배우자

1순위	EdAJ EpAJ EcAJ	2순위	EdOJ EpOJ EcOJ
3순위	EdBJ EpBJ EcBJ	4순위	CdAJ CpAJ CeAJ
5순위	CdOJ CpOJ CeOJ	6순위	CdBJ CpBJ CeBJ

DeBS(소양태음 B형 감성형 두뇌) : DeB 기질과 감성형(S) 두뇌가 결합한 성격유형으로 긍정적으로 결합하면 행동력이 좋으면서

치밀하고 독창적인 세계관을 드러낸다. 하지만 부정적으로 결합하면 성급하고 유연성이 없으며 오만하고 자기중심적인 행동을 일삼는 특징을 보일 수 있다.

DeBS 적절한 배우자

1순위	EdAS EpAS EcAS	2순위	EdOS EpOS EcOS
3순위	EdBS EpBS EcBS	4순위	CdAS CpAS CeAS
5순위	CdOS CpOS CeOS	6순위	CdBS CpBS CeBS

2

태양인의
기질별 특징과
성격유형

태양인의 특징과 행동양식

태양인 역시 소양인과 마찬가지로 심폐가 발달한 체질로서 활동성이 강하다. 외향적이고 표정이 밝지만 소양인과 달리 행동이 무겁고 원론적인 성향을 띤다. 그래서 매우 원칙적이고 도덕적인 경향이 있고 모범생 스타일이 많다. 또한 남에게 베풀기를 좋아하고 봉사 정신이 강하며 존경하는 사람이나 상관에 대한 충성심도 높다.

이들은 소양인처럼 말이 빠르지 않으며 행동도 가볍지 않다. 오히려 만사에 지나치게 신중하고 일을 처리할 때 매우 치밀하고 완벽주의를 추구한다. 또한 친절하지만 사람을 쉽게 사귀지 않으며, 한번 친해진 사람과는 매우 오랫동안 친분을 유지한다.

그러나 농담을 잘 못하여 늘 진지하다는 소리를 듣는다. 그런 까닭에 위트와 유머에 능하지 않다. 이렇다 보니 사람을 사귐에 있어 가까이할 사람과 멀리할 사람을 분명히 설정하고, 자신의 행동반경과 행동 원칙이 매우 분명할 수밖에 없다.

태양인은 얼굴의 윤곽이 뚜렷하고 눈이 맑고 크고 귀티가 나며, 주름살이 잘 생기지 않는 특징이 있다. 이들은 대개 원칙을 중시하고 정의와 명분을 앞세우며, 여간해서 원칙에 벗어나는 일과 타협하지 않는다. 그런 까닭에 의심이나 의혹 또는 궁금증이 생기면 참지 못하며, 밤을 새워서라도 그 해답을 얻으려는 속성을 지니고 있다. 일례로 몸에 이상이 생기면 책을 찾아보거나 병원을 찾거나 하는 것으로 반드시 그 원인을 알아내야만 직성이 풀리는 체질이다.

태양인은 심장이 매우 뜨거운 반면 간은 약해서 화를 내면 무섭게 내고, 화를 내게 된 원인을 제거할 때까지 그 화가 잘 풀리지 않는 체질이다. 또한 그 화는 반드시 말을 통해 풀어야 하며, 혼자 삭이면 병을 얻는다. 그런 까닭에 화를 냈다 하면 소리를 무섭게 지르며 상대를 가차없이 몰아붙이는 경향이 있다. 이렇다 보니, 태양인의 얼굴은 늘 진지하고 다소 차갑게 느껴진다. 거기다 소양인에 비해 비췌가 예민해서 분노도 많은 편이다. 또한 감정을 쉽게 감추지 못하여 거짓말을 잘 못하며, 거짓말을 할 땐 얼굴에 쉽게 표가 나는 타입이다.

이들은 심장과 폐가 모두 큰 편이다. 자주 가슴이 답답해지고, 화가 나는 일이 생기면 화가 풀릴 때까지 속을 끓이게 된다. 스트레스가 쌓이면 가슴 중앙이 뜨거워지고 얼굴이 화끈거리는 현상이 일어나며, 별 일도 아닌 일에 예민하게 반응한다. 이렇듯 스트레스가 쉽게 쌓이는 이들은 폐쇄된 곳이나 어두운 곳에 오래 있지 못하며, 주기적으로 여행이나 산행을 해야만 한다. 그렇지 않으면 자신도 모르게 짜증을 부리거나 우울해지기 쉽다.

만사에 철저하고 계획성이 있으며, 모든 일에 준비성이 뛰어난 체질인 이들은 자신이 하는 일은 항상 완벽해야 한다는 강박 관념에 빠지기 쉽다. 한 마디로 돌다리도 두드리며 걷는 타입인데, 그렇다 보니 스스로에 대한 믿음이 지나치리만큼 강하고 노파심이 많다.

이들은 매우 치밀하긴 하지만 세밀하지는 못하고 강하기는 하지만 부드럽지 못하다. 그러므로 세밀하고 부드러운 과정이 요구되는 일에는 능하지 못하다.

이들은 자신에 대한 믿음이 너무 강한 나머지 자신의 의견을 남에게 강압하려는 경향이 세다. 특히 남성의 경우 이런 경향이 매우 강하게 나타난다. 자칫 가정에서는 독재자적 성향을 띠기 쉽다. 특히, 가까운 사람이 자신과 다른 의견을 가졌다는 것을 쉽게 용납하지 못하며, 일을 처리할 때 다른 사람과 타협하기보다는 자신의 주장을 밀어붙이거나 아예 상의도 하지 않고 행동으로 옮기는 일이 많다.

이런 현상은 지식을 표출하는 과정에서도 드러난다. 이들은 자신이 가진 지식이 완벽하다고 믿어서다. 여간해서 틀린 것을 시인하지 않으며, 자신의 잘못을 시인하는 일도 드물다. 심지어 전문서적이나 사전을 통해 틀린 것을 확인시켜줘도 사전이 틀렸을 수도 있다는 식으로 터무니없는 반격을 가하기도 한다. 또 막상 자신이 틀렸다는 것이 확인되어도 틀렸음을 시인하는 말을 잘 하지 않는 편이다. 그런데 남이 잘못을 저지르면 반드시 사과를 받아야 하고, 사과하지 않는 사람은 몹시 미워한다.

이들은 치밀한 성격이라 끈기가 있을 것 같지만, 실상 그렇지 않다. 일을 처리하는 데 있어 너무 질질 끌면 안 되는 이유다. 되도록 일정 기간 안에 문제를 해결하지 않으면 스스로 지쳐 자포자기해버리는 경향을 띤다. 이는 신장이 약한 탓이다. 거기다 심폐가 크고 강한 이들은 어떤 일이든 시작하면 전력을 쏟아 오래 지속하지는 못한다. 또 하나의 일에 전적으로 매달리는 탓에 여러 가지 일을 한꺼번에 하지는 못하다. 만약 이들이 한 번에 두 가지 이상의 어려운 문제를 처리해야 하는 처지에 놓이면 매우 괴로워할 수밖에 없고, 그런 상황을 야기한 사람을 몹시 원망한다.

이러한 태양인의 천성이 긍정적으로 발전하면 매우 정의롭고 당당한 삶을 살 수 있다. 또한 매사에 맺고 끊음이 분명하고 무슨 일이든 완벽하고 투명하게 처리한다. 덕분에 주변으로부터 존경받는 사람이 될 수 있다.

그러나 부정적으로 발전하면 매우 독단적이고 주변 사람들과 어울리지 못하며, 가는 곳마다 적을 만드는 인물이 될 수도 있다.

하지만 태양인이라고 해도 어떤 혈액형과 결합하느냐에 따라 다른 특징과 행동 양식을 보인다.

태양인의 체질과 혈액형을 결합하면 PA, PO, PB 등 세 가지 기본 기질을 얻을 수 있다. 여기에 보조 체질 세 가지(d, c, e)와 두뇌유형 네 가지(L, U, J, S)가 결합하면 태양인의 36가지 성격유형이 발생한다. 이를 PA, PO, PB 세 기질별로 분류하여 특징과 성격유형을 설명하려 한다.

태양인의 특징

①	성정	신중하면서 활동적인 사람이다.
②	물과 땀	물은 적당히 먹는데, 땀은 적게 흘리는 편이다.
③	화	화가 나면 오래도록 화를 풀지 못하고, 상대방에게 화났음을 표현한다.
④	판단과 행동	판단하는 데 시간이 필요하고 충분히 계획한 뒤에 행동하는 편이다.
⑤	일을 대하는 태도	한 가지 일에 집중하며, 동시에 여러 가지 일을 진행하는 것을 피한다.
⑥	시작과 마무리	일을 시작할 땐 신중하고, 되도록 완벽하게 마무리해야 직성이 풀린다.
⑦	대화	다른 사람의 말에 신중히 생각하는 편이고 여러 가지를 살펴본 뒤 의견을 낸다.
⑧	음식 습관	음식을 잘 먹는 편이지만 너무 달거나 기름진 음식은 꺼린다.
⑨	사람 만남	새로운 사람을 잘 사귀는 편이지만 너무 많은 사람이 있는 곳은 꺼린다.
⑩	얼굴과 체형	눈이 큰 편이고 몸은 마르거나 보통인 편이다.

혈액형별 특징

A·AB형	① 경쾌하고 밝다. ② 분주하고 가볍다. ③ 겁이 많고 소심하다.
O형	① 활동적이고 공격적이다. ② 감정 기복이 심하다. ③ 화끈하고 포용력이 좋다.
B형	① 정적이고 방어적이다. ② 예민하고 독자적이다. ③ 집요하고 세심하다.

Type_ 04

태양인 A·AB형 -PA

기질과 성격유형

명랑하지만 깐깐한

충성심 강한 개

선진국형 리더

PA 타입은 태양인이면서 A형 혹은 AB형 혈액형을 가진 사람을 지칭한다. 그런데 PA 타입은 양성이므로 AB형 혈액형을 가졌다 하더라도 양혈인 A형의 특성을 주로 드러내고, B형의 특성은 잘 드러내지 않게 된다. 따라서 AB형 혈액형을 가진 태양인은 A형 혈액형을 가진 태양인과 같이 봐도 무방하다 할 것이다. PA는 태양인의 특징과 A형 혈액형의 기질이 화학적으로 결합하여 새로운 양상을 드러낸다.

명랑하지만 깐깐한

PA는 태양인 중에서 가장 성격이 밝다. 이들은 다른 태양인에 비해 겉모습이 밝고 명랑하며 잘 웃는다. 하지만 A형 혈액형 특유의 소심한 면모가 있어, 외형과 달리 신경이 예민하고 작은 일에 고민하는 경향이 있다.

이들은 대개 인사성이 바르고 충성심이 강하며 능력 있는 사람을 존경하는 성향이 있다. 자신이 한번 신뢰한 사람에 대해서는 끝까지 의리를 저버리지 않지만, 상대가 도의적인 잘못을 저지르고도 반성하거나 사과하지 않으면 과감하게 인간관계를 끊어버리기도 한다.

PA는 태양인이 가진 독자성을 바탕에 깔고 있지만, 무리 짓기 싫어하는 형질은 아니다. 다만 무리 중에 싫은 사람이 있거나 무리의 성향이 자신을 압박하는 경향이 있으면 그 단체를 찾지 않는다. PA는 사람 관계에 있어 다소 이중적인 성향을 지니게 된다. 한편으론 무리에 어울리기를 원하지만 다른 한편으론 자신의 독자적인 영역을 잃지 않으려고 애쓰다보니 때론 스스로 행동의 혼란을 겪기도 한다.

이들은 얼핏 보기엔 밝은 인상이지만 좀 더 가까이 다가서면 차가운 느낌이 들고, 조금 더 가까이 다가서면 감정이 예민하고 여린 성향을 보이며 매우 따뜻하고 인정이 많은 내면을 드러낸다. 친한 사람과 그렇지 않은 사람의 평가가 많이 다를 수 있는 이유다. 이들을 한두 번 대한 사람은 밝고 인상이 좋으나 원칙과 절도가 분명하여 친해지기 힘든 사람으로 여기게 된다. 그러나 친해지면 따뜻하고 인정 많고 매우 신용 있는 사람으로 생각한다. 이들은 처음 사귀기는 어렵지만 사귀고 나면 그 관계가 매우 오랫동안 유지된다.

이들은 다른 사람에게 베풀기를 좋아하고 자신이 누군가에게 도움이 되었다는 사실을 매우 기뻐하는 성향이다. 자주 남에게 베푸는 자리를 마련하고 자신이 가진 능력이나 재물을 남에게 나눠주는 행동을 한다. 친한 사람으로부터 겉으론 깐깐하게 굴면서 속으론 허술하기 짝이 없다는 소리를 듣기도 한다.

PA는 인간관계로 고민을 하는 일이 많다. 이들은 인간에게 가장 중요한 것은 믿음이라고 생각하는데 친한 사람이 믿음을 깨는 일을 하면 몹시 마음을 끓이며 오랫동안 고민을 한다. 때론 그 고민이 너무 지나쳐 병을 얻기도 한다. 이들은 사람을 사귀는 데 시간이 오래 걸리지만 사람을 등지는 데엔 더 오랜 시간이 필요하기 때문이다.

이들은 자신에게 주어진 일에 대해서는 완벽할 정도로 열심히 일하는 경향이 있다. 심지어 시키지 않은 일까지 알아서 해놓는 경우가 많다. 그래서 자칫 완벽주의자라는 소리를 듣기 십상이다.

이들은 사람의 말과 태도에 유달리 예민하다. 특히 자신과 친한 사람의 말과 말투, 태도로부터 많은 상처를 입는다. 이들을 대할 때 상냥하고 부드럽게 대하지 않으면 갑작스럽게 예기치 못했던 공격을 당할 우려가 있다.

이들이 남을 공격할 땐 매우 치밀하고 매섭다. 일단 공격을 시작하면 상대가 잘못을 인정할 때까지 멈추지 않는다. 비록 말로 잘못을 인정해도 진심 어린 태도를 보이지 않으면 계속 공격한다. 하지만 상대가 너무 질기고 강하면 어느 순간 힘을 잃고 자포자기하는 경향을 보이기도 한다. 말하자면 제풀에 넘어지는 경향이 있다.

이렇듯 이들은 강하고 완벽해 보이지만 뒷심이 모자라고, 깐깐해 보이지만 내부적으론 허술한 면이 많고, 원칙성이 강한 듯하지만 자신과 친한 사람에겐 아주 후한 편이다.

PA의 이러한 특징들을 긍정적인 면과 부정적인 면으로 구분하자면, 우선 긍정적인 면으론 충성심, 해맑음, 배려심, 치밀함, 원칙주의, 강한 책임감 등이 있고 부정적인 면으론 겁 많음, 융통성 부족, 불안감, 지나친 고집과 깐깐함 등으로 요약할 수 있다.

이런 성향들이 긍정적으로 결합하면 매우 밝은 에너지를 기반으로 배려심 많고 충성스러우며 도덕적인 인격을 바탕으로 신뢰 깊은 인간관계를 형성할 수 있고, 친절하면서 능력 있고 좋은 사람으로 평가받을 수 있다. 또한 특유의 충성심을 바탕으로 믿음직스러운 인재로 인정받고 특정한 분야에서 전문적인 이력을 쌓으며 성공적인 삶을 살 수 있다.

하지만 부정적으로 결합하면 두려움 많고 융통성이 부족하여 일 처리가 늦으며, 지나치게 몸을 사린다는 인상을 주기 쉽고 너무 원칙만 고집한 나머지 아무 일도 제대로 성사시키지 못하는 사람이라는 비판을 받을 수 있다. 또한 모든 일에 너무 안전 제일주의를 내세우다 적절한 타이밍을 놓쳐 일을 제대로 추진할 수 없게 만들고, 모든 일에 지나치게 깐깐하여 꼰대라는 소리를 들을 수 있다.

충성심 강한 개

PA는 충성심과 지배욕 사이에서 갈등하는 성향이다. 이들은 잘 훈련되는 편이며 원칙을 잘 지키지만, 근본적으론 늘 무리를 지배하고픈 욕망에 시달린다. 그래서 이 두 가지 성향 사이에서 자주 갈등하고 방황한다.

대다수의 PA는 지배욕보다는 충성심을 선호한다. 하지만 아무에게나 충성하지 않는다. 스스로 인정하고 존경할 수 있는 대상에만 충성한다. 이들은 존경하고 충성할 대상을 늘 찾아다닌다. 하지만 그들의 선택은 매우 까다롭다. 자기보다 못한 사람에겐 충성하지 않으며 자기보다 약한 사람에게도 충성하지 않는다. 또 원칙을 저버리는 사람에겐 충성하지 않고 도리를 모르는 사람에게도 충성하지 않는다. 이렇듯 충성의 조건이 많다 보니 쉽게 충성을 바칠 사람을 찾지 못한다.

이들은 또 충성을 바치지 못할 대상에겐 거꾸로 지배하려는 속성이 있다. 이는 마치 자기의 영역과 무리 내부의 서열을 중시하는 들개나 늑대의 성향과 닮았다. 그뿐만 아니라 자기가 충성해야 할 대상이 갑자기 작아 보이거나 형편없어 보이면 오히려 그에게 지배력을 드러낸다. 심한 경우에는 자기가 충성하던 사람을 오히려 적으로 규정하고 끈질기게 싸우기도 한다.

사실 이들이 충성의 대상에 대해 매우 까다롭게 구는 것은 지배욕의 다른 표현이다. 말하자면 완전하게 지배할 능력이 없다면 오히려 지배받아야 한다는 것이다. 이것은 개나 늑대의 지배와 충성 관계와 유사하다.

이런 PA의 심리는 12지 동물에 비유한다면 개와 닮았다. 개는 양기가 많은 동물이라 돌아다니기를 좋아하고 주인에 대한 충성심이 강하며 인상이 밝다. 또한 우두머리 기질도 강하여 자신보다 약한 상대는 지배하려는 속성이 있는데 이런 면이 PA와 유사하다.

③ 리더십

선진국형 리더

PA는 치밀하고 완벽하다. PA가 지배하는 단체는 남에게 흠 잡히는 일을 잘 하지 않는다. 또 이들은 매우 조심스럽고 안전 지 향적이다. 그래서 새로운 일을 추진하는 데는 어려움을 겪는다. 말하자면 속도를 요구하거나 빠른 회전을 요구하는 일이라면 이 들의 리더십이 잘 먹히지 않는다는 뜻이다.

이들은 원칙과 도리를 중시하는 까닭에 자신이 불미스러운 일에 연관되는 것을 몹시 꺼린다. 이런 성향은 리더십에도 고스 란히 드러난다. 부정과 부패가 만연하고 뒷거래가 활발한 곳에선 이들의 리더십은 발휘되기 어렵다. 이들의 리더십은 법이 잘 지켜 지고 원칙이 준수되는 곳에서 십분 발휘될 수 있다.

이들의 리더십은 선진국에 잘 맞다. 하지만 사업처럼 대단한 속도와 빠른 결단을 요구하는 일에는 불리하다. 이런 이들의 리 더십이 잘 발휘되기 위해서는 순간적인 판단력이 뛰어난 CB(소 음인 B형), 현실 감각이 뛰어난 CO(소음인 O형), 일 추진력이 좋은 EO(태음인 O형), 무던하게 자기 직무에 충실한 EB(태음인 B형) 등의 수하들이 필요하다.

만약 PA의 리더십이 제대로 정립되지 않은 상태에서 갑작스 럽게 리더가 된다면 굉장히 위험한 면이 있다. 현실 감각이 떨어 져서 어떤 방향으로 나아가야 할지 감을 잡지 못해 무작정 일을 벌여놓기만 하는 상황이 발생할 수 있다. 이렇게 되면 원칙성이나 도덕성 같은 것이 제대로 지켜지지 못해 스스로 속을 끓이다 무너질 수 있다. 따라서 이들이 리더십을 발휘하기 위해서는 자신이 머물 수 있는 환경을 조성하는 것이 가장 중요하다.

PdA(태양소양 A형)

PdA는 PA를 기본으로 DA가 보조하고 있는 형국으로 PA의 충성심, 해맑음, 배려심 등의 기질을 중심으로 DA의 경쾌함, 다재다능, 화려함 등이 결합한 유형이다.

이들의 외형을 살펴보면 얼굴이 밝고 몸이 날씬하며 상냥한 인상을 풍긴다. 특히 눈이 크고 영롱하다. 하지만 D의 비율이 높을수록 눈이 작아지는 특징이 있다. 기질적으론 상냥하고 밝지만 깐깐하고 원칙을 내세운다. 쉽게 화를 내지는 않지만, 화를 내면 무섭게 내고 성정이 사납다. 이들은 심폐가 크고 튼튼하며 비위도 발달해 있다. 따라서 행동이 신중하고 치밀하다. 음식은 별로 가리지 않지만 비리거나 기름진 것, 너무 단 것은 좋아하지 않는다. 여행을 아주 좋아하고 막힌 곳에 오래 있지 못한다.

그러나 D의 비율이 높아질수록 급하고 경쾌한 성정이 강화되며 뒤끝도 없어진다. 또한 인내심이나 치밀함도 약화된다.

하지만 PdA라고 해서 모두 같은 성격과 행동방식을 나타내는 것은 아니다. 보조 기질 DA의 결합 비율에 따라 다소 다른 양상을 보일 수 있다. 따라서 PdA를 좀 더 세분하여 Pd91A, Pd82A, Pd73A, Pd64A 등 네 가지로 구분하여 이해할 필요가 있다. (Pd91A는 PA와 DA의 비율이 9:1이고, Pd82A는 8:2, Pd73A는 7:3,

Pd64A는 6:4인 경우이다. 이를 확인하기 위해서는 앞의 체질 진단 10가지 항목에서 기본 체질과 보조 체질 비율이 어떠했는지 보면 된다.)

Pd91A는 PA와 거의 유사한 유형이다. 하지만 Pd64A는 PA의 성향이 상당히 줄어들고 PA의 성향이 많이 가미된 유형이라 할 수 있다. 이에 따라 이들의 특징을 정리해본다.

우선 Pd91A는 PA의 특성 90%에 DA의 특성이 10% 정도 더해졌다. PA의 특성이 대부분을 차지하고 DA의 특성은 아주 일부만 차지한다. 특히나 PA가 DA와 같은 양성인 까닭에 Pd91A는 PA의 성격과 거의 일치한다.

Pd82A는 Pd91A보다는 DA의 기질이 더 많아, 경쾌함과 친화력이 더해진 형태다.

Pd73A는 DA의 강한 특징인 경쾌함, 다재다능, 화려함, 다양성 같은 긍정적 면과 오만함, 성급함, 분주함, 자기중심적 등의 부정적 기재가 더해지는 양상을 보이게 된다.

Pd64A는 DA의 기질이 절반 가까이 되는 유형으로 PA의 기본 기질을 기반으로 DA의 경쾌함, 다재다능, 화려함, 다양성, 친화력, 화려함 등의 긍정적 요소와 오만함, 성급함, 분주함, 자기중심적, 인내력 부족, 무책임함 등의 부정적 요소가 가미된다.

이러한 PA와 DA의 화학적 결합이 어떤 형식으로 이뤄지느냐에 따라 인격과 능력이 결정된다. 긍정적으로 결합하면 PA의 충성심, 해맑음, 배려심, 치밀함, 정의감, 원칙주의, 준비성 등에 DA의 경쾌함, 다재다능, 다양성, 친화력, 화려함 등이 결합하여 대단한 시너지 효과를 일으키며 치밀하면서도 다양한 능력을 드러내게 된다.

하지만 부정적으로 결합한다면 PA의 두려움, 답답함, 불안감, 느림, 과한 공격성 등에 DA의 성급함, 인내력 부족, 무책임함, 분주함 등이 불협화음을 일으켜 융통성 없고 자기중심적인 행동을 일삼는 인격을 형성하게 될 것이다.

PcA(태양소음 A형)

PcA는 PA를 기본으로 CA가 보조하고 있는 형국으로 PA의 충성심, 해맑음, 치밀함 등의 기질을 중심으로 CA의 온화함, 배려심, 냉철함 등이 결합한 유형이다.

이들의 외형적 특징을 살펴보면 대개 날씬하거나 덩치가 작은 편이다. 통통하더라도 키가 작거나 키가 조금 크더라도 살이 찌지 않는 특징을 보인다. 다만 얼굴은 다소 차갑게 보이고, 눈이 크고 영롱하며 피부가 탄탄하여 주름살이 잘 생기지 않는다.

이들은 첫인상이 차가운 탓에 사람들이 쉽게 접근하기 힘들다. 하지만 막상 대해보면 매우 친절하고 다정다감하며 충성심이 매우 높다. 모든 일에 적극적인 편이지만 남 앞에 나서는 것을 썩 좋아하지는 않는다. 되도록 앞에 나서지 않고 일을 보좌하거나 도움을 주는 것을 선호한다. 계획 없이 함부로 일을 추진하지도 않지만 일을 추진하면 매우 끈질기게 진행하여 완성한다. 하지만 한꺼번에 여러 가지 일을 하는 것을 좋아하지 않는다. 고집이 세지만 매사에 매우 신중하고 침착하며 기분에 따라 행동하는 일은 거의 없다.

그러나 CA의 비율이 늘어날수록 화가 나면 꽁하고 말을 하지 않는 성향이 강해진다. 이들은 심폐가 발달했지만 위장이 약한 경우가 많아 자주 체하거나 차멀미를 하는 경우가 많으며, 여행 중에 쉽게 체력이 고갈되는 경향을 보인다. 이런 현상은 CA의 비율이 높아질수록 심해진다.

하지만 PcA라고 해서 모두 같은 성격과 행동방식을 보이진 않는다. 기본 기질(PA)과 보조 기질(CA)의 결합 비율에 따라 다소 다른 양상을 보일 수 있다. 따라서 PcA를 좀 더 세분하여 Pc91A, Pc82A, Pc73A, Pc64A 등 네 가지로 구분하여 이해할 필요가 있다. (Pc91A는 PA와 CA 비율이 9:1이고, Pc82A는 8:2, Pc73A는 7:3, Pc64A는 6:4인 경우이다.)

따라서 Pc91A는 PA와 거의 유사한 유형이다. 하지만 Pc64A는 PA의 성향이 상당히 줄어들고 CA의 성향이 더 가미된 유형이다. 이에 따라 달라지는 이들의 특징을 정리하면 다음과 같다.

우선 Pc91A는 PA의 특성 90%에 CA의 특성이 10% 정도 더해졌다. PA의 특성이 대부분을 차지하고 CA의 특성은 아주 일부만 차지한다. 하지만 CA의 특성이 전혀 영향을 끼치지 않는 것은 아니다. 특히 CA의 가장 두드러지는 특징인 소심함과 겁 많은 성향이 작용할 가능성이 높다.

Pc82A는 Pc91A보다는 CA의 기질이 더 많아져서 소심함과 겁 많음에 이어 CA의 또 다른 기질인 온화함과 배려심이 추가된 형태다.

Pc73A는 CA형의 강한 특징인 소심함, 겁 많음, 온화함, 효율성 기질에 이어 효율성이나 옹졸함이 더해진 형태다.

Pc64A는 CA형의 기질이 절반 가까이 차지하는 형태로써 PA의 기본 성격을 기반으로 CA의 긍정적 요소인 온화함, 배려심, 효율성, 냉철함, 사려 깊음과 부정적 요소인 소심함, 겁 많음, 옹졸함, 게으름, 낯가림, 미루기 등이 복합적으로 작용한다.

이러한 PA와 CA의 화학적 결합이 어떤 형식으로 이뤄지느냐에 따라 인격과 능력이 결정된다. 긍정적으로 결합하면 PA의 충성심, 해맑음, 배려심, 치밀함, 정의감, 원칙주의, 준비성 등에 CA의 온화함, 효율성, 냉철함, 사려 깊음이 시너지 효과를 일으킬 수 있다. 도덕적이면서 온화하고 치밀한 능력을 발휘하고 주변을 정의로운 환경으로 만드는 인격을 드러내게 될 것이다.

하지만 부정적으로 결합한다면 PA의 두려움, 답답함, 불안감, 느림, 과한 공격성 등에 CA의 소심함, 겁 많음, 옹졸함, 게으름, 낯가림, 미루기 등이 불협화음을 일으키며 두려움 많고 옹졸한 인격을 형성하게 된다.

PeA(태양태음 A형)

PeA는 PA를 기본으로 EA가 보조하고 있는 형국으로 PA의 충성심, 해맑음, 치밀함 등의 기질을 중심으로 EA의 여유로움, 포용성, 온화함 등이 결합한 유형이다.

이들의 외형적 특징을 살펴보면 대개 키가 크거나 통통하고 덩치가 있는 편이다. 이들 중에는 아주 뚱뚱한 사람도 있다. 대개 눈이 크고 얼굴에 주름이 없으며, 근엄한 인상을 풍긴다. 필요한 말 이외의 말은 하지 않는 편이며 함부로 나서는 것을 좋아하지 않는다.

일에 있어서는 끈질긴 편이며 여러 가지 일을 동시에 하는 것을 좋아하지 않는다. 기질은 옹졸하지 않고 배포가 큰 편이며 느긋한 측면도 있다. 기분에 따라 행동하는 일은 별로 없고 항상 무겁고 진중하다.

이들은 비위가 발달했고 심폐가 크며 간까지 튼튼한 사람들이어서 못 먹는 음식이 거의 없다. 다만 비리거나 기름기가 많은 음식은 싫어하며 해산물류를 특히 좋아한다. 또한 술을 좋아하는 사람이 많고 모임을 즐긴다. 하지만 너무 많은 사람이 모이는 분주한 곳은 좋아하지 않는다. 이들은 여행도 매우 즐기고, 닫힌 공간에 오래 있는 것은 크게 좋아하지 않는다. 하지만 마음에 드는 곳엔 아주 오래 머물기도 한다.

하지만 PeA라고 해서 모두 같은 성격과 행동방식을 나타내는 것은 아니다. 기본 기질(PA)과 보조 기질(EA)의 결합 비율에 따라 다소 다른 양상을 보일 수 있다. 따라서 PeA를 좀 더 세분하여 Pe91A, Pe82A, Pe73A, Pe64A 등 네 가지로 구분하여 이해할 필요가 있다. (Pe91A는 PA와 EA 비율이 9:1이고, Pe82A는 8:2, Pe73A는 7:3, Pe64A는 6:4인 경우이다.)

따라서 Pe91A는 PA와 거의 유사한 유형이라 할 수 있다. 하지만 Pe64A는 PA의 성향이 상당히 줄어들고 EA의 성향이 많이 가미된 유형이다. 이에 따라 이들의 특징을 정리해본다.

우선 Pe91A는 PA의 특성 90%에 EA의 특성이 10% 정도 더해져서 PA의 특성이 대부분 차지하고 EA의 특성은 아주 일부만 차지한다. 하지만 EA의 특성이 전혀 영향을 끼치지 않는 것은 아니다. 특히 EA의 가장 두드러지는 특징인 여유로움과 포용성이 작용할 가능성이 높다. 외형상으로 살집이 있는 편이다.

Pe82A는 Pe91A보다는 EA의 기질이 더 많아져서 여유로움과 포용성에 이어 EA의 또 다른 기질인 온화함과 친절함이 추가된 형태다. 또한 살집이 늘고 물 먹는 양과 땀도 늘어나는 경향을 띤다.

Pe73A는 EA의 강한 특징인 여유로움, 포용성, 온화함, 친절함 기질에 지속성이나 우유부단함이 더해진 형태다. 심지어 매우 태평스러운 경향도 보인다.

Pe64A는 EA의 기질이 절반 가까이 차지하는 형태로써 PA의 기본 성격을 기반으로 EA의 긍정적 요소인 여유로움, 포용성, 온화함, 친절함과 부정적 요소인 우유부단, 유약함, 느림, 눈치 없음 등이 복합적으로 작용한다.

이러한 PA와 EA의 화학적 결합이 어떤 형식으로 이뤄지느냐에 따라 인격과 능력이 결정된다. 긍정적으로 결합하면 PA의 충성심, 해맑음, 배려심, 치밀함, 정의감, 원칙주의, 준비성 등에 EA의 여유로움, 포용성, 온화함, 친절함 등이 시너지 효과를 일으키며 무게 있고 충성스러우면서 여유를 잃지 않는 인격을 드러내게 될 것이다.

하지만 부정적으로 결합한다면 PA의 두려움, 답답함, 불안감, 느림, 과한 공격성 등에 EA의 우유부단, 유약함, 느림, 눈치 없음, 언변 부족 등이 불협화음을 일으키며 갑갑하고 고집스러우며 공격적인 인격을 형성하게 될 것이다.

PA의 성격유형은 PA의 세 가지 자기 기질인 PdA, PcA, PeA
와 네 가지 두뇌유형 L(논리형), U(실리형), J(명분형), S(감성형)의 결
합을 통해 12가지가 만들어진다.

　PdA 계열 - PdAL, PdAU, PdAJ, PdAS

　PcA 계열 - PcAL, PcAU, PcAJ, PcAS

　PeA 계열 - PeAL, PeAU, PeAJ, PeAS

배우자를 선택할 때는 체질과 기질 그리고 두뇌유형을 모두
고려해야 한다. 체질과 기질은 멀수록 좋고, 두뇌유형은 가까울
수록 좋다. 이성 관계에서 체질과 기질은 반대인 사람에게 끌리
게 되어 있지만 끌린다고 해서 반드시 좋은 배우자가 될 수 있는
것은 아니다. 또 그런 배우자와 결혼했다고 해서 반드시 결혼 생
활이 무난한 것도 아니다.

끌림이 있고 난 뒤에 갈등이 적어야 한다. 갈등은 대개 문제
에 접근하고 해결하는 방식에서 비롯되는 경우가 많은데 이러한
갈등은 대개 두뇌유형의 차이로 일어난다. 말하자면 두뇌유형이
비슷할수록 갈등이 일어날 확률이 낮아진다는 뜻이다. 따라서
가장 적절한 배우자는 체질과 기질이 가장 멀고 두뇌유형은 같
은 상대여야 한다.

PA는 태양인의 하나여서 일단 소음인(C)을 가장 선호한다.
태양인은 남을 돕는 것을 좋아하고 누군가를 섬기는 것을 좋아

한다. 또한 자신은 외향적이면서 신중한 성향인 탓에 내성적이면서 비밀스러운 구석이 있는 대상을 좋아한다. 소음인처럼 약해 보이고 자존심이 강하며 속내를 잘 알 수 없고 신비스러운 구석이 있는 소음인에게 선천적으로 끌린다.

하지만 혈액형이 같은 A형 소음인(CA)에게는 끌림이 약할 수 있다. 또한 O형 혈액형은 양면성이 강해서 A형보다는 부딪칠 우려가 많다. 따라서 PA에게는 CB가 가장 잘 어울리고, 다음으로 CO, 그리고 그 다음으로 CA가 잘 어울린다.

소음인 다음으로 PA가 끌리는 체질은 태음인이다. 태음인의 순서도 혈액형에 따라 순위가 정해진다. 따라서 태음과의 배우자 적합도 순서는 EB, EO, EA가 될 것이다. 그리고 태양인과 소양인은 서로 상극이어서 소양인에 해당하는 기질유형은 모두 배제되고, 또 태양인은 같은 태양인에게 매력을 느끼지 못하므로 이 역시 제외된다.

두뇌유형은 같을 때 가장 좋고, 가까울수록 좋다. 두뇌유형 사이의 선호도와 갈등 관계에 대해서는 1부를 참조하기 바란다.

PdA계열

PdAL(태양소양 A형 논리형 두뇌) : PdA 기질과 논리형(L) 두뇌가 결합한 성격유형으로 긍정적으로 결합하면 치밀하고 일 처리가 명료하고 언변이 뛰어나다. 하지만 부정적으로 결합하면 일 진척이 느리고 고집스럽고 실용성이 부족한 특징을 보일 수 있다.

1순위	CeBL CpBL CdBL	2순위	CeOL CpOL CdOL
3순위	CeAL CpAL CdAL	4순위	EcBL EpBL EdBL
5순위	EcOL EpOL EdOL	6순위	EcAL EpAL EdAL

이는 기본 기질과 보조 기질 그리고 두뇌유형을 세밀하게 따져서 내린 결론이다. PdA는 기본 기질(PA)이 태양인이면서 A형이기에 CB와 가장 잘 맞는다. 보조 기질(DA)은 소양인 A형이므로 EB와 가장 잘 어울린다. 또한 같은 두뇌유형을 선호해서 PdAL에겐 CeBL이 가장 좋은 배우자감이다. 1순위 그룹의 CpBL, CdBL이 그 다음 순위를 잇는 것도 이런 원칙이고, 2순위 그룹부터 6순위 그룹까지의 형성 과정도 마찬가지다.

PdAU(태양소양 A형 실리형 두뇌) : PdA 기질과 실리형(U) 두뇌가 결합한 성격유형으로 긍정적으로 결합하면 치밀하고 일 처리가 명료하고 현실적이면서 실리적인 추진력이 있다. 하지만 부정적으로 결합하면 일 진척이 느리고 고집스러우면서 결과만 중시하는 특징을 보일 수 있다.

PdAU 적절한 배우자

1순위	CeBU CpBU CdBU	2순위	CeOU CpOU CdOU

3순위	CeAU CpAU CdAU	4순위	EcBU EpBU EdBU
5순위	EcOU EpOU EdOU	6순위	EcAU EpAU EdAU

PdAJ(태양소양 A형 명분형 두뇌) : PdA 기질과 명분형(J) 두뇌가 결합한 성격유형으로 긍정적으로 결합하면 치밀하고 일 처리가 명료하고 객관적이면서 분명한 가치관에 입각하여 일을 처리하는 특징을 보인다. 하지만 부정적으로 결합하면 일 진척이 느리고 고집스러우면서 허례와 명분만 따지는 특징을 보일 수 있다.

PdAJ 적절한 배우자

1순위	CeBJ CpBJ CdBJ	2순위	CeOJ CpOJ CdOJ
3순위	CeAJ CpAJ CdAJ	4순위	EcBJ EpBJ EdBJ
5순위	EcOJ EpOJ EdOJ	6순위	EcAJ EpAJ EdAJ

PdAS(태양소양 A형 감성형 두뇌) : PdA 기질과 감성형(S) 두뇌가 결합한 성격유형으로 긍정적으로 결합하면 치밀하고 일 처리가 명료하고 매우 예술적이고 독창적인 능력을 드러낸다. 하지만 부정적으로 결합하면 일 진척이 느리고 고집스러우면서 오만하고 자기중심적인 행동을 일삼는 특징을 보일 수 있다.

1순위	CeBS CpBS CdBS	2순위	CeOS CpOS CdOS
3순위	CeAS CpAS CdAS	4순위	EcBS EpBS EdBS
5순위	EcOS EpOS EdOS	6순위	EcAS EpAS EdAS

PcA 계열

PcAL(태양소음 A형 논리형 두뇌) : PcA 기질과 논리형(L) 두뇌가 결합한 성격유형으로 긍정적으로 결합하면 책임감 강하고 치밀하면서 세심하며 언변이 뛰어나다. 하지만 부정적으로 결합하면 느리고 폐쇄적이면서 실용성이 부족할 수 있다.

PcAL 적절한 배우자

1순위	CpBL CdBL CeBL	2순위	CpOL CdOL CeOL
3순위	CpAL CdAL CeAL	4순위	EpBL EdBL EcBL
5순위	EpOL EdOL EcOL	6순위	EpAL EdAL EcAL

PcAU(태양소음 A형 실리형 두뇌) : PcA 기질과 실리형(U) 두뇌가 결합한 성격유형으로 긍정적으로 결합하면 책임감 강하고 치밀하면서 세심하며 현실적이고 추진력이 뛰어나다. 하지만 부정적으로 결합하면 느리고 폐쇄적이면서 결과만 중시할 수 있다.

PcAU 적절한 배우자

1순위	CpBU CdBU CeBU	2순위	CpOU CdOU CeOU
3순위	CpAU CdAU CeAU	4순위	EpBU EdBU EcBU
5순위	EpOU EdOU EcOU	6순위	EpAU EdAU EcAU

PcAJ(태양소음 A형 명분형 두뇌) : PcA 기질과 명분형(J) 두뇌가 결합한 성격유형으로 긍정적으로 결합하면 책임감 강하고 치밀하면서 세심하며 객관적이고 분명한 가치관에 입각하여 일을 처리하는 특징을 보인다. 하지만 부정적으로 결합하면 느리고 폐쇄적이면서 허례와 명분만 따지는 특징을 보일 수 있다.

PcAJ 적절한 배우자

1순위	CpBJ CdBJ CeBJ	2순위	CpOJ CdOJ CeOJ
3순위	CpAJ CdAJ CeAJ	4순위	EpBJ EdBJ EcBJ
5순위	EpOJ EdOJ EcOJ	6순위	EpAJ EdAJ EcAJ

PcAS(태양소음 A형 감성형 두뇌) : PcA 기질과 감성형(S) 두뇌가 결합한 성격유형으로 긍정적으로 결합하면 책임감 강하고 치밀하면서 세심하며 예술적이고 창조적인 특징을 보인다. 하지만 부정적으로 결합하면 느리고 폐쇄적이면서 오만하고 개념 없는 특징을 보일 수 있다.

1순위	CpBS CdBS CeBS	2순위	CpOS CdOS CeOS
3순위	CpAS CdAS CeAS	4순위	EpBS EdBS EcBS
5순위	EpOS EdOS EcOS	6순위	EpAS EdAS EcAS

PeA 계열

PeAL(태양태음 A형 논리형 두뇌) : PeA 기질과 논리형(L) 두뇌가 결합한 성격유형으로 긍정적으로 결합하면 책임감이 강하고 치밀하면서도 포용력 있고 언변이 뛰어나다. 하지만 부정적으로 결합하면 느리고 눈치가 없으며 실용성이 부족한 특징을 보일 수 있다.

PeAL 적절한 배우자

1순위	CdBL CpBL CeBL	2순위	CdOL CpOL CeOL
3순위	CdAL CpAL CeAL	4순위	EdBL EpBL EcBL
5순위	EdOL EpOL EcOL	6순위	EdAL EpAL EcAL

PeAU(태양태음 A형 실리형 두뇌) : PeA 기질과 실리형(U) 두뇌가 결합한 성격유형으로 긍정적으로 결합하면 책임감이 강하고, 치밀하면서도 포용력 있고, 현실적이며 추진력이 있다. 하지만 부

정적으로 결합하면 느리면서 눈치 없고 결과만 중시하는 특징을
보일 수 있다.

PeAU 적절한 배우자

1순위	CdBU	CpBU	CeBU	2순위	CdOU	CpOU	CeOU
3순위	CdAU	CpAU	CeAU	4순위	EdBU	EpBU	EcBU
5순위	EdOU	EpOU	EcOU	6순위	EdAU	EpAU	EcAU

PeAJ(태양태음 A형 명분형 두뇌) : PeA 기질과 명분형(J) 두뇌가
결합한 성격유형으로 긍정적으로 결합하면 책임감 강하고 치밀
하면서도 포용력 있고 분명한 가치관에 입각하여 일을 처리하는
특징을 보인다. 하지만 부정적으로 결합하면 느리고 눈치 없고
허례와 명분만 따지는 특징을 보일 수 있다.

PeAJ 적절한 배우자

1순위	CdBJ	CpBJ	CeBJ	2순위	CdOJ	CpOJ	CeOJ
3순위	CdAJ	CpAJ	CeAJ	4순위	EdBJ	EpBJ	EcBJ
5순위	EdOJ	EpOJ	EcOJ	6순위	EdAJ	EpAJ	EcAJ

PeAS(태양태음 A형 감성형 두뇌) : PeA 기질과 감성형(S) 두뇌가
결합한 성격유형으로 긍정적으로 결합하면 책임감 강하고 치밀

하면서도 포용력 있고 예술적이면서 독창적인 능력을 드러낸다.
하지만 부정적으로 결합하면 느리고 눈치 없으며 오만하고 자기
중심적인 행동을 일삼는 특징을 보일 수 있다.

PeAS 적절한 배우자

1순위	CdBS CpBS CeBS		2순위	CdOS CpOS CeOS	
3순위	CdAS CpAS CeAS		4순위	EdBS EpBS EcBS	
5순위	EdOS EpOS EcOS		6순위	EdAS EpAS EcAS	

태양인 O형 -PO

기질과 성격유형

다혈질의 지배자

신세계를 지향하는 용

도전정신 강한 개척자

PO 타입은 태양인이면서 O형 혈액형인 사람을 지칭한다. PO를 이해하기 위해서는 앞에서 설명한 태양인의 특징부터 이해해야 한다. 더불어 O형 혈액형의 기질적 특징을 알 필요가 있다. PO는 태양인의 특징과 O형 혈액형의 기질이 화학적으로 결합하여 새로운 양상을 드러낸다.

① 성격

다혈질의 지배자

PO는 태양인의 무겁고 신중한 특성에다 O형 혈액형의 다혈질 성향과 관용적 성향이 혼합된 형질이다. 태양인 중에서 가장 이중적인 성향이 강하고 정서적인 기복도 심하다.

이들의 외형은 윤곽이 뚜렷하고 다소 남성적인 느낌을 강하게 풍긴다. 성격적으론 매우 활발한 편이지만 의외로 주변 사람들을 많이 의식하는 편이다. 특히 권위 있는 사람의 말 한마디가 이들의 행동을 좌우할 때가 많다.

이들은 평소엔 순한 편이지만 상대가 자신을 공격하거나 비판하면 매우 맹렬한 태도를 취한다. 또 누군가에게 무시당했다는 느낌이 들면 앞뒤 가리지 않고 덤벼드는 경향이 있다. 이들 중에는 성격이 급하고 소리를 크게 질러대는 사람이 많다.

이들은 자기가 호감을 지닌 사람에 대해서는 유달리 보호의식이 강하다. 그래서 자기와 친한 사람이 곤경에 처했거나 누군가로부터 공격을 당하고 있으면 마치 자기 일처럼 나서서 싸우는 경우가 많다. 때론 이런 성향이 너무 강하여 오히려 지인을 곤란하게 만드는 경우도 있다.

이들은 지배력이 강한 형질이라 남 앞에 나서기를 좋아하고 우두머리 자리를 마다하지 않는다. 대신 남에게 복종하고 지배받는 일은 잘 못한다. 또한 원칙을 어기거나 자기가 알고 있는 상식과 다른 행동을 하는 것을 그냥 두고 보지 못한다. 졸병 생활을 잘 못하는 경우가 많고 상사와 언쟁을 벌이는 경우도 잦다. 다만 자신이 확실히 인정하는 상관에 대해서는 충성심이 매우 강하다.

이들은 비록 여자라고 해도 기질적으로 남성적인 성향이 강하다. 그래서 PO 여자아이들은 남자아이들과 어울려 놀기를 좋아하고 그들이 하는 행동을 따라 하는 경향이 있다. 장난감을 가지고 놀아도 칼이나 총, 로봇 등을 선호한다.

하지만 PO 여자들도 다른 태양인 여자들과 마찬가지로 깜짝깜짝 잘 놀라는 경향이 있고, 흉물스러운 모습이나, 벌레, 무서운 느낌을 잘 견디지 못한다. 공포 영화나 가혹한 폭력이 많은 영화를 잘 보지 못한다.

PO 남자들은 인격이 제대로 형성되지 않으면 독단적인 성격을 갖기 쉽다. 심지어 자기 말이 곧 법이라고 생각하는 유아독존형 성격도 자주 발견된다. 융통성이 없다는 소리를 자주 듣는 이유다.

하지만 인격이 갖춰지면 태양인 중에서 가장 용기 있고 공사가 분명한 사람들이 된다. 이들은 능력 있는 사람을 인정할 줄 알고, 비록 잘못을 저질렀더라도 진심으로 반성하면 문제 삼지 않는 아량이 있다. 또한 정의감이 강하고 원칙을 준수하며 희생정신이 남다르다.

이들은 태양인 중에서도 가장 솔직한 형질이다. 거짓말을 잘하지 못하고 거짓말을 하면 금세 얼굴에 드러난다. 마음이 무거우면 얼굴이 몹시 침울해 보이고 가깝지 않은 사람과 말을 할 때 딱딱하거나 차가운 느낌을 준다. 그래서 친해지기 힘들다는 느낌이 많이 든다. 하지만 실제론 쉽게 마음을 터놓고 빨리 친해지는 편이다. 또 싫어하는 사람에 대해서는 확실한 태도를 보여 적이 많은 편이다.

그래서 이들은 인간관계가 매우 극단적이다. 좋아하는 사람은 아주 좋아하고 싫어하는 사람은 몹시 싫어한다. 거기다 싫어하는 사람에겐 노골적으로 싫다는 느낌을 풍겨 분위기를 자주 흐려놓는다.

이들은 겉으론 강해 보이지만 의외로 눈물이 많고, 한 번 울면 매우 큰 소리로 울며 눈물도 펑펑 쏟아놓는다. 그래서 PO 아이들은 부당한 일로 꾸지람을 듣거나 무슨 일을 억지로 강요받았을 때 갑작스럽게 울음을 터뜨리곤 한다. 이때는 여간해서 설득이 되지 않으며 터무니없는 고집을 부려 부모 속을 뒤집어놓는 경우가 많다.

이들은 농담을 잘하지 못하며 때론 농담도 진담으로 받아들이는 경향이 있다. 센스가 없다는 소리를 듣기 십상이고, 마음에 여유가 없다는 소리도 자주 듣는다.

이런 성향들이 긍정적으로 결합하면 매우 밝은 에너지를 기반으로 정의롭고 용기 있으며 배려심 많은 사람으로 평가받을 수 있다. 또한 도덕적인 인격을 바탕으로 신뢰 깊은 인간관계를 형성할 수 있다. 추진력 있는 인재로 인정받고 특정한 분야에서 전문적인 이력을 쌓으며 성공적인 삶을 살 수 있다.

하지만 부정적으로 결합하면 감정적이고 융통성이 부족하여 불협화음을 많이 일으키며 지나치게 공격적이라는 인상을 주기 쉽다. 너무 원칙과 도덕성만 고집한 나머지 아무 일도 제대로 성사시키지 못하는 사람이라는 비판을 받을 수 있다. 또한 모든 일에 너무 저돌적으로 덤비다 일을 망쳐놓기 십상이고 적을 많이 양산한다는 소리를 들을 수 있다.

② 심리

신세계를 지향하는 용

PO는 늘 새로운 세계를 동경한다. 이를테면 '신세계 지향형'이라고 할 수 있다. 하나의 일을 너무 오랫동안 붙잡고 있는 것을 좋아하지 않으며 같은 일을 반복하는 것도 싫어한다. 그런 까닭에 자주 변모하고 화려함을 추구하는 면을 갖는다.

또 이들의 심리 속엔 남성 지향적 성향이 많다. 누군가를 보호하려는 심리가 강하고 우두머리가 되고자 하는 의욕도 강하다. 그래서 친구나 형제, 또는 부모에 대해 남다른 보호 의식을 갖는다. 이런 의식은 때때로 매우 인정 많고 남을 배려하는 행동으로 드러난다. 심지어 이런 마음이 너무 강해 손해 보는 일도 마다하지 않는 경우도 있다.

이런 심리를 12지 동물에 비유한다면 용의 성향과 닮았다고 할 수 있다. 용이란 동물은 상상을 통해 만들어낸 것으로서 물 속에 있거나 하늘을 나는 등 인간이 보지 못하는 곳에 머무르는 존재다. 또한 용은 인간을 다스리는 왕을 상징하고 하늘을 지배하는 존재이기도 하다. 어디든지 갈 수 있고, 어디서든 지배자가 될 수 있다. 행동이 화려하고 지배력이 강하며 때론 엄청난 분노를 드러내기도 하고 때론 여의주를 안겨 세상을 구제하기도 하는데, 이런 면들이 PO의 심리와 유사하다.

③ 리더십

도전정신 강한 개척자

PO가 리더가 되면 새로운 일을 개척하는 경우가 많다. 이들은 남이 미처 해보지 못한 일에 과감하게 도전하는 정신이 매우 강하기 때문이다. 하지만 막상 일을 시작할 땐 매우 신중하고 치밀하며 성실하다. 도전은 잘하지만 일의 속도는 느린 편이다.

이들은 하나의 일을 진행하고 있을 때 다른 일이 닥치면 당황한다. 이들이 리더가 됐을 땐 일을 순차적으로 진행하는 시스템을 갖춰야 한다.

이들은 조직에 대한 장악력이 강하고 자신에게 비판적인 인물을 잘 참지 못하는 경향이 있다. 일과 관련 없는 문제를 야기하는 것을 좋아하지 않고 잡담이나 잡기도 싫어한다. 따라서 이들을 리더로 둔 부하들은 잡담을 즐기거나 잡기를 가까이 하지 않는 것이 좋다.

이들은 한 번 눈 밖에 난 인물은 다시 기용하지 않는다. 반대로 마음에 든 사람은 오래도록 곁에 두며 쉽게 내치거나 배반하지 않는다.

이런 PO의 리더십이 제대로 발휘되기 위해서는 처세술에 능하고 현실 파악 능력이 뛰어난 CB(소음인 B형), 세세한 일을 잘 챙기며 살림꾼 노릇을 잘하는 CA(소음인 A형), 양순하며 성실하게 자기 임무에 충실한 EA(태음인 A형) 등의 도움을 받아야 한다.

④ 3가지 기질별 특징

PdO(태양소양 O형)

PdO는 PO를 기본으로 DO가 보조하고 있는 형국으로 PO의 엄격성과 치밀성, 과감성 등의 기질을 중심으로 DO의 공격성, 감정적, 화끈함 등이 결합한 유형이다.

이들은 외형적으로 살이 잘 찌지 않고 눈이 큰 편이며, 눈빛이 영롱하면서 강렬한 사람들이다. 위장은 튼튼하고 폐활량도 좋아 활동성이 강하고 음식을 즐긴다. 또한 여행을 좋아하고 새로운 곳에 대한 동경심이 강하다. 작고 폐쇄된 곳에 갇혀 있으면 불안감이 증폭된다. 용기가 있고 의협심이 강하지만 의외로 벌레를 두려워하고 공포물을 잘 보지 못하는 경향이 있다. 때론 공포물을 보다 자신도 모르게 비명을 지르기도 한다.

기질적으론 이들은 평소엔 신중하고 순한 편이지만 상대가 자신을 공격하거나 비판하면 매우 맹렬한 태도를 취한다. 하지만 상대가 잘못을 인정하고 고개를 숙이면 이내 화를 풀고 상대를 화끈하게 용서한다.

이들은 기본적으로 신중하고 꼼꼼한 성격의 소유자다. 그래서 일을 할 때 다양한 자료를 찾아보고 확신이 들 때까지 쉽게 행동으로 옮기지 않는다. 확신이 들면 빠르게 추진하여 결과를 도출해낸다.

동시에 여러 가지 일이 닥칠 땐 매우 힘들어하고 짜증을 많이 낸다. 또한 함께 일을 하는 동료가 제대로 일을 못할 경우 그에 대해 무시하는 태도를 보인다.

이들은 때에 따라서 꼼꼼함을 상실하고 매우 성급한 결정을 내릴 때도 많다. 어떤 특별한 경험을 맹신하고 결정의 근거로 삼기 때문이다. 자신이 매우 신뢰하거나 사회적으로 명망이 있는 사람의 말을 맹신하는 경향도 있다. 또한 한 번 믿으면 쉽게 생각을 바꾸지 않으며 이럴 경우 앞뒤 상황을 자세히 체크하지 않고 바로 행동에 돌입하는 경우가 많다.

이들은 태도가 돌변하는 경우도 종종 있다. 신뢰하고 있던 대상이나 지식에 대해 반대의 정보를 접할 때 일어나는 현상인데 이럴 경우 자신이 평소에 가지고 있는 신념을 단번에 내팽개치는 경향을 보인다.

하지만 PdO라고 해서 모두 같은 성격과 행동방식을 타나내는 것은 아니다. 기본 기질(PO)과 보조 기질(DO)의 결합 비율에 따라 다소 다른 양상을 보일 수 있다. 따라서 PdO를 좀 더 세분하여 Pd91O, Pd82O, Pd73O, Pd64O 네 가지로 구분하여 이해할 필요가 있다. (Pd91O는 PO와 DO 비율이 9:1이고, Pd82O는 8:2, Pd73O는 7:3, Pd64O는 6:4인 경우이다. 이를 확인하기 위해서는 앞의 체질 진단 10가지 항목에서 기본 체질과 보조 체질 비율이 어떠했는지 보면 된다.)

따라서 Pd91O는 PO와 거의 유사한 유형이다. 하지만 Pd64O는 PO의 성향이 상당히 줄어들고 DO의 성향이 많이 가미된 유형이다. 이에 따라 이들의 특징을 정리해본다.

우선 Pd91O는 PO의 특성 90%에 DO의 특성이 10% 정도 더해져서 PO의 특성이 대부분을 차지하고 DO의 특성은 아주 일부만 차지한다. 특히나 태양 PO가 소양 DO와 같은 양성인 까닭에 Pd91O는 PO의 성격과 거의 일치한다.

Pd82O는 Pd91O보다는 DO의 기질이 더 많아져 공격성과 화끈한 기질이 추가된 형태다.

Pd73O는 DO형의 강한 특징인 공격성, 화끈함 이외에 진취성과 다양성 같은 긍정적 면과 성급함, 감정적, 공격성 등의 부정적 기제가 더해지는 양상을 보이게 된다.

Pd64O는 DO형의 기질이 절반 가까이 차지하는 형태로써 PO의 기본 성격을 기반으로 DO의 행동력, 추진력, 화끈함, 진취성, 다양성, 포용력 등의 긍정적 요소와 성급함, 무책임, 감정적, 공격성, 돌발성 등의 부정적 요소가 가미된다.

이러한 PO와 DO의 화학적 결합이 어떤 형식으로 이뤄지느냐에 따라 인격과 능력이 결정된다. 긍정적으로 결합하면 PO의 치밀함, 엄격성, 정의감, 원칙주의, 과감성 등에 DO의 행동력과 추진력, 진취성, 다양성, 포용력 등이 결합하여 대단한 시너지 효과를 일으켜 치밀하면서 정의감 넘치며 뛰어난 추진력과 다양성을 갖춘 인격을 드러낼 것이다.

하지만 부정적으로 결합한다면 PO의 고집스러움, 지나친 불안감, 과한 공격성, 저돌성, 감정적 경향 등에 DO의 성급함, 인내력 부족, 무책임함, 감정적, 공격성 등이 불협화음을 일으켜 비합리적이고 고집스러우며 감정적인 행동을 일삼아 항상 갈등을 유발하는 인격을 형성하게 될 것이다.

PcO(태양소음 O형)

PcO은 PO를 기본으로 CO가 보조하고 있는 형국으로 PO의 엄격성과 치밀성, 과감성 등의 기질을 중심으로 CO의 사려 깊음, 효율성, 세심함 등이 결합한 유형이다.

이들의 외형적 특징을 살펴보면 대개 날씬하거나 덩치가 작은 편이다. 혹 통통하더라도 키가 작거나 키가 조금 크더라도 매우 날씬한 특징을 보인다. 하지만 눈은 크고 눈빛은 밝고 영롱하다. 이들은 위가 약하고 자주 체하는 경향이 있으며 멀미를 하는 경우가 많다. 그럼에도 여행을 좋아하며 새로운 곳을 가는 것을 즐긴다. 폐쇄된 곳에서도 비교적 잘 견딘다.

이들도 PO들과 마찬가지로 벌레와 같이 징그러운 것을 대하는 것을 몹시 싫어하지만 공포물을 보는 것은 크게 두려워하지 않는다. 오히려 이들은 무서운 놀이시설을 이용하는 것 등 안전을 위협하는 것에 대한 공포가 많다. 이들은 번지 점프와 같이 무서운 놀이시설을 이용하는 것은 자제하는 것이 좋다.

이들은 사교성이 좋지만 한 번에 너무 많은 사람을 사귀는 것을 싫어하며, 호불호가 분명하여 한 번 돌아선 사람이나 일에 대해서는 다시는 만나지 않으려는 경향이 강하다.

모든 일에 적극적인 편이고 나서기를 좋아하지만 책임감도 강하다. 또한 집요하고 끈질기며 뒤끝이 길다. 고집스럽거나 옹졸한 면도 많지만 근본적으로 남에게 베푸는 것을 좋아하고 약한 대상에 대한 연민이 강하다.

하지만 PcO라고 해서 모두 같은 성격과 행동방식을 나타내는 것은 아니다. 기본 기질(PO)과 보조 기질(CO)의 결합 비율에 따라 다소 다른 양상을 보일 수 있다. 따라서 PcO를 좀 더 세분하여 Pc91O, Pc82O, Pc73O, Pc64O 등 네 가지로 구분하여 이해할 필요가 있다. (Pc91O는 PO와 CO 비율이 9:1이고, Pc82O는 8:2, Pc73O는 7:3, Pc64O는 6:4인 경우이다.)

따라서 Pc91O는 PO와 거의 유사한 유형이다. 하지만 Pc64O는 PO의 성향이 상당히 줄어들고 CO 성향이 많이 가미된다. 이에 따라 이들의 특징을 정리해본다.

우선 Pc91O는 PO의 특성 90%에 CO의 특성이 10% 정도 더해져 PO의 특성이 대부분 차지하고 CO의 특성은 아주 일부만 차지한다. 특히 CO의 가장 두드러지는 특징인 망설임과 낯가림이 작용할 가능성이 높다.

Pc82O는 Pc91O보다는 CO의 기질이 더 많아져서 망설임과 낯가림에 이어 CO의 또 다른 특성인 객관성과 내성적 기질이 추가된 형태다.

Pc73O는 CO의 강한 특징인 망설임, 낯가림, 객관성, 내성적 기질에 이어 세심함과 냉철함이 더해진 형태다.

Pc64O는 CO의 기질이 절반 가까이 차지하는 형태로써 PO의 기본 성격을 기반으로 CO의 망설임, 낯가림, 객관성, 내성적, 세심함, 냉철함이 더해진 형태다. 이어 또 다른 CO의 특성인 게으름, 미루기, 폐쇄성, 독단성, 돌발성, 이중성 같은 부정적인 요소와 사려 깊음, 효율성 등의 긍정적인 요소가 더해진 형태다.

이러한 PO와 CO의 화학적 결합이 어떤 형식으로 이뤄지느냐에 따라 인격과 능력이 결정된다. 긍정적으로 결합하면 PO의 치밀함, 엄격성, 정의감, 원칙주의, 과감성 등에 CO의 사려 깊음과 효율성, 냉철함, 객관성, 관용성이 시너지 효과를 일으켜 치밀하고 정의로우면서 포용력 있고 합리적인 인격을 드러내게 될 것이다.

하지만 부정적으로 결합한다면 PO의 고집스러움, 지나친 불안감, 과한 공격성, 저돌성, 감정적 성향 등에 CO의 게으름, 미루기, 망설임, 폐쇄성, 낯가림, 두려움, 돌발성, 이중성 등이 불협화음을 일으켜 고집스럽고 유연성 없으며 폐쇄적이고 이중적인 인격을 형성하게 될 수 있다.

PeO(태양태음 O형)

PeO는 PO를 기본으로 EO가 보조하고 있는 형국으로 PO의 엄격성과 치밀성, 과감성 등의 기질을 중심으로 EO의 여유로움, 너그러움, 포용성 등이 결합한 유형이다. 그래서 PO가 가진 문제점들을 잘 보완해줌으로써 매우 균형적인 성격을 형성할 가능성이 높다. 하지만 자칫 지나치게 꼼꼼하고 일 처리가 너무 느리다는 비판을 받을 소지가 크다.

이들은 외형적으로 키가 크거나 살집이 있으며 중후한 느낌을 준다. 때론 엄청나게 비만인 경우도 많다. 또한 조금만 방심하면 살이 찌지만 살을 빼고자 마음먹고 노력하면 의외로 잘 빠진다. 그래서 이들은 살을 잘 찌우기도 하고 잘 빠지기도 한다는 소리를 듣는다. 또한 눈은 큰 편이며 눈빛은 소처럼 맑고 순하다.
이들은 심폐와 위장이 좋고 간도 튼튼하여 웬만한 음식은 가리
지 않고 먹는다. 다만 느끼하거나 동물성 기름이 많은 음식은 꺼
린다. 여행을 좋아하지만 한 곳에 오래 머무는 것도 마다하지 않
으며, 새로운 곳에 대한 동경이 강렬하지는 않다. 다만 폐쇄된 곳
엔 오래 있지 못한다.

　이들은 엄정하고 공사가 분명한 성격이다. 하지만 때론 답답
할 정도로 원칙만 고수하고 일의 진척을 방해하기도 한다. 화를
잘 내지는 않지만 화를 낼 땐 주변을 압도할 정도로 무섭게 내
고, 때론 폭력적인 경향을 보이기도 한다. 심지어 자신의 분노를
조절하지 못해 애를 먹을 수 있다.

　하지만 PeO라고 해서 모두 같은 성격과 행동방식을 나타내
는 것은 아니다. 기본 기질(PO)과 보조 기질(EO)의 결합 비율에
따라 다소 다른 양상을 보일 수 있다. 따라서 PeO를 좀 더 세분
하여 Pe91O, Pe82O, Pe73O, Pe64O 등 네 가지로 구분하여 이
해할 필요가 있다. (Pe91O는 PO와 EO 비율이 9:1이고, Pe82O는 8:2,
Pe73O는 7:3, Pe64O는 6:4인 경우이다.)

　따라서 Pe91O는 PO와 거의 유사한 유형이다. 하지만
Pe64O는 PO의 성향이 상당히 줄어들고 EO 성향이 상당히 많
이 가미된 유형이라 할 수 있다. 이에 따라 이들의 특징을 정리해
본다.

　우선 Pe91O는 PO의 특성 90%에 EO의 특성이 10% 정도
더해져서 PO의 특성이 대부분을 차지하고 EO의 특성은 아주 일

부만 차지한다. 하지만 EO의 특성은 아주 일부이지만 PO의 깐깐함이나 공격성은 제법 완화될 수 있다.

Pe82O는 Pe91O 보다는 EO의 기질이 더 많아져서 PO의 기질보다 여유로움과 너그러움이 더해지는 양상을 보인다.

Pe73O는 EO의 강한 특징인 여유로움과 너그러움 이외에도 포용성이나 무던함 등의 긍정적인 요소와 저돌성, 무감각, 눈치 없음, 언변 부족 등의 부정적 요소가 더해질 수 있다.

Pe64O는 EO의 기질이 절반 가까이 차지하는 형태로써 PO의 기본 성격을 기반으로 EO의 여유로움, 관용성, 포용성, 지속성, 인내력 등의 긍정적 요소와 저돌성, 무감각, 눈치 없음, 언변 부족, 답답함, 고집스러움, 엉뚱함 등의 부정적 요소가 가미된다.

이러한 PO와 EO의 화학적 결합이 어떤 형식으로 이뤄지느냐에 따라 인격과 능력이 결정된다. 긍정적으로 결합하면 PO의 치밀함, 엄격성, 정의감, 원칙주의, 과감성 등에 EO의 여유로움, 관용성, 포용성, 지속성, 인내력 등이 결합하여 대단한 시너지 효과를 일으키며 엄격하면서도 관용적이고 정의로운 인격을 갖출 것이다.

하지만 부정적으로 결합하면 PO의 고집스러움, 지나친 불안감, 과한 공격성, 저돌성, 감정적 성향 등에 EO의 무감각, 느림, 언변 부족, 고집스러움, 엉뚱함, 답답함 등이 불협화음을 일으켜 답답하고 융통성 없고 고집불통인 인격을 형성하게 될 것이다.

⑤ 내 성격유형에 맞는 배우자

PO의 성격유형은 PO의 세 가지 자기 기질인 PdO, PcO, PeO 와 네 가지 두뇌유형 L(논리형), U(실리형), J(명분형), S(감성형)의 결합을 통해 12가지가 형성된다.

PdO 계열 - PdOL, PdOU, PdOJ, PdOS

PcO 계열 - PcOL, PcOU, PcOJ, PcOS

PeO 계열 - PeOL, PeOU, PeOJ, PeOS

배우자를 선택할 때는 체질과 기질 그리고 두뇌유형을 모두 고려해야 한다. 체질과 기질은 멀수록 좋고 두뇌유형은 가까울수록 좋다. 이성 관계에서 체질과 기질은 반대인 사람에게 끌리게 되어 있지만 끌린다고 해서 반드시 좋은 배우자가 될 수 있는 것은 아니다. 또 그런 배우자와 결혼했다고 해서 반드시 결혼 생활이 무난한 것도 아니다.

끌림이 있고 난 뒤에 갈등이 적어야 한다. 갈등은 대개 문제에 접근하고 해결하는 방식에서 비롯되는 경우가 많은데 이러한 갈등은 대개 두뇌유형의 차이로 일어난다. 말하자면 두뇌유형이 비슷할수록 갈등이 일어날 확률이 낮아진다는 뜻이다. 따라서 가장 적절한 배우자는 체질과 기질이 가장 멀고, 두뇌유형은 같은 상대여야 한다.

PO는 태양인의 하나여서 일단 소음인(C)을 가장 선호한다. 태양인은 남을 돕는 것을 좋아하고 누군가를 섬기는 것을 좋아한다. 또한 자신은 외향적이면서 신중한 성향이어서 내성적이면서 비밀스러운 구석이 있는 대상을 좋아한다. 약해 보이고 자존심이 강하며 속내를 잘 알 수 없고 신비스러운 구석이 있는 소음인에게 선천적으로 끌린다.

하지만 혈액형이 같은 CO에게는 끌림이 약할 수 있다. 또한 O형 혈액형은 양면성이 강한데, 양성인 소양이나 태양과 만났을 때는 양성을 많이 드러낸다. 따라서 양혈인 A형과는 부딪칠 소지가 많다.

따라서 PO에게는 CB가 가장 잘 어울리고 다음으로 CA, 그리고 그 다음으로 CO가 잘 어울린다.

소음인 다음으로 PO가 끌리는 체질은 태음인이다. 태음인의 순서도 혈액형에 따라 순위가 정해진다. 따라서 태음과의 배우자 적합도 순서는 EB, EA, EO가 될 것이다. 그리고 태양인과 소양인은 서로 상극이어서 소양인에 해당하는 기질유형은 모두 배제되고, 같은 태양인에게 매력을 느끼지 못하므로 이 역시 제외된다.

두뇌유형은 같을 때 가장 좋고, 가까울수록 좋다. 두뇌유형 사이의 선호도와 갈등 관계에 대해서는 1부를 참조하기 바란다.

PdO계열

PdOL(태양소양 O형 논리형 두뇌) : PdO 기질과 논리형(L) 두뇌가 결합한 성격유형으로 긍정적으로 결합하면 치밀하고 일 처리가 명료하며 언변이 뛰어나다. 하지만 부정적으로 결합하면 일 진척이 느리고 고집스러우면서 실용성이 부족할 수 있다.

PdOL 적절한 배우자

1순위	CeBL CpBL CdBL	2순위	CeAL CpAL CdAL
3순위	CeOL CpOL CdOL	4순위	EcBL EpBL EdBL
5순위	EcAL EpAL EdAL	6순위	EcOL EpOL EdOL

이는 기본 기질과 보조 기질 그리고 두뇌유형을 세밀하게 따져서 내린 결론이다. PdO는 기본 기질(PO)이 태양인 O형이기에 CB와 가장 잘 맞고, 다음으로 CA, CO 순이다.

보조 기질(DO)은 소양인 O형이므로 EB와 가장 잘 어울리고 다음으로 EA, EO 순이다. 또한 같은 두뇌유형을 선호하므로 PdOL에겐 CeBL이 가장 좋은 배우자감이다. 1순위 그룹의 CpBL, CdBL이 그 다음 순위를 잇는 것도 이런 원칙이고, 2순위 그룹부터 6순위 그룹까지의 형성 과정도 마찬가지다.

PdOU(태양소양 O형 실리형 두뇌) : PdO 기질과 실리형(U) 두뇌가 결합한 성격유형으로 긍정적으로 결합하면 치밀하고 일 처리가 명료하며 현실적이면서 실리적인 추진력을 보인다. 하지만 부정적으로 결합하면 일 진척이 느리고 고집스러우면서 결과만 중시하는 특징을 보일 수 있다.

1순위	CeBU CpBU CdBU			2순위	CeAU CpAU CdAU		
3순위	CeOU CpOU CdOU			4순위	EcBU EpBU EdBU		
5순위	EcAU EpAU EdAU			6순위	EcOU EpOU EdOU		

PdOJ(태양소양 O형 명분형 두뇌) : PdO 기질과 명분형(J) 두뇌가 결합한 성격유형으로 긍정적으로 결합하면 치밀하고 일 처리가 명료하고 객관적이면서 분명한 가치관에 입각하여 일을 처리하는 특징을 보인다. 하지만 부정적으로 결합하면 일 진척이 느리고 고집스러우면서 허례와 명분만 따지는 특징을 보일 수 있다.

PdOJ 적절한 배우자

1순위	CeBJ CpBJ CdBJ			2순위	CeAJ CpAJ CdAJ		
3순위	CeOJ CpOJ CdOJ			4순위	EcBJ EpBJ EdBJ		
5순위	EcAJ EpAJ EdAJ			6순위	EcOJ EpOJ EdOJ		

PdOS(태양소양 O형 감성형 두뇌) : PdO 기질과 감성형(S) 두뇌가 결합한 성격유형으로 긍정적으로 결합하면 치밀하고 일 처리가 명료하고 매우 예술적이면서 독창적인 능력을 드러낸다. 하지만 부정적으로 결합하면 일 진척이 느리고 고집스러우면서 오만하고 자기중심적인 행동을 일삼을 수 있다.

1순위	CeBS	CpBS	CdBS	2순위	CeAS	CpAS	CdAS
3순위	CeOS	CpOS	CdOS	4순위	EcBS	EpBS	EdBS
5순위	EcAS	EpAS	EdAS	6순위	EcOS	EpOS	EdOS

PcO 계열

PcOL(태양소음 O형 논리형 두뇌) : PcO 기질과 논리형(L) 두뇌가
결합한 성격유형으로 긍정적으로 결합하면 책임감 강하고 치밀
하면서 세심하고 언변이 뛰어나다. 하지만 부정적으로 결합하면
느리고 폐쇄적이며 실용성이 부족한 특징을 보일 수 있다.

PcOL 적절한 배우자

1순위	CpBL	CdBL	CeBL	2순위	CpAL	CdAL	CeAL
3순위	CpOL	CdOL	CeOL	4순위	EpBL	EdBL	EcBL
5순위	EpAL	EdAL	EcAL	6순위	EpOL	EdOL	EcOL

PcOU(태양소음 O형 실리형 두뇌) : PcO 기질과 실리형(U) 두뇌가
결합한 성격유형으로 긍정적으로 결합하면 책임감 강하고 치밀
하면서 세심하고 현실적이고 추진력이 뛰어나다. 하지만 부정적
으로 결합하면 느리고 폐쇄적이며 결과만 중시하는 특징을 보

일 수 있다.

PcOU 적절한 배우자

1순위	CpBU CdBU CeBU	2순위	CpAU CdAU CeAU
3순위	CpOU CdOU CeOU	4순위	EpBU EdBU EcBU
5순위	EpAU EdAU EcAU	6순위	EpOU EdOU EcOU

PcOJ(태양소음 O형 명분형 두뇌) : PcO 기질과 명분형(J) 두뇌가 결합한 성격유형으로 긍정적으로 결합하면 책임감 강하고 치밀하면서 세심하며 객관적이고 분명한 가치관에 입각하여 일을 처리하는 특징을 보인다. 하지만 부정적으로 결합하면 느리고 폐쇄적이며 허례와 명분만 따지는 특징을 보일 수 있다.

PcOJ 적절한 배우자

1순위	CpBJ CdBJ CeBJ	2순위	CpAJ CdAJ CeAJ
3순위	CpOJ CdOJ CeOJ	4순위	EpBJ EdBJ EcBJ
5순위	EpAJ EdAJ EcAJ	6순위	EpOJ EdOJ EcOJ

PcOS(태양소음 O형 감성형 두뇌) : PcO 기질과 감성형(S) 두뇌가 결합한 성격유형으로 긍정적으로 결합하면 책임감 강하고 치밀하면서 세심하며 예술적이고 창조적인 특징을 보인다. 하지만 부

정적으로 결합하면 느리고 폐쇄적이며 오만하고 개념 없는 특징이 나타날 수 있다.

PcOS 적절한 배우자

1순위	CpBS CdBS CeBS		2순위	CpAS CdAS CeAS
3순위	CpOS CdOS CeOS		4순위	EpBS EdBS EcBS
5순위	EpAS EdAS EcAS		6순위	EpOS EdOS EcOS

PeO 계열

PeOL(태양태음 O형 논리형 두뇌) : PeO 기질과 논리형(L) 두뇌가 결합한 성격유형으로 긍정적으로 결합하면 책임감 강하고 치밀하면서도 포용력 있고 언변이 뛰어나다. 하지만 부정적으로 결합하면 느리고 눈치 없으며 실용성이 부족한 특징을 보일 수 있다.

PeOL 적절한 배우자

1순위	CdBL CpBL CeBL		2순위	CdAL CpAL CeAL
3순위	CdOL CpOL CeOL		4순위	EdBL EpBL EcBL
5순위	EdAL EpAL EcAL		6순위	EdOL EpOL EcOL

PeOU(태양태음 O형 실리형 두뇌) : PeO 기질과 실리형(U) 두뇌가

결합한 성격유형으로 긍정적으로 결합하면 책임감 강하고 치밀하면서도 포용력 있고 현실적인 추진력이 있다. 하지만 부정적으로 결합하면 느리고 눈치가 없으며 결과만 중시하는 특징을 보일 수 있다.

PeOU 적절한 배우자

1순위	CdBU	CpBU	CeBU	2순위	CdAU CpAU CeAU
3순위	CdOU	CpOU	CeOU	4순위	EdBU EpBU EcBU
5순위	EdAU	EpAU	EcAU	6순위	EdOU EpOU EcOU

PeOJ(태양태음 O형 명분형 두뇌) : PeO 기질과 명분형(J) 두뇌가 결합한 성격유형으로 긍정적으로 결합하면 책임감 강하고 치밀하면서도 포용력 있고 분명한 가치관에 입각하여 일을 처리하는 특징을 보인다. 하지만 부정적으로 결합하면 느리고 눈치가 없으며 허례와 명분만 따지는 특징을 보일 수 있다.

PeOJ 적절한 배우자

1순위	CdBJ	CpBJ	CeBJ	2순위	CdAJ CpAJ CeAJ
3순위	CdOJ	CpOJ	CeOJ	4순위	EdBJ EpBJ EcBJ
5순위	EdAJ	EpAJ	EcAJ	6순위	EdOJ EpOJ EcOJ

PeOS(태양태음 O형 감성형 두뇌) : PeO 기질과 감성형(S) 두뇌가 결합한 성격유형으로 긍정적으로 결합하면 책임감 강하고 치밀하면서도 포용력 있고 예술적이면서 독창적인 능력을 드러낸다. 하지만 부정적으로 결합하면 느리고 눈치가 없으며 오만하고 자기중심적인 행동을 일삼는 특징을 보일 수 있다.

PeOS 적절한 배우자

1순위	CdBS CpBS CeBS	2순위	CdAS CpAS CeAS
3순위	CdOS CpOS CeOS	4순위	EdBS EpBS EcBS
5순위	EdAS EpAS EcAS	6순위	EdOS EpOS EcOS

Type_ 06

태양인 B형 -PB

기질과 성격유형

근엄, 진지

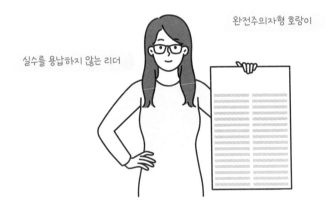

완전주의자형 호랑이

실수를 용납하지 않는 리더

PB 타입은 태양인이면서 B형 혈액형인 사람을 지칭한다. PB를 이해하기 위해서는 앞에서 설명한 태양인부터 이해해야 한다. 거기다 B형 혈액형의 기질적 특징을 알 필요가 있다. PB는 태양인의 특징과 B형 혈액형의 기질이 화학적으로 결합하여 새로운 양상을 드러낸다.

근엄, 진지

PB는 태양인의 엄격하고 분명한 성격에 음혈인 B형 혈액형의 방어적이고 예민한 성향이 결합된 형질이다. 따라서 이들은 태양인 중에서 가장 신중하고 독자성이 강한 사람들이다.

이들은 대개 인상이 무거운 편이고 진지한 것을 좋아하며 자아가 매우 강한 편이다. 태양인이라 얼굴 윤곽이 뚜렷하긴 하지만 PO에 비해서 좀 덜 강렬하며, 남성적인 성향도 다소 약하다. 이들 중에는 덩치가 크거나 키가 큰 사람이 많으며 비만인 사람도 많다. 눈은 크고 형형한 편이며 만사에 신중하고 엄격하다. 웃음이 많지 않고 남을 잘 웃기지 못한다. 활동성은 강한 편이나 너무 많은 사람이 모여 있는 곳은 좋아하지 않으며, 위장은 튼튼하여 음식을 가리지 않고 먹지만 비리거나 동물성 기름기가 너무 많은 것은 꺼린다. 여행을 좋아하지만 한 곳에 오래 머무는 것도 잘 견디며, 폐쇄된 공간에서도 잘 있는 편이다.

하지만 이들은 PO보다 훨씬 엄격한 성격이고 맺고 끊음이 분명하며 예의를 중시한다. 누군가 자신에게 예의를 지키지 않으면 마음에 오래 새겨 두는 편이고, 한번 각인된 인상은 쉽게 지우지 못한다. 그러나 그런 내면을 여간해서 드러내지 않는다.

PB는 PO나 PA에 비해 훨씬 깐깐하고 치밀하며 준비성이 많다. 이는 나머지 두 형질에 비해 조바심이나 노파심이 많기 때문이다. 즉, 어떤 일에 대해 많은 준비를 함으로써 자신의 불안을 해소하고자 하는 심리가 있다. 이것이 지나치면 노파심이 과한 것으로 드러나고 때로는 아주 고지식하거나 답답한 느낌을 주기도 한다.

이들은 친분 관계에 대한 경계가 아주 뚜렷하고 사람을 많이 가리는 습성이 있다. 말하자면 세상 사람들을 자신과 어울릴 수 있는 사람과 그렇지 못한 사람으로 명확하게 구분하는 것이다. 하지만 비록 좋아하지 않는 타입이라고 해도 노골적으로 드러내지는 않는다.

이들은 대개 누구에게나 깍듯하다. 때론 예의가 지나치다고 생각될 정도로 자기 자신을 낮추기도 한다. 비록 상대가 자신보다 아랫사람이라고 해도 반말을 하는 일이 드물고 어느 정도 친해진 다음에도 말을 함부로 하는 일이 드물다. 쉽게 가까워지지도 않는다. 사실 이들의 깍듯한 태도는 자신에게도 그런 태도를 보일 것을 요구하는 행동이며, 자신의 영역을 지키려는 본능이기도 하다. 또 말을 실수하여 불미스러운 일을 저지르거나 난처한 일에 연루되는 것을 꺼리는 탓이기도 하다. 말하자면 이들은 깍듯한 태도를 통하여 자신을 지키려는 의식이 강한 것이다.

이들은 겉보기와는 달리 겁이 매우 많고 모든 일에 잘 놀라며 외형과 달리 내면적으론 매우 여성적이다. 사회적인 불의에 대해서는 잘 분노하지만 그 마음을 강하게 드러내는 것은 꺼리며, 꼭 필요하다고 판단되면 나름대로 예의와 격식을 갖춰 엄중하게 항의한다. 하지만 상대가 막무가내로 나오면 어쩔 줄 몰라 하며 혹여 육체적인 위협을 가할까봐 매우 두려워한다.

이들은 다른 태양인과 마찬가지로 우두머리 기질이 강하고 자신의 의견을 표출하는 형질이지만 스스로 우두머리가 되고자 하는 생각은 약하다. 이들은 주변 사람들이 추대하지 않으면 스스로 우두머리가 되겠다고 나서는 일은 별로 없다. 따라서 이들은 태양인이면서도 태양인의 기질을 표출하지 않으려고 애를 쓴다고 볼 수 있다. 이는 B형의 음혈이 태양인 기질을 자주 가로막아 생기는 현상이다.

이들은 외형적으로 다른 사람의 접근을 잘 용납하지 않는 듯 하지만 실제 호감을 가지고 접근하면 의외로 잘 받아준다. 그리고 자신의 물건을 남에게 주는 것도 좋아한다. 이는 모든 태양인이 가진 기질인데, PB도 예외는 아니다. 다만 B형의 폐쇄성이 그런 기질을 쉽게 발휘하지 못하도록 만들고 있을 뿐이다. 그래서 이들은 자기와 친분이 있는 사람에게 베풀기를 좋아하는 것이다.

이들은 다른 사람들을 매우 조심스럽게 대하며 주변을 많이 의식하는 편이다. PO나 PA가 좋아하고 싫어하는 사람에 대한 표현이나 행동이 분명한 것에 비해 이들은 겉으로 마음을 잘 드러내지 않는다. 다만 좋아하는 사람에 대해선 일대일로 있을 때만 마음을 드러낸다. 친한 사람이 많지는 않지만 한 번 맺은 인연은 매우 오래 끌고 간다. 반대로 이들은 싫은 사람이 있으면 어떻게 해서든 그 자리를 피하려고 애쓴다. PA나 PO에 비해 인간관계를 설정하는 과정이 매우 소극적인 셈이다.

이들도 농담을 잘 만들어내지 못하며 농담을 진담으로 받아들이는 일이 많다. 따라서 농담을 지나치게 많이 하는 사람과 친하게 지내지 않는다. 또 친한 사람의 농담엔 잘 웃지만 그렇지 않은 사람이 농담을 하면 뜨악하게 생각한다. 그러므로 이들과 친해지기 전까지는 농담을 삼가는 것이 좋다.

이런 성향들이 긍정적으로 결합하면 정의롭고 준비성 많고 배려심 좋은 도덕적인 인격을 바탕으로 신뢰 깊은 인간관계를 형성할 수 있고, 정의롭고 능력 있는 사람으로 평가받을 수 있다. 또한 특유의 치밀함과 끈기로 능력 있는 인재로 인정받고 특정한 분야에서 전문적인 이력을 쌓으며 성공적인 삶을 살 수 있다.

하지만 부정적으로 결합하면 폐쇄적이고 융통성이 부족하여 지나치게 독단적이라는 인상을 주기 십상이다. 또 너무 고집스럽고 폐쇄적인 나머지 소통이 불가능한 사람이라는 비판을 받을 수 있다.

완전주의자형 호랑이

PB는 완전주의자형이다. 이는 돌다리도 두드리며 건넌다는 말을 떠올리게 만드는데 때론 결벽증 성향을 나타내기도 한다. 조금이라도 꺼림칙한 부분이 있으면 아예 일을 진행하지 못한다.

이들이 완전주의를 지향하는 것은 미래나 주변에 대한 불안이 많기 때문인데, 대개 사람들은 그런 사실을 눈치채지 못한다. 그래서 외형적으로 보이는 것보다 이들이 약한 존재라는 것을 알지 못하는 것이다.

이들의 완전주의 심리는 일을 더디게 만들고 때론 활력을 떨어뜨리는 요소로 작용하기도 한다. 이들은 자신에게 벅찬 일을 맡으면 제대로 해내지 못하거나 중도에 포기하는 경우가 많다. 완전하게 하지 않으면 성에 차지 않는 성격인데, 완전하게 해낼 능력이 없어 차라리 포기하는 쪽을 택하는 것이다.

이들은 주위 사람들을 지나치게 의식하는 성향이 있는데 이 또한 불안 심리에서 비롯된다. 그래서 주위 사람 모두를 충족시키려는 경향이 있다. 이는 곧잘 스스로를 강박 관념 속으로 몰아넣는 원인이 되기도 한다.

이들은 완전주의적인 성향 이외에도 명분 지향형의 성향이 있다. 비록 하고 싶은 일이 있더라도 대의명분이 없으면 잘하지 못하는 경향이 있다. 권위 의식이나 학벌 의식, 또 계급주의 등에 한정되는 경우가 많고 사회적인 명성에 경도되는 경향도 강하다.

12지 동물에 비유하자면 호랑이의 성향과 닮았다. 호랑이는 백수의 우두머리로서 한 번 울부짖으면 모든 동물을 두려움에 떨게 하는 위엄을 갖춘 동물이다. 거기다 눈은 영롱하면서도 무섭고 표정은 엄하며 발걸음은 중후하다. 하지만 홀로 있기를 좋아하고 함부로 모습을 드러내지 않으며 행동이 매우 조심스럽다. 심지어 자신의 발자국조차 함부로 남기지 않으며, 자신의 변은 철저히 감추는 면들이 PB의 완전주의적 심리와 매우 유사한 까닭이다.

③ 리더십

실수를 용납하지 않는 리더

PB는 어떤 단체의 리더가 되면 그 수하들은 매우 꼼꼼해야 할 필요가 있다. 이들은 완전성과 대의명분을 대단히 중요하게 생각해서 실수나 오점을 잘 용납하지 않는다.

이들은 준비가 되지 않으면 쉽게 걸음을 옮기지 않는 범과 닮았다. 또 한 번에 여러 가지 일을 벌이지도 않고 여러 가지 일에 관심을 두지도 않는다. 그리고 자기가 자신이 없으면 덤비지 않는다. 모험심이 별로 없는 셈이다.

덕분에 이들이 추진하는 일은 믿을만하다. 성공 가능성이 없으면 도전하지 않기 때문이다. 대신 추진력은 떨어진다. 또 과감하지도 않고 모험심도 없다. 다만 실패할 확률은 낮다.

이들은 사행심이 적고 공짜를 바라지 않는다. 따라서 일확천금을 노리지 않는다. 이들은 마치 범이 사냥감에 다가가듯 매우 조심스럽게 한 발씩 나아간다.

이들은 부하들과 지나치게 친하게 지내지 않는다. 그렇다고 결코 함부로 대하지도 않는다. 늘 일정한 거리를 유지하며 예의에 벗어난 행동을 잘하지 않는다.

그래서 너무 깨끗한 물엔 고기가 살지 않는다는 말을 듣기도 않다. 하지만 이들은 개의치 않는다. 부하들 중에 그런 충고를 하는 사람이 있으면, 뜻이 맞지 않는다고 생각하여 발로 차버린다.

이렇다 보니 이들의 리더십이 성공하기란 매우 어렵다. 특히 급속도로 변해 가는 산업화 과정의 리더로서는 적당하지 않다. 이들은 오히려 매우 안정되고 법규가 잘 지켜지는 곳의 리더로 적당하다.

이런 이들의 리더십이 지켜지기 위해서는 세밀하면서도 성격이 밝은 CA(소음인 A형), 현실 감각이 좋고 발이 빠른 CO(소음인 O형), 일 추진력이 좋고 뒷심이 강한 EO(태음인 O형) 등의 도움이 필요하다.

④ 3가지 기질별 특징

PdB(태양소양 B형)

PdB는 PB를 기본으로 DB가 보조하고 있는 형국으로 PB의 엄격성과 치밀성, 진지함 등의 기질을 중심으로 DB의 목표지향성, 완고함, 공격성 등이 결합한 유형이다.

이들은 몸이 날씬하거나 또는 통통해도 키가 작으며 다소 엄한 인상을 보인다. 눈은 크고 영롱한 편이며, 기질적으론 신중하고 다소 집요하다. 성급하게 화를 내지 않지만 한 번 화를 낼 때 매우 무섭게 내고, 성정은 엄하고 공사가 분명하다.

하지만 PdB라고 해서 모두 같은 성격과 행동방식을 나타내는 것은 아니다. 기본 기질(PB)과 보조 기질(DB)의 결합 비율에 따라 다소 다른 양상을 보일 수 있다. 따라서 PdB를 좀 더 세분하여 Pd91B, Pd82B, Pd73B, Pd64B 등 네 가지로 구분하여 이해할 필요가 있다. (Pd91B는 PB와 DB의 비율이 9:1이고, Pd82B는 8:2, Pd73B은 7:3, Pd64B는 6:4인 경우이다. 이를 확인하기 위해서는 앞의 체질 진단 10가지 항목에서 기본 체질과 보조 체질 비율이 어떠했는지 보면 된다.)

우선 Pd91B는 PB의 특성 90%에 DB의 특성이 10% 정도 더해져서 PB의 특성이 대부분 차지하고 DB의 특성은 아주 일부만 차지한다. 특히나 태양 PB가 소양 DB와 같은 양성인 까닭에 Pd91B은 PB의 성격과 거의 일치한다.

Pd82B는 Pd91B보다는 DB의 기질이 더 많아져서 행동력과 추진력이 추가된 형태다.

Pd73B는 DB의 행동력, 추진력에 더하여 진취성, 다양성 같은 긍정적 면과 성급함, 무책임, 감정적, 폐쇄성 등의 부정적 기재가 더해지는 양상을 보이게 된다.

Pd64B는 DB형의 기질이 절반 가까이 차지하는 형태로써 PB의 기본 성격을 기반으로 DB의 행동력, 추진력, 진취성, 다양성, 독자성 등의 긍정적 요소와 성급함, 무책임성, 감정적 성향, 예민함 등의 부정적 요소가 가미된다.

이러한 PB와 DB의 화학적 결합이 어떤 형식으로 이뤄지느냐에 따라 인격과 능력이 결정된다. 긍정적으로 결합하면 PB의 치밀함, 엄격성, 정의감, 원칙주의, 준비성 등에 DB의 행동력과 추진력, 진취성, 다양성, 독자성 등이 만나 대단한 시너지 효과를 일으키며 치밀하고 정의감 넘치는 뛰어난 인격과 능력을 갖출 것이다.

하지만 부정적으로 결합한다면 PB의 고집스러움, 지나친 불안감, 느림, 과한 공격성 등에 DB의 성급함, 인내력 부족, 무책임함, 감정적, 폐쇄성, 예민함 등이 불협화음을 일으켜 고집스럽고 배타적이며 공격적인 행동을 일삼는 인격을 형성하게 될 것이다.

PcB(태양소음 B형)

PcB는 PB를 기본으로 CB가 보조하고 있는 형국으로 PB의 엄격성과 치밀성, 과감성 등의 기질을 중심으로 CB의 사려 깊음, 효율성, 냉철함 등이 결합한 유형이다.

이들의 외형적 특징을 살펴보면 대개 날씬하거나 덩치가 작은 편이다. 혹 통통하더라도 키가 작거나 키가 조금 크더라도 매우 날씬한 특징을 보인다. 하지만 눈은 크고 눈빛은 밝고 영롱하다. 이들은 위가 약하고 자주 체하는 경향이 있으며, 멀미를 하는 경우가 많다. 그럼에도 여행을 좋아하며, 새로운 곳을 가는 것을 즐긴다. 폐쇄된 곳에서도 비교적 잘 견딘다.

이들은 벌레 같은 징그러운 것을 대하는 것을 몹시 싫어하지만 공포물을 보는 것은 크게 두려워하지 않는다. 오히려 이들은 무서운 놀이시설을 이용하는 것 등 안전을 위협하는 것에 대한 공포가 많다. 이들은 번지 점프와 같이 무서운 놀이시설을 이용하는 것은 자제하는 편이 좋다.

이들은 첫인상이 차갑고 사람 많은 곳을 썩 좋아하지 않는다. 하지만 사람 사귀는 것을 싫어하는 것은 아니다. 단지 한 번에 너무 많은 사람을 사귀는 것을 꺼리는 것이며 호불호가 분명하여 한 번 돌아선 사람이나 일에 대해서는 다시는 만나지 않으려는 경향이 강하다.

어떤 일이든 일단 살펴보고 하는 습관이 있고 나서기를 좋아하지 않는다. 그러나 맡은 일에 대해서는 책임감이 아주 강하다. 또한 집요하고 끈질기며 뒤끝이 길다. 고집스럽거나 옹졸한 면도 많지만 근본적으로 남에게 베푸는 것을 좋아하고 약한 대상에 대한 연민이 강하다.

하지만 PcB라고 해서 모두 같은 성격과 행동방식을 나타내는 것은 아니다. 기본 기질(PB)과 보조 기질(CB)의 결합 비율에 따라 다소 다른 양상을 보일 수 있다. 따라서 PcB를 좀 더 세분하여 Pc91B, Pc82B, Pc73B, Pc64B 등 네 가지로 구분하여 이해할 필요가 있다. (Pc91B는 PB와 CB 비율이 9:1이고, Pc82B는 8:2, Pc73B는 7:3, Pc64B는 6:4인 경우이다.)

따라서 Pc91B는 PB와 거의 유사한 유형이다. 하지만 Pc64B는 PB의 성향이 상당히 줄어들고 CB 성향이 많이 가미된 유형이라 할 수 있다. 이에 따라 이들의 특징을 정리해본다.

우선 Pc91B는 PB의 특성 90%에 CB의 특성이 10% 정도 가미되어서 PB의 특성이 대부분 차지하고 CB의 특성은 아주 일부만 차지한다. 하지만 CB의 특성이 전혀 영향을 끼치지 않는 것은 아니다. 특히 CB의 가장 두드러지는 특징인 냉철함과 낯가림이 작용할 가능성이 높다. 따라서 Pc91B는 PB의 특성에다 CB의 냉철함과 낯가림이 일부 반영된 형태다.

Pc82B는 Pc91B보다는 CB의 기질이 더 많아져서 냉철함과 낯가림에 이어 CB의 또 다른 특성인 객관성과 고고한 기질이 추가된 형태다.

Pc73B는 CB의 강한 특징인 냉철함, 낯가림, 객관성, 고고한 기질에 이어 세심함과 효율성이 더해진 형태다.

Pc64B는 CB의 기질이 절반 가까이 차지하는 형태로써 PB의 기본 성격을 기반으로 CB의 망설임, 낯가림, 객관성, 내성적, 세심함, 냉철함, 효율성이 더해진 형태다. 이어 또 다른 CB의 망설임, 미루기, 폐쇄성, 고고함, 예민함 같은 부정적인 요소와 사려 깊음, 효율성 등의 긍정적인 요소가 더해진 형태다.

이러한 PB와 CB의 화학적 결합이 어떤 형식으로 이뤄지느냐에 따라 인격과 능력이 결정된다. 긍정적으로 결합하면 PB의 치밀함, 정의감, 원칙주의, 독립성 등에 CB의 사려 깊음과 효율성, 냉철함, 객관성이 시너지 효과를 일으키며 치밀하고 정의로우면서 세심하고 합리적인 인격을 드러내게 될 것이다.

하지만 부정적으로 결합한다면 PB의 고집스러움, 지나친 불안감, 과한 공격성, 폐쇄성, 느림 등에 CB의 게으름, 미루기, 망설임, 폐쇄성, 낯가림, 두려움, 예민함 등이 불협화음을 일으키며 고집스럽고 독단적이고 불안에 떠는 인격을 형성하게 될 것이다.

PeB(태양태음 B형)

PeB는 PB를 기본으로 EB가 보조하고 있는 형국으로 PB의 엄격성과 치밀성, 과감성 등의 기질을 중심으로 EB의 여유로움, 너그러움, 세심함 등이 결합한 유형이다. 그래서 PB가 가진 문제점들을 잘 보완해줌으로써 매우 균형적인 성격을 형성할 가능성이 높다. 하지만 자칫 지나치게 꼼꼼하고 일 처리가 너무 느리다는 비판을 받을 소지가 크다.

이들은 외형적으로 키가 크거나 살집이 있으며 중후한 느낌을 준다. 때론 엄청나게 비만인 경우도 많다. 또한 조금만 방심하면 살이 찌지만 살을 빼고자 마음먹고 노력하면 의외로 잘 빠진다. 그래서 이들은 살을 잘 찌우기도 하고 잘 빠지기도 한다는 소리를 듣는다. 또한 눈은 큰 편이며, 눈빛은 소처럼 맑고 순하다. 이들은 심폐와 위장이 좋고, 간도 튼튼하여 웬만한 음식은 가리지 않고 먹는다. 다만 느끼하거나 동물성 기름이 많은 음식은 꺼린다. 여행을 좋아하지만 한 곳에 오래 머무는 것도 마다하지 않으며, 새로운 곳에 대한 동경이 강렬하지는 않다. 또한 폐쇄된 곳에서도 잘 견디는 편이다.

이들은 엄정하고 공사가 분명한 성격을 가졌으며 매우 세심하고 꼼꼼하다. 하지만 때론 답답할 정도로 원칙만 고수하고 일의 진척을 방해하기도 한다. 평소엔 친절하고 화를 잘 내지는 않지만, 화를 내면 무섭게 내고 때론 폭력적인 경향을 보이기도 한다. 심지어 자신의 분노를 조절하지 못해 애를 먹을 수 있다. 또한 폐쇄적이고 독단적인 성향도 많다.

하지만 PeB라고 해서 모두 같은 성격과 행동방식을 나타내는 것은 아니다. 기본 기질(PB)과 보조 기질(EB)의 결합 비율에 따라 다소 다른 양상을 보일 수 있다. 따라서 PeB를 좀 더 세분하여 Pe91B, Pe82B, Pe73B, Pe64B 등 네 가지로 구분하여 이해할 필요가 있다. (Pe91B는 PB와 EB 비율이 9:1이고, Pe82B는 8:2, Pe73B는 7:3, Pe64B는 6:4인 경우이다.)

따라서 Pe91B는 PB와 거의 유사한 유형이다. 하지만 Pe64B는 PB의 성향이 상당히 줄어들고 CB 성향이 많이 가미된 유형이라 할 수 있다. 이에 따라 이들의 특징을 정리해본다.

우선 Pe91B는 PB의 특성 90%에 EB의 특성이 10% 정도 더해져서 PB의 특성이 대부분 차지하고 EB의 특성은 아주 일부만 차지한다. EB의 특성 극히 일부가 PB의 깐깐함이나 공격성을 제법 완화할 수 있다.

Pe82B는 Pe91B보다는 EB의 기질이 더 많아져서 PB의 기질보다 여유로움과 너그러움이 더해지는 양상을 보인다.

Pe73B는 EB의 특징인 여유로움과 너그러움 이외에도 포용성이나 인내력 등의 긍정적인 요소와 지나치게 깐깐함, 융통성 부족, 눈치 없음, 언변 부족 등의 부정적 요소가 더해질 수 있다.

Pe64B는 EB의 기질이 절반 가까이 차지하는 형태로써 PB의 기본 성격을 기반으로 EB의 여유로움, 관용성, 끈질김, 지속성, 인내력 등의 긍정적 요소와 융통성 부족, 무감각, 눈치 없음, 언변 부족, 답답함, 고집스러움 등의 부정적 요소가 가미된다.

이러한 PB와 EB의 화학적 결합이 어떤 형식으로 이뤄지느냐에 따라 인격과 능력이 결정된다. 긍정적으로 결합하면 PB의 치밀함, 엄격성, 정의감, 원칙주의, 준비성 등에 EB의 여유로움, 관용성, 포용성, 지속성, 인내력 등이 만나 대단한 시너지 효과를 일으키며 엄격하면서도 관용적이고 정의로운 인격을 갖출 것이다. 하지만 부정적으로 결합한다면 PB의 고집스러움, 지나친 불안감, 과한 공격성, 과한 불안감 등에 EB의 무감각, 느림, 언변 부족, 고집스러움, 답답함 등이 불협화음을 일으켜 아주 답답하고 융통성 없고 고집불통의 인격을 형성하게 될 것이다.

⑤ 내 성격유형에 맞는 배우자

PB의 성격유형은 PB의 세 가지 자기유형인 PdB, PcB, PeB와 네 가지 두뇌유형 L(논리형), U(실리형), J(명분형), S(감성형)의 결합을 통해 12가지가 형성된다.

PdB계열 - PdBL, PdBU, PdBJ, PdBS

PcB계열 - PcBL, PcBU, PcBJ, PcBS

PeB계열 - PeBL, PeBU, PeBJ, PeBS

배우자를 선택할 때는 체질과 기질 그리고 두뇌유형을 모두 고려해야 한다. 체질과 기질은 멀수록 좋고, 두뇌유형은 가까울수록 좋다. 이성 관계에서 체질과 기질은 반대인 사람에게 끌리게 되어 있지만 끌린다고 해서 반드시 좋은 배우자가 될 수 있는 것은 아니다. 또 그 배우자와 결혼했다고 해서 반드시 결혼 생활이 무난한 것도 아니다.

끌림이 있고 난 뒤에 갈등이 적어야 한다. 갈등은 대개 문제에 접근하고 해결하는 방식에서 비롯되는 경우가 많은데, 이러한 갈등은 대개 두뇌유형의 차이로 일어난다. 말하자면 두뇌유형이 비슷할수록 갈등이 일어날 확률이 낮아진다는 뜻이다. 따라서 가장 적절한 배우자는 체질과 기질이 가장 멀고, 두뇌유형은 같은 상대여야 한다.

PB는 태양인의 하나여서 일단 소음인(C)을 가장 선호한다. 태양인은 남을 돕는 것을 좋아하고 누군가를 섬기는 것을 좋아한다. 또한 자신은 외향적이면서 신중한 성향이어서 내성적이면서 비밀스러운 구석이 있는 상대를 좋아한다. 약해 보이고 자존심이 강하며 속내를 잘 알 수 없고 신비스러운 구석이 있는 소음인에게 선천적으로 끌리는 이유다.

하지만 혈액형이 같은 CB에게는 끌림이 약할 수 있다. 또한 O형 혈액형은 양면성이 강한데, 음성인 소음이나 태음과 만났을 때는 음성을 많이 드러낸다. 따라서 음혈인 B형과는 부딪칠 소지가 많다.

따라서 PB에게는 CA가 가장 잘 어울리고, 다음으로 CO, 그 다음으로 CB가 잘 어울린다.

소음인 다음으로 PB가 끌리는 체질은 태음인이다. 태음인의 순서도 혈액형에 따라 순위가 정해진다. 따라서 태음과의 배우자 적합도 순서는 EA, EO, EB가 될 것이다. 그리고 태양인과 소양인은 서로 상극이어서 소양인에 해당하는 기질유형은 모두 배제되고, 또 태양인은 태양인에게 매력을 느끼지 못하니 태양인 역시 배제된다.

두뇌유형은 같을 때 가장 좋고, 가까울수록 좋다. 두뇌유형 사이의 선호도와 갈등 관계에 대해서는 1부를 참조하기 바란다.

PdB계열

PdBL(태양소양 B형 논리형 두뇌) : PdB 기질과 논리형(L) 두뇌가 결합한 성격유형으로 긍정적으로 결합하면 치밀하면서 세심하고 언변이 뛰어난 특징을 보인다. 하지만 부정적으로 결합하면 고집스럽고 폐쇄적이면서 실용성이 부족한 특징을 보일 수 있다.

PdBL 적절한 배우자

1순위	CeAL	CpAL	CdAL	2순위	CeOL	CpOL	CdOL
3순위	CeBL	CpBL	CdBL	4순위	EcAL	EpAL	EdAL
5순위	EcOL	EpOL	EdOL	6순위	EcBL	EpBL	EdBL

이는 기본 기질과 보조 기질 그리고 두뇌유형을 세밀하게 따져서 내린 결론이다. PdB는 기본 기질인 PB가 태양인이면서 B형 혈액형이기에 A형 소음인(CA)과 가장 잘 맞고, 다음으로 O형 소음인(CO), B형 소음인(CB) 순이다.

보조 기질 DB는 소양인으로 B형이기에 A형 태음인(EA)과 가장 잘 어울리고 다음으로 O형 태음인(EO), B형 태음인(EB) 순으로 잘 어울린다. 또한 같은 두뇌유형을 선호해서 PdBL에겐 CeAL이 가장 좋은 배우자감이다. 1순위 그룹의 CpOL, CdAL이 그 다음 순위를 잇는 것도 이런 원칙에 따른 것이고, 2순위 그룹부터 6순위 그룹까지의 형성 과정도 마찬가지다.

PdBU(태양소양 B형 실리형 두뇌) : PdB 기질과 실리형(U) 두뇌가 결합한 성격유형으로 긍정적으로 결합하면 치밀하면서 세심하고, 현실적이면서 실리적이고 추진력이 있다. 하지만 부정적으로 결합하면 일의 진척이 고집스럽고 폐쇄적이면서 결과만 중시하는 특징을 보일 수 있다.

PdBU 적절한 배우자

1순위	CeAU CpAU CdAU	2순위	CeOU CpOU CdOU
3순위	CeBU CpBU CdBU	4순위	EcAU EpAU EdAU
5순위	EcOU EpOU EdOU	6순위	EcBU EpBU EdBU

PdBJ(태양소양 B형 명분형 두뇌) : PdB 기질과 명분형(J) 두뇌가 결합한 성격유형으로 긍정적으로 결합하면 치밀하면서 세심하고 객관적이면서 분명한 가치관에 입각하여 일을 처리하는 특징을 보인다. 하지만 부정적으로 결합하면 고집스러우면서 폐쇄적이고 허례와 명분만 따지는 특징을 보일 수 있다.

PdBJ 적절한 배우자

1순위	CeAJ CpAJ CdAJ	2순위	CeOJ CpOJ CdOJ
3순위	CeBJ CpBJ CdBJ	4순위	EcAJ EpAJ EdAJ
5순위	EcOJ EpOJ EdOJ	6순위	EcBJ EpBJ EdBJ

PdBS(태양소양 B형 감성형 두뇌) : PdB 기질과 감성형(S) 두뇌가 결합한 성격유형으로 긍정적으로 결합하면 치밀하고 세심하며

매우 예술적이면서 독창적인 능력을 드러낸다. 하지만 부정적으로 결합하면 고집스러우면서 폐쇄적이고 오만하고 자기중심적인 행동을 일삼는 특징을 보일 수 있다.

PdBS 적절한 배우자

1순위	CeAS	CpAS	CdAS		2순위	CeOS	CpOS	CdOS
3순위	CeBS	CpBS	CdBS		4순위	EcAS	EpAS	EdAS
5순위	EcOS	EpOS	EdOS		6순위	EcBS	EpBS	EdBS

PcB 계열

PcBL(태양소음 B형 논리형 두뇌) : PcB기질과 논리형(L) 두뇌가 결합한 성격유형으로 긍정적으로 결합하면 치밀하면서 세심하고 언변이 뛰어나다. 하지만 부정적으로 결합하면 고집스럽고 폐쇄적이며 실용성이 부족한 특징을 보일 수 있다.

PcBL 적절한 배우자

1순위	CpAL	CdAL	CeAL		2순위	CpOL	CdOL	CeOL
3순위	CpBL	CdBL	CeBL		4순위	EpAL	EdAL	EcAL
5순위	EpOL	EdOL	EcOL		6순위	EpBL	EdBL	EcBL

PcBU(태양소음 B형 실리형 두뇌) : PcB기질과 실리형(U) 두뇌가 결합한 성격유형으로 긍정적으로 결합하면 치밀하면서 세심하고 현실적이고 추진력이 뛰어나다. 하지만 부정적으로 결합하면 고집스럽고 폐쇄적이며 결과만 중시하는 특징을 보일 수 있다.

PcBU 적절한 배우자

1순위	CpAU CdAU CeAU	2순위	CpOU CdOU CeOU
3순위	CpBU CdBU CeBU	4순위	EpAU EdAU EcAU
5순위	EpOU EdOU EcOU	6순위	EpBU EdBU EcBU

PcBJ(태양소음 B형 명분형 두뇌) : PcB기질과 명분형(J) 두뇌가 결합한 성격유형으로 긍정적으로 결합하면 치밀하면서 세심하며 객관적이고 분명한 가치관에 입각하여 일을 처리하는 특징을 보인다. 하지만 부정적으로 결합하면 고집스럽고 폐쇄적이며 허례와 명분만 따지는 특징을 보일 수 있다.

PcBJ 적절한 배우자

1순위	CpAJ CdAJ CeAJ	2순위	CpOJ CdOJ CeOJ
3순위	CpBJ CdBJ CeBJ	4순위	EpAJ EdAJ EcAJ
5순위	EpOJ EdOJ EcOJ	6순위	EpBJ EdBJ EcBJ

PcBS(태양소음 B형 감성형 두뇌) : PcB기질과 감성형(S) 두뇌가 결합한 성격유형으로 긍정적으로 결합하면 책임감 강하고 치밀하면서 세심하며 예술적이고 창조적인 특징을 보인다. 하지만 부정적으로 결합하면 느리고 폐쇄적이며 오만하고 개념 없는 특징을 보일 수 있다.

PcBS 적절한 배우자

1순위	CpAS CdAS CeAS		2순위	CpOS CdOS CeOS	
3순위	CpBS CdBS CeBS		4순위	EpAS EdAS EcAS	
5순위	EpOS EdOS EcOS		6순위	EpBS EdBS EcBS	

PeB 계열

PeBL(태양태음 B형 논리형 두뇌) : PeB 기질과 논리형(L) 두뇌가 결합한 성격유형으로 긍정적으로 결합하면 치밀하면서도 포용력 있고 언변이 뛰어난 특징을 보인다. 하지만 부정적으로 결합하면 눈치 없고 폐쇄적이면서 실용성이 부족한 특징을 보일 수 있다.

PeBL 적절한 배우자

1순위	CdAL CpAL CeAL	2순위	CdOL CpOL CeOL

3순위	CdBL CpBL CeBL	4순위	EdAL EpAL EcAL
5순위	EdOL EpOL EcOL	6순위	EdBL EpBL EcBL

PeBU(태양태음 B형 실리형 두뇌) : PeB 기질과 실리형(U) 두뇌가 결합한 성격유형으로 긍정적으로 결합하면 치밀하면서도 포용력 있고 현실적이며 추진력이 뛰어나다는 특징을 보인다. 하지만 부정적으로 결합하면 눈치 없고 폐쇄적이며 결과만 중시하는 특징을 보일 수 있다.

PeBU 적절한 배우자

1순위	CdAU CpAU CeAU	2순위	CdOU CpOU CeOU
3순위	CdBU CpBU CeBU	4순위	EdAU EpAU EcAU
5순위	EdOU EpOU EcOU	6순위	EdBU EpBU EcBU

PeBJ(태양태음 B형 명분형 두뇌) : PeB 기질과 명분형(J) 두뇌가 결합한 성격유형으로 긍정적으로 결합하면 치밀하면서도 포용력 있고 분명한 가치관에 입각하여 일을 처리하는 특징을 보인다. 하지만 부정적으로 결합하면 느리고 눈치 없고 폐쇄적이며 허례와 명분만 따지는 특징을 보일 수 있다.

1순위	CdAJ CpAJ CeAJ	2순위	CdOJ CpOJ CeOJ
3순위	CdBJ CpBJ CeBJ	4순위	EdAJ EpAJ EcAJ
5순위	EdOJ EpOJ EcOJ	6순위	EdBJ EpBJ EcBJ

PeBS(태양태음 B형 감성형 두뇌) : PeB 기질과 감성형(S) 두뇌가 결합한 성격유형으로 긍정적으로 결합하면 치밀하면서도 포용력 있고 예술적이면서 독창적인 능력을 드러낸다. 하지만 부정적으로 결합하면 느리고 눈치 없고 폐쇄적이면서 오만하고 자기중심적인 행동을 일삼는 특징을 보일 수 있다.

PeBS 적절한 배우자

1순위	CdAS CpAS CeAS	2순위	CdOS CpOS CeOS
3순위	CdBS CpBS CeBS	4순위	EdAS EpAS EcAS
5순위	EdOS EpOS EcOS	6순위	EdBS EpBS EcBS

소음인의
기질별 특징과
성격유형

소음인의 특징과 행동양식

소음인은 소양인이나 태양인과는 행동 양식이 매우 다른 체질이다. 비위와 심폐가 약한 이들은 물을 아주 적게 먹고 땀을 거의 흘리지 않으며 자주 위장병에 시달린다. 그런 까닭에 행동반경이 좁고 활동성이 약하다. 거기다 낯가림이 심하고 잘 토라지는 형질이라 사귀기가 쉽지 않은 타입이다. 낯선 사람에겐 말을 잘 붙이지 않으며, 자신이 먼저 말을 건네는 일도 드물고 먼저 나서서 인사를 하지도 않는다. 거기다 얼굴은 다소 차갑고 냉랭하며 목소리도 작다. 이목구비의 선도 희미한 편이며 사람에 대한 의심도 많다. 상상력이 풍부하고 공포를 잘 느끼며 사람의 겉모습보다는 이면을 보려는 경향을 띤다. 이렇다 보니 소음인은 남에게 쉽게 속내를 드러내지 않는다.

소음인은 다른 체질에 비해 자존심이 매우 강하고 여간해서는 남에게 자신의 흉을 드러내지 않는다. 어쩌다가 누군가가 자신의 흉을 알게 되면 그 사람을 더 이상 가까이하지 않으려 한다. 또한 겉으론 드러내지 않지만 질투심이 매우 강해서 자기보다 뛰어난 사람을 잘 인정하지 않으려는 경향이 있고 여간해서 자신의 본심을 드러내지 않는다. 비록 속으론 분을 품고 있으면서도 겉으론 거의 드러내지 않는 성향을 지녔다. 여간해서는 소음인의 속마음을 알아낼 수 없다.

소음인은 비위가 약해서 장소를 자주 이동하는 것을 싫어하고 음식이나 잠자리가 바뀌는 것도 싫어한다. 이는 새로운 일을 벌이거나 새로운 사람을 만나는 것을 두려워하는 것으로 이어지기도 한다. 하지만 그런 내면을 직설적으로 표현하지 않아 타인들은 소음인이 무엇 때문에 그런 일들을 거부하는지 알지 못한다. 소음인은 자신의 약점을 남이 아는 것을 몹시 싫어하는 데다 자신에 대해 남이 잘 아는 것 자체가 약점을 드러내는 일이라고 생각한다. 그러다 보니, 자기 자신에 대해서 남에게 잘 이야기하지 않거나 적당한 말로 꾸미거나 둘러대는 일이 많다.

비췌가 매우 약하고 민감한 소음인은 신경질이 많은 체질이다. 하지만 소음인이 신경질쟁이라는 사실은 그 가족들만이 안다. 소음인은 자신의 테두리 바깥에 나가면 매우 얌전하고 조용해서 남들은 신경질이 많다는 것을 전혀 모른다. 말하자면 자신을 감쪽같이 숨기는 것이다. 하지만 가족에게는 다르다. 가족이나 친숙한 사람에게는 말이 많고, 내면도 잘 드러낸다. 또한 숨겨놓은 성질도 마음대로 드러낸다.

이들은 또 칭찬에 약한 편이다. 누군가가 자신을 높게 평가해주면 그 기쁨을 몇 번이고 되새기는 체질이다. 하지만 겉으로 드러내지는 않는다.

소음인은 매우 세심하고 의심이 많은 성격이므로 지나친 친절을 좋아하지 않으며 감언이설로 농락하는 사람을 매우 경계한다.

소음인은 세심할 뿐 아니라 끈질기기도 하다. 하지만 그 끈기는 절대 겉으로 드러나지 않는다. 소음인은 그야말로 바람에 흔들리는 갈대 같은 존재다. 겉으론 바람에 흔들려 아무 일도 할 수 없는 나약한 존재처럼 보이지만 실재론 흔들림을 통해 바람의 공격을 이기고 심지어 자신의 씨앗까지 퍼뜨리는 그런 갈대 같은 존재다. 말하자면 소음인은 철저한 외유내강형 인간인 셈이다. 태양인이나 소양인이 보면 아무것도 할 수 없을 정도로 늘 보호하고 이끌어줘야만 할 것처럼 보이는 그런 존재지만 실제는 자신이 취하고자 하는 것은 소리 없이 취하고, 목표로 하는 것은 소리 없이 이루는 그런 스타일이다.

소음인은 전략이 세밀하고 꿈이 현실적이다. 현실적으로 이룰 수 있는 꿈을 하나하나 설정해 각개격파해나가면서 자신의 꿈을 실현해나가는 현실주의자다. 그런 까닭에 적은 시간을 들여 많은 일을 하는 것을 꿈꾼다.

소음인은 비록 목표로 설정하긴 했어도 현실의 장벽이 너무 크면 슬쩍 장벽을 비켜 가는 경향을 보인다. 그렇다 보니 원칙보다는 현실을 중시하고 그것은 곧 이들을 전술에 능한 인물로 발전시킨다.

이렇듯 소음인은 현실주의자적인 성향이 강하다 보니 자신의 행동을 합리화하는 경향이 강할 수밖에 없다. 비록 잘못된 일이라도 자신이 한 일에 대해선 쉽게 반성하지 않는다. 반성할 때도 말로 사과하는 일은 드물다. 반성하면 됐지 굳이 말로 사과할 필요까지 뭐 있느냐는 것이 이들의 일반적인 태도다.

소음인은 대개 몸이 여위거나 작은데, 그렇다 보니 남이 자신을 얕잡아 볼까 봐 몹시 신경을 쓴다. 특히 육체적인 완력을 사용하여 자신을 위협하는 것을 몹시 두려워하는데, 이런 두려움은 역으로 자신의 몸에 함부로 손을 대는 것을 철저히 경계하는 심리로 변한다.

소음인은 아무리 친분이 있는 사람이라도 자기에게 완력을 사용하는 것을 극도로 싫어한다. 심지어 친한 친구가 자신의 몸을 번쩍 드는 것에도 몹시 화가 난다. 다만 그 화를 직설적으로 표현하지는 않는다. 누군가가 작고 왜소한 자신의 몸을 깔보고 함부로 다룰까 봐 두려워하는 심리가 방어적으로 표출되는 것이다.

그러므로 소음인과 악수를 할 때 너무 세게 잡는다거나 소음인의 몸을 들어 올리는 행위는 엄청난 적개심을 유발할 수밖에 없다. 소음인은 그런 행동을 보이는 사람을 야만인 취급하며 웬만해서는 다시는 만나지 않는다.

이런 소음인의 성정이 긍정적으로 발전하면 세심하고 매우 예의 바르며 다소곳하고 절도와 깊이가 있는 인격을 형성할 수 있다. 또한 영리하고 남을 배려할 줄 아는 사람으로 성장할 가능성이 높다.

그러나 부정적으로 작용하면 게으르고 불성실하며 이기적이고 권모술수에 능하며 사기성이 농후한 인물로 성장할 수 있다. 목적을 위해서라면 무슨 짓이라도 하는 배은망덕하고 후안무치한 인간이 될 수도 있다.

이러한 소음인의 특징은 여러 가지 현상으로 드러나게 되는데 이를 요약하면 다음의 열 가지가 핵심이다.

소음인의 특징

①	성정	생각이 많고 차분한 사람이다.
②	물과 땀	물을 적게 먹고, 땀도 적게 흘린다.
③	화	화가 나면 입을 닫고 말을 하지 않으며, 저절로 화가 풀릴 때까지 기다린다.
④	판단과 행동	망설인 뒤에 판단하고, 행동으로 옮긴 뒤에도 생각이 많은 편이다.
⑤	일을 대하는 태도	새로운 일을 시작할 땐 적응할 시간이 필요하다.
⑥	시작과 마무리	일을 시작하는 것은 힘들지만 막상 익숙해지면 마무리는 잘하는 편이다.
⑦	대화	말하기 전에 생각이 많은 편이고, 낯선 사람에겐 말을 잘 건네지 않는다.
⑧	음식 습관	소화기관이 약하고 주로 익숙한 음식을 선호한다.
⑨	사람 만남	새로운 사람을 사귀는 데 시간이 필요하고, 친숙해질 때까지 거리를 둔다.
⑩	얼굴과 체형	눈이 작거나 보통인 편이고, 몸은 마르거나 보통인 편이다.

하지만 소음인이라고 해도 어떤 혈액형과 결합하느냐에 따라 다른 특징과 행동 양식을 보일 수 있다.

소음인의 체질과 혈액형을 결합하면 CA, CO, CB 등 세 가지 기본 기질을 얻을 수 있다. 여기에 보조 체질 세 가지(d, p, e)와 두뇌유형 네 가지(L, U, J, S)를 결합하면 소음인의 36가지 성격유형이 발생한다. 이를 CA, CO, CB 세 기질별로 분류하여 특징과 성격유형을 설명하려 한다.

혈액형별 특징

A형	① 경쾌하고 밝다. ② 분주하고 가볍다. ③ 겁이 많고 소심하다.
O형	① 활동적이고 공격적이다. ② 감정 기복이 심하다. ③ 화끈하고 포용력이 좋다.
B·AB형	① 정적이고 방어적이다. ② 예민하고 독자적이다. ③ 집요하고 세심하다.

Type_ 07

소음인 A형 - CA

기질과 성격유형

시작이 어려운 소심가

둥지 지향형 쥐

기력은 없어도 임기응변엔 강한 리더

CA 타입은 소음인이면서 A형 혈액형인 사람을 지칭한다. CA는 기본적으로 소음인이기에 앞에서 설명한 소음인의 특징부터 이해해야 한다. 거기다 A형 혈액형의 기질적 특징을 알 필요가 있다. CA는 소음인의 특징과 A형 혈액형의 기질이 화학적으로 결합하여 새로운 양상을 드러낸다.

① 성격

시작이 어려운 소심가

CA는 소음인의 소극적이고 폐쇄적인 성격에 A형 혈액형의 소심하면서도 밝은 기질이 결합된 형질이다. 이들은 소음인 중에서는 다소 밝은 성향을 가진 형질이지만, 한편으론 소심하고 예민한 사람들이다.

이들은 대개 몸집이 작고 여윈 편이며, 성격은 내성적이지만 인상은 어둡지 않다. 다만 위장병을 앓는 사람이 많은 까닭에 얼굴에 자주 피로한 기색을 보이며 에너지가 부족하여 사람이 너무 많은 곳에 오래 있지 못한다. 뭔가 새로운 일을 할 때도 망설이는 경우가 많고 운동을 할 때도 집을 나서기까지 생각이 많다. 말하자면 무슨 일이든 시작이 어려운 사람들이 많다. 또 시작한 뒤에도 계속 다시 생각하기를 반복한다.

사람을 사귐에 있어 시간이 오래 걸리고 쉽게 남 앞에 나서지 못하며, 낯선 무리 속에 섞이는 것을 어려워한다. 하지만 막상 친해지면 매우 친근하게 대하고 때때로 몹시 수다스럽다. 친근감이 더해질수록 말이 많아지는 경향이 있다.

이들은 자존심이 몹시 강하여 자신의 허물을 드러내는 것을 매우 싫어하며 누군가 자신의 허물을 알고 있으면 그 사람 옆에도 가지 않으려 한다. 또한 남의 말을 쉽게 믿지 않으며 만사에 의심이 많은 편이라 어떤 일에 함부로 뛰어들지 않는다. 겉으론 매우 신중하게 보이는 이유다. 하지만 실제 내면은 마음이 자주 바뀌는 편이고 덤벙거리는 일도 잦다. 다만 표현을 하지 않을 뿐이다.

일반적인 소음인이 모두 그렇듯이 이들 또한 먼 곳을 여행하는 것을 좋아하지 않고 잠자리가 바뀌는 것을 좋아하지 않는다. 화장실에 대해서도 매우 민감하여 조금만 불안해도 용변을 잘 보지 못하는 경향도 있다. 하지만 그런 사실들을 남에게 잘 밝히지 않아 다른 사람들은 그들이 왜 함께 여행 가는 것을 꺼리는지 잘 모른다.

이들이 장거리 여행을 꺼리는 이유는 여러 가지다. 첫 번째는 위장이 약하여 체력이 모자라고 차멀미를 하는 경우가 많기 때문이다. 두 번째는 익숙지 않은 음식을 잘 먹지 못하기 때문이며 세 번째는 낯선 곳에 대한 두려움이 많아서다. 네 번째는 불편한 잠자리를 참지 못해서다.

이들은 또 새로운 세계나 알지 못하는 곳에 대한 동경심이 별로 없다. 되도록 익숙한 것만 먹고 익숙한 곳에서만 지내고 익숙한 사람들만 만난다.

하지만 CA는 그나마 소음인 중에서 활동적이고 밝은 사람들이다. 또한 마음이 약하고 인정이 많은 편이며 남에게 싫은 소리를 잘 못한다. 때로는 꼭 해야 하는 이야기도 제대로 못하고 머뭇거리는 경우가 많다. 강단이 없다는 느낌을 자주 주고 일을 추진하는 데 어려움을 겪을 때도 있다.

감정은 매우 세밀하고 여린 편이며 친한 사람에 대해서는 지극한 편이다. 하지만 소음인 특유의 차가운 면을 가지고 있어 귀찮은 생각이 들면 이런저런 핑계를 대며 만남을 회피한다. 때때로 중요한 일임에도 귀찮은 느낌이 들면 회피하여 큰 손해를 보는 경우도 있다.

이들은 자신을 압박하거나 강제하는 것을 몹시 싫어하고 같은 말을 반복해서 하는 것도 몹시 싫어한다. 또한 감당할 수 없는 일에 직면하면 말도 없이 포기해버리는 경향이 있다. 하지만 웬만한 일은 쉽게 포기하지 않으며 겉으론 포기한 듯해도 지속하는 경우가 많다.

이들은 주변 사람들의 말이나 태도에 민감하며 공격을 할 땐 매우 신경질적이고 날카롭다. 하지만 공격성은 그다지 오래가지 않으며 상대가 강하게 나오면 두려움을 느끼고 자리를 피해버리는 경향이 있다.

이런 성향들이 긍정적으로 결합하면 온화하고 배려심 많고 사려 깊은 인격을 형성할 수 있고, 냉철하고 효율적인 능력이 있는 사람으로 평가받을 수 있다. 또한 특유의 친근함과 온화함으로 특정한 분야에서 전문적인 이력을 쌓으며 성공적인 삶을 살 수 있다.

하지만 부정적으로 결합하면 소심하고 겁 많고 옹졸한 행동을 일삼으며, 지나치게 몸을 사리고 이기적이라는 인상을 주기 십상이다. 너무 자기중심적이고 자존심만 앞세운 나머지 관계 형성에 문제가 있는 사람이라는 비판을 받을 수도 있다.

둥지 지향형 쥐

CA의 심리는 둥지 지향형이라고 할 수 있다. 이들은 한번 둥지를 틀면 잘 옮기지 않고 낯선 곳에 가서도 꼭 자기만의 둥지를 가지려고 한다. 그리고 한번 둥지 속으로 들어가면 잘 나오지 않는다.

이들은 새로운 세계에 대한 동경심이 별로 없고 새로운 사람에 대한 궁금증도 많지 않다. 그래서 다른 사람에게 쉽게 다가가지 않는다. 오히려 이들은 다른 사람을 자신의 둥지 속으로 끌어들이려는 경향을 띤다. 물론 친해지고 싶은 사람에 한정된 경우다. 이들은 친하지 않으면 절대 자기 둥지 속으로 끌어들이지 않는다.

이들은 근원적으로 누군가에게 의지하려는 경향이 강하다. 반대로 자신이 누군가를 보호해야 하는 입장이 되는 것을 몹시 싫어한다. 특히 육체적으로 힘든 일을 감내해야 할 때 이들은 너무나 힘들어한다.

이들은 남성적이고 힘이 강하고 부지런한 사람이 항상 자신의 둥지를 지켜주기를 원한다. 스스로 우두머리가 되려는 성향이 별로 없다. 오히려 우두머리를 보좌하면서 그의 그늘에서 보호받고자 하는 성향이 강하다.

이들은 내면적으론 남에게 매우 따뜻하지만 육체적으로 표현하는 일에는 서툴다. 그래서 되도록 자신이 피로해지지 않고 남을 위하는 방법을 택한다. 이를테면 노동을 제공하기보다는 돈을 제공하여 남에게 도움을 주는 식이다. 직접 나서서 문제를 해결하기보다는 누군가를 나서게 해서 문제를 해결하는 것을 택한다.

이런 이들의 심리를 12지의 동물에 비유하자면 쥐의 성향과 닮았다. 쥐는 야행성으로 음적인 동물에다 체구가 작다. 그리고 눈은 작지만 빛난다. 또 움직임은 단아하고 조용하며 많은 새끼를 낳는다. 이는 비록 몸은 작고 약하게 보이나 삶이 규칙적이고 끈기 있으며 정력이 강한 소음인과 잘 어울린다. 또한 쥐의 밝고 반짝이는 눈은 양혈인 A형 혈액형 이미지와 잘 맞는다.

③ 리더십

기력은 없어도 임기응변엔 강한 리더

　CA는 세심하지만 에너지가 부족한 탓에 진취적이지 못해서 새로운 일에 도전하는 경향이 약하다. 하지만 기획력이 뛰어나 기발한 아이디어를 잘 내놓는다. 또한 경쟁 상대의 약점을 빨리 포착하고 자신이 나아갈 방향을 분명하게 설정한다. 거기다 임기응변에 매우 능해서 위기 대처 능력이 탁월하다. 하지만 치밀하거나 준비성이 많지는 않다. 겉으로 잘 표시는 나지 않지만 실제론 계획이 허술하거나 비현실적일 때가 많다.

　이들은 일을 진행할 때 자신이 직접 하기보다는 남을 잘 시키는 편이다. 그러나 부하가 믿을만하면 일을 맡겨두는 편이고 믿을만하지 않으면 지나칠 정도로 사사건건 간섭하며 짜증을 많이 낸다. 또 일이 진행되다 어려움을 겪으면 쉽게 마음이 약해지는 경향이 있다.

　이런 CA가 우두머리가 되면 그 수하들은 건강하고 활동적이어야 한다. 하지만 지나치게 주장이 강하거나 압박하는 경향이 있어서는 안 된다. CA는 세심하고 소극적인 기질을 가진 데다 자신에 대한 보호 의식이 매우 강하다. 스스로 몸이 약하고 체력이 떨어져서 자신처럼 약한 사람을 좋아하지 않는 까닭이다.

　CA는 능력을 매우 중시하는 탓에 인재를 선택하는 방법이 탁월하다. 또한 그들에게 권한을 많이 주며 성과에 따라 보상도 매우 후한 편이다. 이들이 리더로 있는 단체는 매우 자유로운 편이다. 하지만 권한에 따른 의무와 책임도 강하게 요구하니 긴장을 늦추지 못한다. 덕분에 CA가 리더로 있는 단체는 매우 조화가 잘 되고 조직이 안정된 경우가 많다.

한편 CA의 리더십이 제대로 발휘되려면 진취적이고 맺고 끊음이 분명한 PO(태양인 O형), 묵직하면서도 책임감이 강한 PB(태양인 B형), 경쾌하면서도 추진력이 좋은 DB(소양인 B형) 등의 도움이 필요하다.

④ 3가지 기질별 특징

CdA(소음소양 A형)

CdA는 CA를 기본으로 DA가 보조하고 있는 형국으로 CA의 온화함, 배려심, 효율성 등의 기질을 중심으로 DA의 경쾌함, 다재다능, 화려함 등이 결합한 유형이다.

이들의 외형적 특징을 살펴보면 체구가 작다. 대개 키가 작고 날씬하며 눈은 작은 편이다. 또한 얼굴은 파리하고 핏기가 없으며 피부엔 윤기가 없는 편이다. 입을 다물고 있을 땐 차가워 보이지만 막상 입을 열면 다정다감하고 웃을 땐 해맑은 느낌이 든다. 또한 DA의 비율이 높을수록 얼굴에 밝은 기운이 조금 늘어나고 인상은 좀 더 날카로운 느낌이 든다.

기질적으론 경계심이 많고 쉽게 화를 내지 않는데, 화를 내도 크게 내지는 않는다. 다만 화가 나면 신경질적인 면을 보인다. 또한 화가 나면 토라져서 입을 다물고 한동안 대화를 거부한다.

이들은 심폐는 약한 편이고 비위도 약한 편이다. 따라서 행동이 차분하고 일을 적극적으로 하지 않는다. 음식은 가리는 것이 많고 비리거나 기름진 것은 모두 피한다. 너무 맵거나 향이 강한 것은 꺼린다. 다만 단 것은 매우 좋아한다. 여행은 꺼리는 편이고 차멀미를 하는 경우가 많다. 회전하는 종류의 놀이기구나 위험한 놀이는 되도록 피한다.

그러나 DA의 비율이 높아질수록 급하고 경쾌한 성정이 강화되며 꽁한 성질도 조금씩 줄어든다. 대신 차분한 구석이 줄어들고 성급한 성향이 강화되며 미루거나 낯가리는 성향도 약화된다.

하지만 CdA라고 해서 모두 같은 성격과 행동방식을 나타내는 것은 아니다. 보조 기질 DA의 결합 비율에 따라 다소 다른 양상을 보일 수 있다. 따라서 CdA를 좀 더 세분하여 Cd91A, Cd82A, Cd73A, Cd64A 등 네 가지로 구분하여 이해할 필요가 있다. (Cd91A는 CA와 DA의 비율이 9:1이고, Cd82A는 8:2, Cd73A는 7:3, Cd64A는 6:4인 경우이다. 이를 확인하기 위해서는 앞의 체질 진단 10가지 항목에서 기본 체질과 보조 체질 비율이 어떠했는지 보면 된다.)

따라서 Cd91A는 CA와 거의 유사한 유형이다. 하지만 Cd64A는 CA의 성향이 상당히 줄어들고 DA의 성향이 상당히 많이 가미된 유형이라 할 수 있다. 이에 따라 이들의 특징을 정리해본다.

우선 Cd91A는 CA의 특성 90%에 DA의 특성이 10% 정도 더해져서 CA의 특성이 대부분을 차지하고 DA의 특성은 거의 드러나지 않는다.

Cd82A는 Cd91A보다는 DA의 기질이 더 많아, 경쾌함과 친화력이 더해진 형태다.

Cd73A는 DA의 강한 특징인 경쾌함, 다재다능, 화려함, 다양성 같은 긍정적 면과 오만함, 성급함, 분주함, 자기중심적 등의 부정적 기재가 더해지는 양상을 보이게 된다.

Cd64A는 DA의 기질이 절반 가까이 차지하는 유형으로 CA

의 기본 기질을 기반으로 DA의 경쾌함, 다재다능, 화려함, 다양성, 친화력, 화려함 등의 긍정적 요소와 오만함, 성급함, 분주함, 자기중심적, 인내력 부족, 무책임함 등의 부정적 요소가 가미된 유형이다.

이러한 CA와 DA의 화학적 결합이 어떤 형식으로 이뤄지느냐에 따라 인격과 능력이 결정된다. 긍정적으로 결합하면 CA의 온화함, 배려심, 효율성, 냉철함, 사려 깊음 등에 DA의 경쾌함, 다재다능, 다양성, 친화력, 화려함 등이 결합하여 대단한 시너지 효과를 일으키며 냉철하면서도 다재다능한 능력을 드러내게 된다.

하지만 부정적으로 결합한다면 CA의 소심함, 옹졸함, 겁 많음, 게으름, 미루기, 낯가림 등에 DA의 성급함, 인내력 부족, 무책임함, 분주함 등이 불협화음을 일으켜 짜증스럽고 옹졸하고 뭐든지 미루는 행동을 일삼는 인격을 형성하게 될 것이다.

CpA(소음태양 A형)

CpA는 CA를 기본으로 PA가 보조하고 있는 형국으로 CA의 온화함, 배려심, 냉철함 등의 기질을 중심으로 PA의 충성심, 해맑음, 치밀함 등이 결합한 유형이다.

이들의 외형적 특징을 살펴보면 대개 날씬하거나 덩치가 작은 편이다. 혹 통통하더라도 키가 작거나 키가 조금 크더라도 살이 찌지 않는 특징을 보인다. 다만 얼굴은 다소 차갑게 보이고 눈은 작지만 매우 반짝거리며 영롱하며 피부는 매끈한 느낌이

든다.

이들은 첫인상이 차가워서 사람들이 쉽게 접근하기 힘들다. 사람에 대해 선을 긋는 면이 있어 친해지기 쉽지 않다. 하지만 친해지면 다정다감하고 관계가 오래도록 지속되는 편이다. 이들은 누구에게라도 극진하게 대하는 경우가 거의 없다. 되도록 앞에 나서지 않고 일을 보좌하거나 도움을 주는 것을 선호한다. 함부로 일을 벌이는 경우는 거의 없지만 일을 막상 시작하면 끝까지 하는 편이다. 남에게 공격적이지 않으며 고집이 세고 매사에 두려움이 많다.

PA의 비율이 늘어날수록 치밀하고 꼼꼼한 성향이 강해진다. 이들은 심폐가 발달하지 않아 행동이 빠르지 않다. 위장이 약해서 자주 체하거나 차멀미를 하는 경우가 많으며 여행 중에 쉽게 체력이 고갈되는 경향을 보인다. 하지만 이런 현상은 PA의 비율이 높아질수록 조금씩 줄어든다.

하지만 CpA라고 해서 모두 같은 성격과 행동방식을 나타내진 않는다. 기본 기질(CA)과 보조 기질(PA)의 결합 비율에 따라 다소 다른 양상을 보일 수 있다. 따라서 CpA를 좀 더 세분하여 Cp91A, Cp82A, Cp73A, Cp64A 등 네 가지로 구분하여 이해할 필요가 있다. (Cp91A는 CA와 PA 비율이 9:1이고, Cp82A는 8:2, Cp73A는 7:3, Cp64A는 6:4인 경우이다.)

Cp91A는 CA와 거의 유사한 유형이다. 하지만 Cp64A는 CA의 성향이 상당히 줄어들고 PA의 성향이 많이 가미된 유형이라 할 수 있다.

우선 Cp91A는 CA의 특성 90%에 PA의 특성이 10% 정도 가미된 유형이다. CA의 특성이 대부분 차지하고 PA의 특성은 아주 일부만 차지하므로 CA와 거의 같다고 이해하면 된다.

Cp82A는 Cp91A보다 PA의 기질이 더 많다. PA의 주요 기질인 치밀함과 충성심이 추가된 형태다.

Cp73A는 PA형의 강한 특징인 치밀함과 충성스러운 기질에 이어 원칙주의와 밝은 기운이 더해진 형태다.

Cp64A는 PA형의 기질이 절반 가까이 차지하는 형태로써 CA의 기본 성격을 기반으로 PA의 긍정적 요소인 충성심, 해맑음, 치밀함, 원칙주의 등과 부정적 요소인 답답함, 지나치게 깐깐함, 지나친 불안감, 겁 많음 등이 복합적으로 작용한다.

이러한 CA와 PA의 화학적 결합이 어떤 형식으로 이뤄지느냐에 따라 인격과 능력이 결정된다. 긍정적으로 결합하면 CA의 온화함, 효율성, 냉철함, 사려 깊음 등에 PA의 충성심, 해맑음, 배려심, 치밀함, 정의감, 원칙주의, 준비성 등이 시너지 효과를 일으키며 온화하면서 치밀하고 효율적인 능력을 발휘하고 주변을 화합이 잘 되는 환경으로 만드는 인격을 드러내게 될 것이다.

하지만 부정적으로 결합한다면 CA의 소심함, 겁 많음, 옹졸함, 게으름, 낯가림, 미루기 등에 PA의 두려움, 답답함, 불안감, 느림, 과한 공격성 등이 불협화음을 일으키며 두려움 많고 옹졸하고 신경질적인 인격을 형성하게 될 것이다.

CeA(소음태음 A형)

CeA는 CA를 기본으로 EA가 보조하고 있는 형국으로 CA의 효율성, 냉철함, 사려 깊음 등의 기질을 중심으로 EA의 여유로움, 포용성, 온화함 등이 결합한 유형이다.

이들의 외형적인 특징을 살펴보면 대개는 키가 작고 통통한 편이지만 일부는 평균 이상의 키에 여윈 편이다. 이들은 대개 눈이 작고 얼굴이 둥근 편이다. 말수는 아주 적은 편이며 웬만한 일엔 나서지 않는다. 일을 할 때는 진척이 느린 편이며 미루는 습관이 있고 뭐든지 망설인다.

기질은 옹졸하지만 느긋한 구석이 있고 모든 일에 관망하는 자세를 취한다. 기분에 따라 행동하는 일은 별로 없고 겉으론 매우 차분하게 보인다. 하지만 속으론 망설임이 많다.

이들은 심폐가 약하여 행동이 느리며 비위는 아주 약하지는 않다. 신장이 발달하여 끈기는 좋은 편이고 일부는 간이 튼튼하여 술을 즐기고 잡기도 즐긴다. 음식은 가리는 편이지만 일부 음식에 대해선 아주 즐긴다. 모임은 즐기지 않으며 사람이 너무 많은 곳은 꺼린다. 여행도 크게 좋아하지 않는다. 되도록 익숙한 한 곳에 오래 있는 것을 좋아하며 폐쇄된 공간에서도 잘 지낸다.

하지만 CeA라고 해서 모두 같은 성격과 행동방식을 갖는 것은 아니다. 기본 기질(CA)과 보조 기질(EA)의 결합 비율에 따라 다소 다른 양상을 보일 수 있다. 따라서 CeA를 좀 더 세분하여 Ce91A, Ce82A, Ce73A, Ce64A 등 네 가지로 구분해 이해할 필요가 있다. (Ce91A는 CA와 EA 비율이 9:1이고, Ce82A는 8:2, Ce73A는

7:3, Ce64A는 6:4인 경우이다.)

Ce91A는 CA와 거의 유사한 유형이다. 하지만 Ce64A는 CA의 성향이 상당히 줄어들고 EA의 성향이 많이 가미된 유형이라 할 수 있다.

우선 Ce91A는 CA의 특성 90%에 EA의 특성이 10% 정도 더해졌다. CA의 특성이 대부분을 차지하고 EA의 특성은 아주 일부분이다. 하지만 EA의 특성이 전혀 영향을 끼치지 않는 것은 아니다. EA의 가장 두드러지는 특징인 여유로움과 포용성이 작용할 가능성이 높다. 또한 CA에 비해 위가 좋고 살집도 있다.

Ce82A는 Ce91A보다는 EA의 기질이 더 많다. 여유로움과 포용성에 이어 EA의 또 다른 기질인 온화함과 친절함이 추가된다. 또한 살집이 늘고 물 먹는 양과 땀도 늘어나는 경향을 띤다.

Ce73A는 EA의 강한 특징인 여유로움, 포용성, 온화함, 친절함 기질에 이어 지속성이나 우유부단함이 더해진 형태다. 심지어 매우 태평스러운 경향도 보인다.

Ce64A는 EA의 기질이 절반 가까이 차지하는 형태로써 CA의 기본 성격을 기반으로 EA의 긍정적 요소인 여유로움, 포용성, 온화함, 친절함과 부정적 요소인 우유부단, 유약함, 느림, 눈치 없음 등이 복합적으로 작용한다.

이러한 CA와 EA의 화학적 결합이 어떤 형식으로 이뤄지느냐에 따라 인격과 능력이 결정된다. 긍정적으로 결합하면 CA의 효율성, 냉철함, 사려 깊음 등에 EA의 여유로움, 포용성, 온화함, 친절함 등이 시너지 효과를 일으키며 세심하면서도 온화하고 여유를 잃지 않는 인격을 드러내게 될 것이다.

하지만 부정적으로 결합한다면 CA의 소심함, 겁 많음, 옹졸함, 게으름, 낯가림, 미루기 등에 EA의 우유부단, 유약함, 느림, 눈치 없음, 언변 부족 등이 불협화음을 일으키며 옹졸하고 낯가림 심하고 갑갑한 인격을 형성하게 된다.

⑤ 내 성격유형에 맞는 배우자

CA의 성격유형은 CA의 세 가지 자기 기질인 CdA, CpA, CeA와 네 가지 두뇌유형 L(논리형), U(실리형), J(명분형), S(감성형)의 결합을 통해 12가지가 형성된다.

CdA 계열 – CdAL, CdAU, CdAJ, CdAS

CpA 계열 – CpAL, CpAU, CpAJ, CpAS

CeA 계열 – CeAL, CeAU, CeAJ, CeAS

배우자를 선택할 때는 체질과 기질 그리고 두뇌유형을 모두 고려해야 한다. 체질과 기질은 멀수록 좋고, 두뇌유형은 가까울수록 좋다. 이성 관계에서 체질과 기질은 반대인 사람에게 끌리게 되어 있지만 끌린다고 해서 반드시 좋은 배우자가 될 수 있는 것은 아니다. 또 그 배우자와 결혼했다고 해서 반드시 결혼 생활이 무난한 것도 아니다.

끌림이 있고 난 뒤에 갈등이 적어야 한다. 갈등은 대개 문제에 접근하고 해결하는 방식에서 비롯되는 경우가 많은데, 이러한 갈등은 대개 두뇌유형의 차이로 일어난다. 말하자면 두뇌유형이 비슷할수록 갈등이 일어날 확률이 낮아진다는 뜻이다. 따라서 가장 적절한 배우자는 체질과 기질이 가장 멀고, 두뇌유형은 같은 상대여야 한다.

CA는 소음인의 하나여서 일단 태양인(P)을 가장 선호한다. 소음인은 선천적으로 적극성이 떨어지고 속내를 잘 보이지 않는다.

외형적으로 다소 약해 보이고 내면적으론 자존심이 강하다. 또한 에너지가 약한 까닭에 누군가의 보살핌을 받는 것을 좋아한다.

이에 비해 태양인은 남을 돕고 누군가를 섬기는 것을 좋아한다. 또한 자신은 외향적이면서 신중한 성향이어서 내성적이면서 비밀스러운 구석이 있는 대상을 좋아한다. 소음인은 체질적으로 이런 태양인을 선호한다.

하지만 태양인 중에 혈액형이 같은 PA에게는 끌림이 약할 수 있다. 또한 O형 혈액형은 양면성이 강해서 B형보다는 부딪칠 우려가 많다. 따라서 CA에게는 PB가 가장 잘 어울린다. 다음으로 PO, 그 다음으로 PA가 잘 어울린다.

태양인 다음으로 CA가 끌리는 체질은 소양인(D)이다. 소양인의 순서도 혈액형에 따라 순위가 정해진다. 따라서 소양인과의 배우자 적합도 순서는 DB, DO, DA가 될 것이다. 그리고 소음인과 태음인은 서로 상극이어서 태음인에 해당하는 기질유형은 모두 배제되고, 또 소음인은 같은 소음인에게 매력을 느끼지 못하므로 이 역시 제외된다.

두뇌유형은 같을 때 가장 좋고, 가까울수록 좋다. 두뇌유형 사이의 선호도와 갈등 관계에 대해서는 1부를 참조하기 바란다.

CdA계열

CdAL(소음소양 A형 논리형 두뇌) : CdA 기질과 논리형(L) 두뇌가 결합한 성격유형으로 긍정적으로 결합하면 냉철하고 사려 깊고 언변이 뛰어나다. 하지만 부정적으로 결합하면 소심하고 낯가림이 심하고 실용성이 부족한 특징을 보일 수 있다.

CdAL 적절한 배우자

1순위	PeBL PcBL PdBL	2순위 PeOL PcOL PdOL
3순위	PeAL PcAL PdAL	4순위 DeBL DcBL DpBL
5순위	DeOL DcOL DpOL	6순위 DeAL DcAL DpAL

이는 기본 기질과 보조 기질 그리고 두뇌유형을 세밀하게 따져서 내린 결론이다. CdA는 기본 기질(CA)이 소음인 A형이기에 태양인 B형(PB)과 가장 잘 맞고, 보조 기질(DA)이 소양인 A형이므로 태음인 B형(EB)과 가장 잘 어울린다. 또한 같은 두뇌유형을 선호하기 때문에 CdAL에게는 PeBL이 가장 좋은 배우자감이다. 1순위 그룹의 PcBL, PdBL이 그 다음 순위를 잇는 것도 이런 원칙이고, 2순위 그룹부터 6순위 그룹까지의 형성 과정도 마찬가지다.

CdAU(소음소양 A형 실리형 두뇌) : CdA 기질과 실리형(U) 두뇌가 결합한 성격유형으로 긍정적으로 결합하면 냉철하고 사려 깊고 현실적이면서 실리적이고 추진력이 있다. 하지만 부정적으로 결합하면 소심하고 낯가림이 심하고 결과만 중시하는 특징을 보일 수 있다.

1순위	PeBU PcBU PdBU	2순위	PeOU PcOU PdOU
3순위	PeAU PcAU PdAU	4순위	DeBU DcBU DpBU
5순위	DeOU DcOU DpOU	6순위	DeAU DcAU DpAU

CdAJ(소음소양 A형 명분형 두뇌) : CdA 기질과 명분형(J) 두뇌가 결합한 성격유형으로 긍정적으로 결합하면 냉철하고 사려 깊고 객관적이면서 분명한 가치관에 입각하여 일을 처리하는 특징을 보인다. 하지만 부정적으로 결합하면 소심하고 낯가림이 심하고 허례와 명분만 따지는 특징을 보일 수 있다.

CdAJ 적절한 배우자

1순위	PeBJ PcBJ PdBJ	2순위	PeOJ PcOJ PdOJ
3순위	PeAJ PcAJ PdAJ	4순위	DeBJ DcBJ DpBJ
5순위	DeOJ DcOJ DpOJ	6순위	DeAJ DcAJ DpAJ

CdAS(소음소양 A형 감성형 두뇌) : CdA 기질과 감성형(S) 두뇌가 결합한 성격유형으로 긍정적으로 결합하면 냉철하고 사려 깊고 예술적이고 독창적인 능력을 드러낸다. 하지만 부정적으로 결합하면 소심하고 낯가림이 심하고 오만하고 자기중심적인 행동을 일삼는 특징을 보일 수 있다.

1순위	PeBS	PcBS	PdBS	2순위	PeOS	PcOS	PdOS
3순위	PeAS	PcAS	PdAS	4순위	DeBS	DcBS	DpBS
5순위	DeOS	DcOS	DpOS	6순위	DeAS	DcAS	DpAS

CpA 계열

CpAL(소음태양 A형 논리형 두뇌) : CpA기질과 논리형(L) 두뇌가 결합한 성격유형으로 긍정적으로 결합하면 냉철하고 사려 깊고 언변이 뛰어나다. 하지만 부정적으로 결합하면 소심하고 낯가림이 심하고 실용성이 부족한 특징을 보일 수 있다.

CpAL 적절한 배우자

1순위	PcBL	PeBL	PdBL	2순위	PcOL	PeOL	PdOL
3순위	PcAL	PeAL	PdAL	4순위	DcBL	DeBL	DpBL
5순위	DcOL	DeOL	DpOL	6순위	DcAL	DeAL	DpAL

CpAU(소음태양 A형 실리형 두뇌) : CpA기질과 실리형(U) 두뇌가 결합한 성격유형으로 긍정적으로 결합하면 냉철하고 사려 깊고 현실적이고 추진력이 뛰어나다. 하지만 부정적으로 결합하면 낯가림이 심하고 결과만 중시하는 특징을 보일 수 있다.

1순위	PcBU PeBU PdBU	2순위	PcOU PeOU PdOU
3순위	PcAU PeAU PdAU	4순위	DcBU DeBU DpBU
5순위	DcOU DeOU DpOU	6순위	DcAU DeAU DpAU

CpAJ(소음태양 A형 명분형 두뇌) : CpA기질과 명분형(J) 두뇌가 결합한 성격유형으로 긍정적으로 결합하면 냉철하고 사려 깊고 객관적이고 분명한 가치관에 입각하여 일을 처리하는 특징을 보인다. 하지만 부정적으로 결합하면 소심하고 낯가림이 심하고 허례와 명분만 따지는 특징을 보일 수 있다.

CpAJ 적절한 배우자

1순위	PcBJ PeBJ PdBJ	2순위	PcOJ PeOJ PdOJ
3순위	PcAJ PeAJ PdAJ	4순위	DcBJ DeBJ DpBJ
5순위	DcOJ DeOJ DpOJ	6순위	DcAJ DeAJ DpAJ

CpAS(소음태양 A형 감성형 두뇌) : CpA기질과 감성형(S) 두뇌가 결합한 성격유형으로 긍정적으로 결합하면 냉철하고 사려 깊고 예술적이고 창조적이다. 하지만 부정적으로 결합하면 소심하고 낯가림이 심하고 오만하고 개념 없는 특징을 보일 수 있다.

1순위	PcBS PeBS PdBS	2순위	PcOS PeOS PdOS
3순위	PcAS PeAS PdAS	4순위	DcBS DeBS DpBS
5순위	DcOS DeOS DpOS	6순위	DcAS DeAS DpAS

CeA 계열

CeAL(소음태음 A형 논리형 두뇌) : CeA 기질과 논리형(L) 두뇌가 결합한 성격유형으로 긍정적으로 결합하면 냉철하고 사려 깊고 언변이 뛰어나다. 하지만 부정적으로 결합하면 소심하고 낮가림이 심하고 실용성이 부족한 특징을 보일 수 있다.

CeAL 적절한 배우자

1순위	PdBL PcBL PeBL	2순위	PdOL PcOL PeOL
3순위	PdAL PcAL PeAL	4순위	DpBL DcBL DeBL
5순위	DpOL DcOL DeOL	6순위	DpAL DcAL DeAL

CeAU(소음태음 A형 실리형 두뇌) : CeA 기질과 실리형(U) 두뇌가 결합한 성격유형으로 긍정적으로 결합하면 냉철하고 사려 깊고 현실적이며 추진력이 있다. 하지만 부정적으로 결합하면 소심하고 낮가림이 심하고 결과만 중시하는 특징을 보일 수 있다.

CeAU 적절한 배우자

1순위	PdBU PcBU PeBU	2순위	PdOU PcOU PeOU
3순위	PdAU PcAU PeAU	4순위	DpBU DcBU DeBU
5순위	DpOU DcOU DeOU	6순위	DpAU DcAU DeAU

CeAJ(소음태음 A형 명분형 두뇌) : CeA 기질과 명분형(J) 두뇌가 결합한 성격유형으로 긍정적으로 결합하면 냉철하고 사려 깊고 분명한 가치관에 입각하여 일을 처리하는 특징을 보인다. 하지만 부정적으로 결합하면 소심하고 낯가림이 심하고 허례와 명분만 따지는 특징을 보일 수 있다.

CeAJ 적절한 배우자

1순위	PdBJ PcBJ PeBJ	2순위	PdOJ PcOJ PeOJ
3순위	PdAJ PcAJ PeAJ	4순위	DpBJ DcBJ DeBJ
5순위	DpOJ DcOJ DeOJ	6순위	DpAJ DcAJ DeAJ

CeAS(소음태음 A형 감성형 두뇌) : CeA 기질과 감성형(S) 두뇌가 결합한 성격유형으로 긍정적으로 결합하면 냉철하고 사려 깊고 예술적이면서 독창적인 능력을 드러낸다. 하지만 부정적으로 결합하면 소심하고 낯가림이 심하고 오만하고 자기중심적인 행동을 일삼는 특징을 보일 수 있다.

CeAS 적절한 배우자

1순위	PdBS PcBS PeBS	2순위	PdOS PcOS PeOS
3순위	PdAS PcAS PeAS	4순위	DpBS DcBS DeBS
5순위	DpOS DcOS DeOS	6순위	DpAS DcAS DeAS

소음인 O형 - CO

기질과 성격유형

공격적인 기분파

이중적인 토끼

자만한 독선가

CO 타입은 소음인이면서 O형 혈액형을 가진 사람을 지칭한다. CO는 소음인의 특징과 O형 혈액형의 기질이 화학적으로 결합하여 새로운 양상을 드러낸다.

① 성격

공격적인 기분파

CO는 소음인 체질의 성격에 O형 혈액형의 공격적이면서도 관용적인 기질이 결합한 형질로서 소음인 중에서 가장 활달하고 공격적인 성향을 띤다. 때론 O형의 관용성 탓에 매우 유순한 성질을 드러내기도 한다. 소음인 가운데 감정 기복이 가장 심한 사람들이기도 하다.

이들 역시 소음인의 하나인 탓에 내성적이며 인상은 다소 날카로운 편이다. 이들이 입을 다물고 있으면 말을 붙이기 어려울 때가 많고 화를 내면 매우 독살스러운 느낌이 든다. 하지만 내면적으론 오히려 인정스럽고 사람에 대한 연민이 많은 편이다.

이들은 성격이 다소 급하고 공격성이 강해 소양인으로 오해받는 경우도 많다. 하지만 대개 위장이 약하고 얼굴에 핏기가 없으며 성격이 폐쇄적이어서 금세 소양인과 구분할 수 있다.

CO는 다소 기분파다. 화가 나면 상대를 가리지 않고 화를 내다가도 기분 좋은 일이 생기면 슬그머니 화를 풀어버린다. 또 물건이나 칭찬에 민감하며 가까운 사람에 대해서는 농담도 잘하는 성격이다. 간혹 주변 사람들로부터 어린아이 같다는 소리를 듣기도 한다. 하지만 속이 넓다거나 덕스럽다는 소리를 듣지는 못한다.

이들 중에는 인상이 차갑거나 날카로운 사람이 많아서 별로 두려움이 없는 것처럼 보이나 실상은 겁이 많은 편이다. 특히 폭력이나 사고 등에 관한 두려움이 매우 크다. 그래서 누군가와 말다툼을 하다가도 상대가 폭력적인 성향을 드러내면 꼬리를 내리는 경우가 많다.

대개의 소음인이 그렇듯이 이들 또한 먼 곳을 다니거나 차를 오래 타는 것을 싫어한다. 이들 대부분은 멀미를 하기 때문이다. 하지만 나이를 먹거나 차 타는 일에 익숙해지고 나면 조금씩 여행하는 것을 즐기게 된다. 그 순간부터 폐쇄적인 공간을 싫어하게 된다.

이들은 소음인 중에서 매운 것을 가장 즐기는 사람들이다. CO 중 일부는 매운 음식을 많이 먹는다. 이들의 성질이 급한 것과 연관성이 있다.

CO 또한 주변 사람들의 말이나 감정 상태에 매우 민감한 편이다. 하지만 스스로도 자기 감정을 종잡을 수 없을 때가 많다. 사람에 대한 감정이 비교적 자주 변하기 때문이다. 싫어하던 사람도 어떤 작은 계기로 좋아하고 좋던 사람도 대수롭지 않은 일로 싫어하는 경향이 있다. 또한 사람을 평가하는 기준도 다른 소음인에 비해 자주 변하는 편이며 용서도 빠르다.

CO는 자기 영역에 대한 보호 본능이 강하다. 그래서 누군가가 자기 영역으로 침입하면 아주 폐쇄적인 태도를 보이고, 그래도 계속 침입해오면 매섭게 공격한다. 하지만 때론 누군가가 자신의 영역 속에 들어오길 초조하게 기다리기도 한다. 특히 연정을 느낀 상대에 대해서 이런 기다리는 자세를 가진다. 그렇다고 자신이 나서서 적극적으로 상대를 끌어들이지는 않는다. 그래서 비록 자신이 원하는 상대라고 하더라도 상대가 적극적으로 다가 오지 않으면 마음만 졸이다가 놓치는 경우가 많다.

이들은 소음인 중에서 끈기가 가장 약한 편이며 인내심도 강하지 않다. 주변 사람에 대해 자주 토라지는 경향이 있고 일을 추진하는 데 있어 마음이 자주 변하는 편이다. 그래서 조바심이 많다. 하지만 이런 사실은 가까운 사람만 알고 대부분의 사람은 눈치채지 못한다. 소음인 특유의 은밀함과 폐쇄성을 가지고 있는 까닭이다.

이런 성향들이 긍정적으로 결합하면 온화하고 너그럽고 사려 깊은 인격을 형성할 수 있으므로 관용적이면서 효율적인 능력을 지닌 사람이라는 평가를 받을 수 있다. 특유의 친근함과 온화함으로 특정한 분야에서 전문적인 이력을 쌓으며 성공적인 삶을 살 수 있다.

하지만 부정적으로 결합하면 소심하면서 돌발적이고 옹졸한 행동을 일삼으며 지나치게 감정이 돌변하고 짜증스럽다는 인상을 주기 십상이다. 너무 이중적인 행동으로 종잡을 수 없는 사람이라는 비판을 받을 수 있다.

이중적인 토끼

CO는 다소 이중적이고 복잡한 편이다. 이들의 심리는 한 마디로 표현하기 곤란하다. 굳이 말하자면 주인적 성향과 노예적 성향이 혼재한다고 말할 수 있다.

심리의 바탕에는 모든 사람이 자기에게 고개 숙이기를 바라는 거만한 정서가 도사리고 있다. 그래서 누구든지 자기를 깍듯이 대해야 한다는 생각을 하고 있다. 하지만 한편에서는 늘 누군가에게 지배받고 그로부터 총애 받고자 하는 노예 심리가 있다. 사람에 따라 극과 극을 달리는 등 다른 정서를 드러내곤 하며, 조변석개한다는 소리를 듣기 쉽다.

사실 스스로도 이런 자신의 심리를 조절하는 데 어려움을 겪는다. 주변 사람의 기분이나 행동에 따라 자신의 심리도 흔들린다. 그래서 행동에 일관성이 잘 생기지 않는다. 이런 부분을 극복하기 위해서는 가치관을 분명하게 정립하고, 스스로 행동의 원칙을 정하며 그 원칙에 따라 움직이는 습관을 들여야 한다.

CO를 12지 동물에 비유하면 토끼다. 토끼는 쥐처럼 야행성이며 새끼를 많이 낳고 영역이 분명하다. 하지만 쥐보다 덩치가 크고 살이 찌며 털도 많다. 쥐의 털은 흰색 아니면 회색으로 색깔이 단조로운데 토끼의 털 빛깔은 수십 가지고 매우 화려하다. 이것은 화려함을 좋아하고 성격 변화가 잦은 CO와 닮았다.

③ 리더십

자만한 독선가

CO는 기질상으론 매우 활동적이지만 체질적으론 에너지가 부족한 사람들이다. 무엇인가 하고 싶은 욕구는 강하나 실천하는 데 어려움을 겪는다. 또 단체를 이끌고 싶지만 많은 사람과 활발하게 접촉하는 것은 그다지 즐기지 않는다. 다소 독선적인 성향을 드러내는 리더십을 발휘하게 된다.

대개 CO가 리더가 되면 중요한 문제를 혼자 결정하는 경우가 많다. 물론 결정 과정에서 여러 사람의 의견을 들어보기는 하지만 역시 자신의 의견을 가장 중시한다. 이는 CO의 내면에 자만심이 깔려 있기 때문이다. 말하자면 자신이 어떤 누구보다도 현명하고 좋은 판단을 내릴 수 있다는 막연한 자만심이 늘 도사리고 있다는 뜻이다.

특히 CO는 자신이 리더가 됐을 때 이런 자만심을 더욱 강하게 드러낸다. CO의 우두머리들은 고집스럽고 독선적이라는 소리를 듣기 쉽다.

이런 리더십이 긍정적으로 발휘되기 위해서는 CO 스스로 많은 공부를 하여 지식적인 기반을 튼튼하게 다져야 한다. 그렇지 않으면 알지도 못하면서 고집만 부린다고 공격받기 딱 좋다.

CO는 아랫사람을 평가하는 기준 중에 가장 중시하는 것이 예의와 태도다. 자신에게 복종하거나 자신의 의견에 동의하는 태도를 취하는지가 관건이다. 또 자기보다 잘난 사람은 잘 선택하지 않는다. 말하자면 충성심이 높고 예의를 잘 갖추는 사람을 선호한다.

이들은 대개 권한은 적게 주면서 책임은 많이 지우는 경향이 있다. 말하자면 실질적이고 핵심적인 권한은 자신이 갖고 형식적인 권한과 책임은 아랫사람에게 부여하는 경우가 많다는 것이다. CO 리더가 지배하는 단체는 상하 개념이 뚜렷하고 명령이 잘 지켜지며 단합이 잘 된다. 하지만 한번 무너지면 걷잡을 수 없게 된다.

이런 CO의 리더십이 제대로 발휘되기 위해서는 충직하고 치밀한 성격을 가진 PB(태양인 B형), 발이 빠르고 밝으면서도 주변을 잘 챙기는 PA(태양인 A형), 추진력이 좋고 목표 달성에 능한 DB(소양인 B형), 재주가 많고 언변이 좋은 DA(소양인 A형) 등의 도움이 필요하다.

④ 3가지 기질별 특징

CdO(소음소양 O형)

CdO는 CO를 기본으로 DO가 보조하고 있는 형국으로 CO의 온화함, 화통함, 효율성 등의 기질을 중심으로 DO의 행동력, 추진력, 진취성 등이 결합한 유형이다.

이들의 외형적 특징을 살펴보면 체구가 작다. 대개 키가 작고 날씬하며 눈은 작은 편이다. 얼굴은 파리하고 핏기가 없으며 피부엔 윤기가 없는 편이다. 입을 다물고 있을 땐 차가워 보이지만 막상 입을 열면 다정다감하다. DO의 비율이 높을수록 얼굴에 밝은 기운이 조금 늘어나고 인상은 좀 더 날카로운 느낌이 든다.

기질적으론 경계심이 많고 쉽게 화를 내지 않는다. 하지만 화를 낼 땐 손을 떨며 흥분하고 매우 날카롭게 공격한다. 때론 화가 나면 토라져서 입을 다물고 아예 대화를 거부하기도 한다.

이들은 심폐와 비위가 약한 편이다. 행동이 차분한 편이지만 감정 기복이 있고 결정을 자주 번복하는 경향이 있다. 가리는 음식이 많고 비리거나 기름진 것은 모두 피한다. 다만 단 것은 매우 좋아하고 CO 중 일부는 매운 것도 곧잘 먹는다. 여행은 꺼리는 편이고 차멀미를 하는 경우가 많다. 회전하는 종류의 놀이기구나 위험한 놀이는 되도록 피한다.

DO의 비율이 높아질수록 급하고 경쾌한 성정이 강화되며 토라지거나 날카로운 성질도 조금씩 줄어든다. 대신 차분한 구석이 줄어들고 미루거나 낯가리는 성향도 약화된다.

하지만 CdO라고 해서 모두 같은 성격과 행동방식이 나타나는 것은 아니다. 보조 기질 DO의 결합 비율에 따라 다소 다른 양상을 보일 수 있다. 따라서 CdO를 좀 더 세분하여 Cd91O, Cd82O, Cd73O, Cd64O 등 네 가지로 구분하여 이해할 필요가 있다. (Cd91O는 CO와 DO의 비율이 9:1이고, Cd82O는 8:2, Cd73O는 7:3, Cd64O는 6:4인 경우이다. 이를 확인하기 위해서는 앞의 체질 진단 10가지 항목에서 기본 체질과 보조 체질 비율이 어떠했는지 보면 된다.)

Cd91O는 CO와 거의 유사한 유형이다. 하지만 Cd64O는 CO의 성향이 상당히 줄어들고 DO의 성향이 상당히 많이 가미된 유형이라 할 수 있다. 이에 따라 이들의 특징을 정리해본다.

우선 Cd91O는 CO의 특성 90%에 DO의 특성이 10% 정도 더해졌다. CO의 특성이 대부분 차지하고 DO의 특성은 거의 드러나지 않는다.

Cd82O는 Cd91O보다는 DO의 기질이 더 많다. 행동력과 추진력이 더해진 형태다.

Cd73O는 DO의 강한 특징인 행동력, 추진력, 진취성 같은 긍정적 면과 오만함, 성급함, 분주함, 저돌성, 이중성 등의 부정적 기재가 더해지는 양상을 보이게 된다.

Cd64O는 DO의 기질이 절반 가까이 차지하는 형태로써 CO의 기본 기질을 기반으로 DO 등의 긍정적 요소인 행동력, 추진력, 진취성, 다양성, 포용력 등과 저돌성, 성급함, 오만함, 인내력 부족, 무책임함 등의 부정적 요소가 가미된다.

이러한 CO와 DO의 화학적 결합이 어떤 형식으로 이뤄지느냐에 따라 인격과 능력이 결정된다. 긍정적으로 결합하면 CO의 온화함, 화통함, 효율성, 냉철함, 사려 깊음 등에 DO의 행동력, 추진력, 진취성, 다양성, 포용력 등이 결합하여 대단한 시너지 효과를 일으키며 화통하면서도 냉철하고 효율성을 갖춘 능력을 드러내게 된다.

하지만 부정적으로 결합한다면 CO의 돌변성, 이중성, 겁 많음, 게으름, 미루기, 낯가림 등에 DO의 성급함, 인내력 부족, 무책임함, 분주함, 저돌성 등이 불협화음을 일으켜 게으르면서 무책임하고 돌발적인 행동을 일삼는 인격을 형성하게 될 것이다.

CpO(소음태양 O형)

CpO는 CO를 기본으로 PO가 보조하고 있는 형국으로 CO의 온화함, 화통함, 냉철함 등의 기질을 중심으로 PO의 치밀함, 엄격성, 정의감 등이 결합한 유형이다.

이들의 외형적 특징을 살펴보면 대개 날씬하거나 덩치가 작은 편이다. 혹 통통하더라도 키가 작거나 키가 조금 크더라도 살이 찌지 않는 특징을 보인다. 다만 얼굴은 다소 차갑게 보이고 눈은 작지만 매우 반짝거리고 영롱하며 피부는 매끈한 느낌이 든다.

이들은 첫인상이 차가운 탓에 사람들이 쉽게 접근하기 힘들다. 사람에 대해 선을 긋는 면이 있어 친해지기 쉽지 않다. 하지만 친해지면 다정다감하다. 그러나 돌변하는 성향이 있어 관계가 오래 가기는 쉽지 않다. 또 누구라도 극진하게 대하는 경우는 거의 없다. 함부로 일을 벌이는 경우는 거의 없지만 일을 벌인 뒤에도 자주 생각이 바뀌는 경향이 있다. 나서기를 좋아하지는 않지만 조용히 있다가 돌발적으로 남 앞에 나서는 경우가 종종 있다. 평소엔 남에게 공격적이지는 않지만 막상 공격을 시작하면 매우 예리하고 날카롭다. 또한 매우 신경질적으로 대응하며 몸을 떨 정도로 감정이 폭발하는 경향이 있다.

PO의 비율이 늘어날수록 치밀하고 꼼꼼한 성향이 강해진다. 이들은 심폐가 발달하지 않아 행동이 빠르지 않으며, 위장이 약해서 자주 체하거나 차멀미를 하는 경우가 많다. 여행 중에 쉽게 체력이 고갈되는 경향을 보인다. 이런 현상은 PO의 비율이 높아질수록 조금씩 줄어든다.

하지만 CpO라고 해서 모두 같은 성격과 행동방식이 나타나는 것은 아니다. 기본 기질(CO)과 보조 기질(PO)의 결합 비율에 따라 다소 다른 양상을 보일 수 있다. 따라서 CpO를 좀 더 세분하여 Cp91O, Cp82O, Cp73O, Cp64O 등 네 가지로 구분하여 이해할 필요가 있다. (Cp91O는 CO와 PO 비율이 9:1이고, Cp82O는 8:2, Cp73O는 7:3, Cp64O는 6:4인 경우이다.)

따라서 Cp91O는 CO와 거의 유사한 유형이다. 하지만 Cp64O는 CO의 성향이 상당히 줄어들고 PO의 성향이 많이 가미된 유형이다. 이에 따라 달라지는 이들의 특징을 정리한다.

우선 Cp91O는 CO의 특성 90%에 PO의 특성이 10% 정도 더해졌다. CO의 특성이 대부분을 차지하고 PO의 특성은 아주 일부만 차지하므로 CO와 거의 같다고 이해하면 된다.

Cp82O는 Cp91O보다는 PO의 기질이 더 많다. PO의 주요 기질인 치밀함과 엄격성이 추가된 형태다.

Cp73O는 PO의 강한 특징인 치밀함과 엄격한 기질에 이어 원칙주의와 정의감이 더해진 형태다.

Cp64O는 PO의 기질이 절반 가까이 차지하는 형태로써 CO의 기본 성격을 기반으로 PO의 긍정적 요소인 치밀함, 엄격함, 원칙주의, 정의감 등과 부정적 요소인 답답함, 지나치게 깐깐함, 지나친 불안감, 겁 많음, 저돌성 등이 복합적으로 작용한다.

이러한 CO와 PO의 화학적 결합이 어떤 형식으로 이뤄지느냐에 따라 인격과 능력이 결정된다. 긍정적으로 결합하면 CO의 온화함, 화통함, 효율성, 냉철함, 사려 깊음 등에 PO의 치밀함, 정의감, 원칙주의, 과감성, 엄격성 등이 시너지 효과를 일으킬 수 있다. 온화하면서 원칙적이고 효율적인 능력을 발휘하여 주변을 화합이 잘 되는 환경으로 만드는 인격을 드러내게 될 것이다. 하지만 부정적으로 결합하면 CO의 소심함, 겁 많음, 옹졸함, 게으름, 낯가림, 미루기, 돌변성 등에 PO의 두려움, 답답함, 불안감, 느림, 과한 공격성 등이 불협화음을 일으키며 고집 세고 옹졸하고 신경질적인 인격을 형성하게 될 것이다.

CeO(소음태음 O형)

CeO는 CO를 기본으로 EO가 보조하고 있는 형국으로 CO의 효율성, 화통함, 사려 깊음 등의 기질을 중심으로 EO의 여유로움, 포용성, 인내심 등이 결합한 유형이다.

이들의 외형적 특징을 살펴보면 대개는 키가 작고 통통한 편이지만 일부는 키가 평균 이상이고 여윈 편이다. 이들은 대개 눈이 작고 얼굴이 둥글다. 말수는 아주 적은 편이며 웬만한 일엔 나서지 않는다. 일을 할 땐 진척이 느린 편이며 미루는 습관이 있고 뭐든지 망설인다.

기질은 옹졸하지만 느긋한 구석이 있고 모든 일에 관망하는 자세를 취한다. 기분에 따라 행동하는 일은 별로 없고 겉으론 매우 차분하게 보인다. 하지만 속으론 망설임이 많고 돌발적인 경향이 있다.

이들은 심폐가 약하여 행동이 느리며, 비위는 아주 약하지는 않다. 신장이 발달하여 끈기는 좋은 편이고, 일부는 간이 튼튼해서 술과 잡기를 즐긴다. 음식은 가리는 편이지만 일부 음식에 대해선 아주 즐기며 일부는 매운 음식을 잘 먹는다. 또 단 것을 매우 즐기고 먹는 양이 많다. 모임은 즐기지 않으며 사람이 너무 많은 곳은 꺼린다. 여행도 크게 좋아하지 않고 되도록 익숙한 곳에 오래 있는 것을 좋아하며, 폐쇄된 공간에서도 잘 지낸다.

하지만 CeO라고 해서 모두 같은 성격과 행동방식이 나타나는 것은 아니다. 기본 기질(CO)과 보조 기질(EO)의 결합 비율에 따라 다소 다른 양상을 보일 수 있다. 따라서 CeO를 좀 더 세분하여 Ce91O, Ce82O, Ce73O, Ce64O 등 네 가지로 구분해서 이해할 필요가 있다. (Ce91O는 CO와 EO 비율이 9:1이고, Ce82O는 8:2, Ce73O는 7:3, Ce64O는 6:4인 경우이다.)

Ce91O는 CO와 거의 유사한 유형이다. 하지만 Ce64O는 CO의 성향이 상당히 줄어들고 EO의 성향이 많이 가미된 유형이다. 이에 따라 이들의 특징을 정리해본다.

우선 Ce91O는 CO의 특성 90%에 EO의 특성이 10% 정도 추가됐다. CO의 특성이 대부분 차지하고 EO의 특성은 아주 일부만 차지한다. 하지만 EO의 특성이 전혀 영향을 끼치지 않는 것은 아니다. 특히 EO의 가장 두드러지는 특징인 여유로움과 포용성이 작용할 가능성이 높다. 또한 CO에 비해 위가 좋고 살집도 있다.

Ce82O는 Ce91O보다는 EO 기질이 더 많다. 여유로움과 포용성에 이어 EO의 또 다른 기질인 인내력과 지속성이 추가된 형태다. 또 살집이 늘고, 물 먹는 양과 땀도 늘어나는 경향을 띤다.

Ce73O는 EO의 강한 특징인 여유로움, 포용성, 인내력, 지속성 기질에 이어 저돌성이나 우유부단함이 더해진 형태다.

Ce64O는 EO의 기질이 절반 가까이 차지하는 형태로써 CO의 기본 성격을 기반으로 EO의 긍정적 요소인 여유로움, 포용성, 인내력, 지속성, 추진력 등과 부정적 요소인 우유부단, 유약함, 느림, 눈치 없음, 저돌성 등이 복합적으로 작용한다.

이러한 CO와 EO의 화학적 결합이 어떤 형식으로 이뤄지느냐에 따라 인격과 능력이 결정된다. 긍정적으로 결합하면 CO의 효율성, 화통함, 사려 깊음 등에 EO의 여유로움, 포용성, 인내력 등이 시너지 효과를 일으키며 세심하면서도 화통하고 포용력 있는 인격을 드러내게 될 것이다.

하지만 부정적으로 결합한다면 CO의 소심함, 겁 많음, 옹졸함, 게으름, 미루기, 돌변성 등에 EO의 우유부단, 유약함, 느림, 눈치 없음, 언변 부족 등이 불협화음을 일으키며 돌발적이고 우유부단한 인격을 형성하게 될 것이다.

⑤ 내 성격유형에 맞는 배우자

CO의 성격유형은 CO의 세 가지 자기 기질인 CdO, CpO, CeO와 네 가지 두뇌유형 L(논리형), U(실리형), J(명분형), S(감성형)의 결합을 통해 12가지가 만들어진다.

CdO 계열 - CdOL, CdOU, CdOJ, CdOS

CpO 계열 - CpOL, CpOU, CpOJ, CpOS

CeO 계열 - CeOL, CeOU, CeOJ, CeOS

배우자를 선택할 때는 체질과 기질 그리고 두뇌유형을 모두 고려해야 한다. 체질과 기질은 멀수록 좋고, 두뇌유형은 가까울 수록 좋다. 이성 관계에서 체질과 기질은 반대인 사람에게 끌리게 되어 있지만 끌린다고 해서 반드시 좋은 배우자가 될 수 있는 것은 아니다. 또 그 배우자와 결혼했다고 해서 반드시 결혼 생활이 무난한 것도 아니다.

끌림이 있고 난 뒤에 갈등이 적어야 한다. 갈등은 대개 문제에 접근하고 해결하는 방식에서 비롯되는 경우가 많은데, 이러한 갈등은 두뇌유형의 차이로 일어난다. 말하자면 두뇌유형이 비슷할수록 갈등이 일어날 확률이 낮아진다는 뜻이다. 따라서 가장 적절한 배우자는 체질과 기질이 가장 멀고, 두뇌유형은 같은 상대여야 한다.

CO는 소음인의 하나여서 일단 태양인(P)을 가장 선호한다. 소음인은 선천적으로 적극성이 떨어지며 속내를 잘 보이지 않으며 외형적으로 다소 약해 보이고 내면적으론 자존심이 강한다. 또한 에너지가 약한 까닭에 누군가의 보살핌을 받는 것을 좋아한다.

이에 비해 태양인은 남을 돕고 누군가를 섬기는 것을 좋아한다. 또한 자신은 외향적이면서 신중한 성향이어서 내성적이면서 비밀스러운 구석이 있는 대상을 좋아한다. 소음인은 체질적으로 이런 태양인을 선호한다.

하지만 태양인 중에 혈액형이 같은 PO에게는 끌림이 약할 수 있다. 또한 O형 혈액형은 양면성이 강해서 B형 보다는 A형과 부딪칠 우려가 많다. 따라서 CO에게는 PB가 가장 잘 어울리고, PA, PO 순으로 잘 어울린다.

태양인 다음으로 CO가 끌리는 체질은 소양인(D)이다. 소양인의 순서도 혈액형에 따라 순위가 정해진다. 소양인과의 배우자 적합도 순서는 DB, DA, DO가 될 것이다. 그리고 소음인과 태음인은 서로 상극이어서 태음인에 해당하는 기질유형은 모두 배제되고, 또 소음인은 같은 소음인에게 매력을 느끼지 못하므로 이 역시 제외된다.

두뇌유형은 같을 때 가장 좋고, 가까울수록 좋다. 두뇌유형 사이의 선호도와 갈등 관계에 대해서는 1부를 참조하기 바란다.

CdO 계열

CdOL(소음소양 O형 논리적 두뇌) : CdO 기질과 논리형(L) 두뇌가

결합한 성격유형으로 긍정적으로 결합하면 사려 깊고 화통하며 언변이 뛰어나다. 하지만 부정적으로 결합하면 소심하고 돌변하며 실용성이 부족한 특징을 보일 수 있다.

CdOL 적절한 배우자

1순위	PeBL	PcBL	PdBL	2순위	PeAL	PcAL	PdAL
3순위	PeOL	PcOL	PdOL	4순위	DeBL	DcBL	DpBL
5순위	DeAL	DcAL	DpAL	6순위	DeOL	DcOL	DpOL

이는 기본 기질과 보조 기질 그리고 두뇌유형을 세밀하게 따져서 내린 결론이다. CdO는 기본 기질(CO)이 소음인 O형이기에 태양인 B형(PB)과 가장 잘 맞는다. 보조 기질(DO)은 소양인 O형이므로 태음인 B형(EB)과 가장 잘 어울린다. 또한 같은 두뇌유형을 선호해서 CdOL에겐 PeBL이 가장 좋은 배우자감이다. 1순위 그룹의 PcBL, PdBL이 그 다음 순위를 잇는 것도 이런 원칙이고, 2순위 그룹부터 6순위 그룹까지의 형성 과정도 마찬가지다.

CdOU(소음소양 O형 실리형 두뇌) : CdO 기질과 실리형(U) 두뇌가 결합한 성격유형으로 긍정적으로 결합하면 사려 깊고 화통하며 현실적이면서 실리적이고 추진력이 있다. 하지만 부정적으로 결합하면 소심하고 돌변하며 결과만 중요시하는 성향을 보일 수 있다.

1순위	PeBU PcBU PdBU	2순위	PeAU PcAU PdAU
3순위	PeOU PcOU PdOU	4순위	DeBU DcBU DpBU
5순위	DeAU DcAU DpAU	6순위	DeOU DcOU DpOU

CdOJ(소음소양 O형 명분형 두뇌) : CdO 기질과 명분형(J) 두뇌가 결합한 성격유형으로 긍정적으로 결합하면 사려 깊고 화통하며 객관적이면서 분명한 가치관에 입각하여 일을 처리한다. 하지만 부정적으로 결합하면 소심하고 돌변하며 허례와 명분만 따지는 성향을 보일 수 있다.

CdOJ 적절한 배우자

1순위	PeBJ PcBJ PdBJ	2순위	PeAJ PcAJ PdAJ
3순위	PeOJ PcOJ PdOJ	4순위	DeBJ DcBJ DpBJ
5순위	DeAJ DcAJ DpAJ	6순위	DeOJ DcOJ DpOJ

CdOS(소음소양 O형 감성형 두뇌) : CdO 기질과 감성형(S) 두뇌가 결합한 성격유형으로 긍정적으로 결합하면 사려 깊고 화통하며 예술적이고 독창적이다. 하지만 부정적으로 결합하면 소심하고 돌변하며 오만하고 자기중심적인 행동을 일삼는 특징을 보일 수 있다.

1순위	PeBS PcBS PdBS	2순위	PeAS PcAS PdAS
3순위	PeOS PcOS PdOS	4순위	DeBS DcBS DpBS
5순위	DeAS DcAS DpAS	6순위	DeOS DcOS DpOS

CpO 계열

CpOL(소음태양 O형 논리형 두뇌) : CpO 기질과 논리형(L) 두뇌가 결합한 성격유형으로 긍정적으로 결합하면 사려 깊고 엄격하며 언변이 뛰어나다. 하지만 부정적으로 결합하면 망설임과 불안감이 심하고 실용성이 부족한 특징을 보일 수 있다.

CpOL 적절한 배우자

1순위	PcBL PeBL PdBL	2순위	PcAL PeAL PdAL
3순위	PcOL PeOL PdOL	4순위	DcBL DeBL DpBL
5순위	DcAL DeAL DpAL	6순위	DcOL DeOL DpOL

CpOU(소음태양 O형 실리형 두뇌) : CpO 기질과 실리형(U) 두뇌가 결합한 성격유형으로 긍정적으로 결합하면 사려 깊고 엄격하며 현실적이고 추진력이 뛰어나다. 하지만 부정적으로 결합하면 망설임과 불안감이 심하고 결과만 중시하는 특징을 보일 수 있다.

1순위	PcBU PeBU PdBU	2순위	PcAU PeAU PdAU
3순위	PcOU PeOU PdOU	4순위	DcBU DeBU DpBU
5순위	DcAU DeAU DpAU	6순위	DcOU DeOU DpOU

CpOJ(소음태양 O형 명분형 두뇌) : CpO 기질과 명분형(J) 두뇌가 결합한 성격유형으로 긍정적으로 결합하면 사려 깊고 엄격하며 객관적이고 분명한 가치관에 입각하여 일을 처리하는 특징을 보인다. 하지만 부정적으로 결합하면 망설임과 불안감이 심하고 허례와 명분만 따지는 특징을 보일 수 있다.

CpOJ 적절한 배우자

1순위	PcBJ PeBJ PdBJ	2순위	PcAJ PeAJ PdAJ
3순위	PcOJ PeOJ PdOJ	4순위	DcBJ DeBJ DpBJ
5순위	DcAJ DeAJ DpAJ	6순위	DcOJ DeOJ DpOJ

CpOS(소음태양 O형 감성형 두뇌) : CpO 기질과 감성형(S) 두뇌가 결합한 성격유형으로 긍정적으로 결합하면 사려 깊고 화통하며 예술적이고 창조적인 특징을 보인다. 하지만 부정적으로 결합하면 소심하고 망설임과 불안감이 심하고 오만하고 개념 없는 특징을 보일 수 있다.

CpOS 적절한 배우자

1순위	PcBS	PeBS	PdBS	2순위	PcAS	PeAS	PdAS
3순위	PcOS	PeOS	PdOS	4순위	DcBS	DeBS	DpBS
5순위	DcAS	DeAS	DpAS	6순위	DcOS	DeOS	DpOS

CeO 계열

CeOL(소음태음 O형 논리형 두뇌) : CeO 기질과 논리형(L) 두뇌가 결합한 성격유형으로 긍정적으로 결합하면 사려 깊고 너그러우며 언변이 뛰어난 특징을 보일 수 있다. 하지만 부정적으로 결합하면 망설임이 심하고 답답하며 실용성이 부족한 특징을 보일 수 있다.

CeOL 적절한 배우자

1순위	PdBL	PcBL	PeBL	2순위	PdAL	PcAL	PeAL
3순위	PdOL	PcOL	PeOL	4순위	DpBL	DcBL	DeBL
5순위	DpAL	DcAL	DeAL	6순위	DpOL	DcOL	DeOL

CeOU(소음태음 O형 실리형 두뇌) : CeO 기질과 실리형(U) 두뇌가 결합한 성격유형으로 긍정적으로 결합하면 사려 깊고 너그러우며 현실적인 추진력이 있다. 하지만 부정적으로 결합하면 망설임

이 심하고 답답하며 결과만 중시하는 특징을 보일 수 있다.

CeOU 적절한 배우자

1순위	PdBU PcBU PeBU		2순위	PdAU PcAU PeAU
3순위	PdOU PcOU PeOU		4순위	DpBU DcBU DeBU
5순위	DpAU DcAU DeAU		6순위	DpOU DcOU DeOU

CeOJ(소음태음 O형 명분형 두뇌) : CeO 기질과 명분형(J) 두뇌가 결합한 성격유형으로 긍정적으로 결합하면 사려 깊고 너그러우며 분명한 가치관에 입각하여 일을 처리하는 특징을 보인다. 하지만 부정적으로 결합하면 망설임이 심하고 답답하며 허례와 명분만 따지는 특징을 보일 수 있다.

CeOJ 적절한 배우자

1순위	PdBJ PcBJ PeBJ		2순위	PdAJ PcAJ PeAJ
3순위	PdOJ PcOJ PeOJ		4순위	DpBJ DcBJ DeBJ
5순위	DpAJ DcAJ DeAJ		6순위	DpOJ DcOJ DeOJ

CeOS(소음태음 O형 감성형 두뇌) : CeO 기질과 감성형(S) 두뇌가 결합한 성격유형으로 긍정적으로 결합하면 사려 깊고 너그러우며 예술적이면서 독창적인 능력을 드러낸다. 하지만 부정적으로

결합하면 망설임이 심하고 답답하며 오만하고 자기중심적인 행동을 일삼는 특징을 보일 수 있다.

CeOS 적절한 배우자

1순위	PdBS PcBS PeBS	2순위	PdAS PcAS PeAS
3순위	PdOS PcOS PeOS	4순위	DpBS DcBS DeBS
5순위	DpAS DcAS DeAS	6순위	DpOS DcOS DeOS

소음인 B·AB형 - CB

기질과 성격유형

의심 많은 예민가

고고한 뱀

현실적 리더

CB 타입은 소음인이면서 B형 또는 AB형 혈액형을 가진 사람을 지칭한다. CB는 소음인의 특징에 B형 또는 AB형의 기질이 결합한 성격유형이다. AB형은 음인(소음인 또는 태음인)과 만나면 음혈인 B형 기질이 주로 발산된다. B형과 같다고 해도 무방한 이유다. CB는 소음인의 특징과 B형 혈액형의 기질이 화학적으로 결합하여 새로운 양상을 드러낸다.

의심 많은 예민가

CB는 소음인의 차갑고 예민한 성격에 B형 혈액형의 폐쇄적이고 독단적인 기질이 결합한 형질로서 소음인 중에 가장 다양한 성격을 지녔다. 이들의 혈액형은 B형과 AB형이 있다.

CB는 얼굴에 냉기가 돌고 성격은 예민하며 독단적인 성향을 띤다. 남에게 간섭받는 것을 몹시 싫어하고, 누군가가 강압적인 행동을 하면 매우 신경질적으로 대응한다. 하지만 본질적으로 겁이 많고, 낯선 환경에 빨리 적응하지 못하며 낯을 많이 가린다. 낯선 사람에겐 자신의 감정을 거의 드러내지 않으며 화가 나더라도 표현하지 않는다. 다만 내면적으로 자신의 화를 쌓아두고 표출할 때를 기다린다.

이들은 사색을 즐기고 의심이 많으며 매우 세밀한 성격을 지녔다. 그러나 두려움이 많아 대중 앞에 서기 싫어하고, 누군가로부터 비판을 받으면 순간적으로 매우 위축된다. 그러나 상대가 만만하거나 환경에 익숙해지면 매우 냉철하고 분석적인 태도를 보이고, 어떤 자리에서도 자신감을 잃지 않는다.

CB는 체구는 작지만 기가 세고 끈기가 좋으며 집중력이 뛰어나다. 얕보고 덤비다간 큰 코 다치는 수가 많다. 이들은 증오를 품으면 매우 은밀하고 치밀하게 보복하지만 상대는 쉽게 눈치를 채지 못한다. 이것은 마치 소리도 없이 다가와 순식간에 독기를 쏟아내는 독사의 모습 같기도 하고, 서서히 몸을 졸라 질식사시키는 구렁이 같기도 하다.

하지만 때때로 CB는 매우 간사스럽고 날렵하며 현실적인 모습을 드러내기도 한다. 그 행동은 마치 가벼운 몸을 놀리며 빠르게 움직이고 돌아다니다 위험한 순간을 만나면 꼬리를 자르고 도망치는 도마뱀 같기도 하다.

일반적인 소음인들처럼 CB도 익숙한 것을 좋아하고 먼 곳을 여행하는 것을 꺼린다. 또한 추위를 많이 타며 다소 게으른 성격을 지녔다. 다급한 일이 아니면 미루는 습성이 있고 임기응변에 강하다.

이들은 비장과 위장이 약하고 폐활량이 적어, 건강 문제에 몹시 예민한 편이다. 하지만 비록 몸이 아프더라도 쉽게 병원을 가지 않으며 자신이 익숙한 방법으로 해결하려는 성향을 지녔다. 그래서 몸이 아파도 아픈 채로 버티는 경우가 많고 그저 무리하지 않는 것으로 병을 낫게 할 수 있다고 생각한다. 이들은 스스로 병을 키워서 중병이 될 때까지 내버려 뒀다가 화근을 키우는 경우가 많다.

CB의 이런 행동은 타고난 폐쇄성과 게으름 그리고 의심 때문이다. 사실 이들은 의사를 잘 믿지 않으며, 일반적인 상식도 쉽게 받아들이지 않고 일단 의심해 보는 경향이 있다. 덕분에 이들은 새로운 원리나 창의적인 발상을 하여 세상을 놀라게 하는 경우도 많다.

CB는 CA나 CO에 비해 주변 사람들의 감정에 그다지 민감하지 않다. 비록 주변 사람들이 만류하는 일이라도 자기가 하고 싶은 일이면 고집스럽게 지속하는 경우가 많다. 따라서 어떤 한 가지 일에 열중하면 기대 이상의 성과를 얻어내는 경우도 많다. 또 주변 사람들과 어우러지지 못해 따돌림을 당하기도 한다. 하지만 이들은 혼자 하는 일에 매우 익숙해서 다른 사람의 시선은 그다지 중요하게 생각하지 않는다.

이들은 되도록 남과 부딪치는 것을 피한다. 자신의 영역을 침범하면 면도날처럼 날카롭고 독사처럼 맹렬하다. 말 그대로 늦가을 독기 서린 독사를 연상하면 된다.

이런 성향들이 긍정적으로 결합하면 냉철하고 객관적인 인격을 형성할 수 있고, 세밀하면서도 효율적인 능력을 지닌 사람으로 평가받을 수 있다. 또한 특유의 예리함과 사려 깊음으로 특정한 분야에서 전문적인 이력을 쌓으며 성공적인 삶을 살 수 있다.

하지만 부정적으로 결합하면 폐쇄적이면서 독단적이고 옹졸한 행동을 일삼으며, 지나치게 예민하고 날카롭다는 인상을 주기 쉽다. 또 너무 낯가림이 심해 접근하기 힘든 사람이라는 인상을 줄 수 있다.

고고한 뱀

CB는 생래적으로 고고한 성향을 지녔다. 자기 손에 흙을 묻히지 않고 일을 성취시키려는 심리다. 귀족 심리라고 할 수 있다.

이들은 근본적으로 약간 게으른 속성이 있는데 이것은 남이 자기 일을 대신 해줬으면 하는 마음을 만들어낸다. 항상 자기 주변엔 자기를 절대적으로 도와주는 존재가 하나쯤 있기를 바라며, 그는 어떤 상황에서도 자기에게 충성을 아끼지 않기를 희망한다.

CB의 이런 심리는 혼자 있을 때보다 다른 사람이 함께 있을 때 더욱 강화된다. 이는 마치 뱀이 홀로 있을 땐 흙에 온몸을 비비며 기어 다니다가 적을 만나면 고개를 빳빳이 세우고 고고한 자세를 취하는 것과 같다.

그런 고고함을 유지하기 위해 때론 남에게 많은 덕을 베풀기도 한다. 물론 자신이 재물을 어느 정도 가진 후의 일이다. 이들은 덕을 베푸는 것으로써 자신의 귀족적인 위엄을 유지할 수 있다고 생각한다.

이런 심리 탓에 CB는 현실과 이상 사이에서 갈등을 겪는 경우가 많다. 또 사람들로부터 지나치게 고고한 척한다는 비판도 많이 듣는다.

CB가 이런 심리를 극복하기 위해서는 스스로 낮아지는 자세를 취해야 한다. 또한 남을 도울 때는 대가를 기대하지 않는 습관을 기르고 말보다는 행동을 앞세우는 태도를 다져야 한다.

CB를 12지의 동물에 비유하자면 뱀에 가깝다고 할 수 있다. 뱀은 쥐나 토끼보다도 훨씬 조용하게 움직이고 은밀하게 행동한다. 차갑고 날카롭다. 거기다 몸은 날씬하고 성격은 날카로우며 다른 동물과 뒤엉키는 것을 몹시 싫어한다. 하지만 뱀은 자신을 건드리지 않으면 함부로 공격하지 않는다. 또한 식사량도 아주 적다. 이런 뱀의 성향은 CB와 유사하다.

③ 리더십

현실적 리더

　CB는 기질적으로나 체질적으로나 리더의 성향이 많지 않다. 이들은 스스로 리더가 되기 위해 애쓰지 않으며, 되도록 남이 자신을 추대하여 리더가 되길 바란다. 그렇지 않으면 권력 덕에 리더가 되었으면 하는 귀족적 성향을 띤다.

　하지만 막상 이들은 리더가 되면 기대 이상으로 매우 현명하고 현실적으로 조직을 이끌어간다. 물론 CB는 성격이 다양해서 어떤 유형인가에 따라 다소 차이가 있다.

　CB의 심리를 뱀에 비유했는데, 뱀의 종류도 다양하듯 이들의 리더십도 그렇다. 뱀의 종류에 비유하자면 독사형, 구렁이형, 도마뱀형 리더십 등으로 구분할 수 있다.

　독사형이 리더가 됐을 경우엔 추진력이 매우 좋고 현실 적응력이 뛰어나다. 사업을 빠르게 확장하고 조직을 빠른 속도로 성장시킨다. 이들은 스스로 기획 능력이 뛰어나서 다른 사람의 기획은 잘 받아들이지 않으며 자기 주변엔 시키는 일을 잘 처리하는 사람을 두길 원한다. 또한 인간관계가 복잡하거나 분명하지 않은 것을 몹시 싫어하고, 눈 밖에 나면 가차 없이 내쫓는다. 독사형을 리더로 둔 사람들은 몸가짐을 조심하고 일 처리가 명확해야 한다.

　이에 비해 구렁이형은 많이 다르다. 이들은 매우 학구적인 스타일이다. 일 추진은 느리지만 세심하고 빈틈없는 리더십을 발휘한다. 한꺼번에 여러 일을 벌이지 않아 세력이 빠르게 늘어나지는 않는다. 대신 이들은 매우 독창적인 기획력을 가지고 있다. 이들은 늘 독보적인 존재가 되길 원하는 속성이 있어서 모방보다는 창조적인 분야에 집중한다. 또 이들은 비밀을 매우 중시한다. 그러므로 구렁이형을 우두머리로 둔 사람들은 입이 무겁고 행동이 신중해야 한다.

도마뱀형이 리더가 되면 조직은 매우 화려해진다. 이들은 마음이 자주 변해서 좋아 보이는 일은 발 빠르게 추진한다. 하지만 이익이 창출되지 않으면 이내 다른 사업으로 전환하려는 시도를 한다. 이들은 유행에 민감하고, 유행을 창출하는 능력이 탁월하다. 따라서 현실 감각이 떨어지는 사람은 이들과 일하는 것이 몹시 힘들다.

CB들 중에는 독사형, 구렁이형, 도마뱀형의 성향을 모두 가진 리더도 있다. 이들은 필요에 따라 세 부류의 특징을 골고루 잘 사용하여 매우 성공적인 결과를 일궈낸다.

이런 CB들의 리더십이 제대로 발휘되려면 충성심이 강한 PA(태양인 A형), 꼼꼼하고 원칙주의 성향이 강한 PO(태양인 O형), 활동성이 좋고 다재다능한 DA(소양인 A형) 등의 도움이 필요하다.

CdB(소음소양 B형)

CdB는 CB를 기본으로 DB가 보조하고 있는 형국으로 CB의 냉철함, 효율성, 객관성 등의 기질을 중심으로 DB의 행동력, 추진력, 진취성 등이 결합한 유형이다.

이들의 외형적 특징을 살펴보면 대개 키가 작고 날씬하며 눈은 작은 편이다. 또 얼굴은 파리하고 핏기가 없으며 피부엔 윤기가 없는 편이다. 입을 다물고 있을 땐 차가워 보이지만 막상 입을 열면 다정다감하다. 또한 DB의 비율이 높을수록 얼굴에 밝은 기운이 조금 늘어나고 인상은 좀 더 날카로운 느낌이 든다. 기질적으론 경계심이 많고 예민하다. 화가 나도 쉽게 흥분하지 않는다. 다만 냉랭해진 얼굴로 입을 다물고 말을 하지 않으며 자신을 화나게 한 사람을 상대하지 않으려 한다.

이들은 심폐와 비위가 약한 편이다. 따라서 행동이 차분하고 감정 기복도 별로 없다. 음식은 가리는 것이 많고 비리거나 기름진 것은 모두 피한다. 다만 단 것은 매우 좋아하고 매운 것은 피한다. 여행은 꺼리는 편이고 차멀미를 하는 경우가 많다. 회전하는 종류의 놀이기구나 위험한 놀이는 되도록 피한다.

그러나 DB의 비율이 높아질수록 급하고 경쾌한 성정이 강화되며 토라지거나 날카로운 성질은 조금씩 줄어든다. 대신 차분한 구석이 줄어들고 성급한 성향이 강화되며, 미루거나 낯가리는 성향은 약화된다.

하지만 CdB라고 해서 모두 같은 성격과 행동방식이 나타나는 것은 아니다. 보조 기질 DB의 결합 비율에 따라 다소 다른 양상을 보일 수 있다. 따라서 CdB를 좀 더 세분하여 Cd91B, Cd82B, Cd73B, Cd64B 등 네 가지로 나눠 이해할 필요가 있다. (Cd91B는 CB와 DB의 비율이 9:1이고, Cd82B는 8:2, Cd73B는 7:3, Cd64B는 6:4인 경우이다. 이를 확인하기 위해서는 앞의 체질 진단 10가지 항목에서 기본 체질과 보조 체질 비율이 어떠했는지 보면 된다.)

Cd91B는 CB와 거의 유사한 유형이다. 하지만 Cd64B는 CB의 성향이 상당히 줄어들고 DB의 성향이 많이 가미된 유형이라 할 수 있다. 이에 따라 이들의 특징을 정리해본다.

우선 Cd91B는 CB의 특성 90%에 DB의 특성이 10% 정도 더해졌다. CB의 특성이 대부분을 차지하고 DB의 특성은 거의 드러나지 않는다.

Cd82B는 Cd91B보다는 DB의 기질이 더 많아 행동력과 추진력이 더해진 형태다.

Cd73B는 DB의 강한 특징인 행동력, 추진력, 진취성 같은 긍정적인 면과 오만함, 성급함, 분주함, 폐쇄성 등의 부정적인 기재가 더해지는 양상을 보이게 된다.

Cd64B는 DB의 기질이 절반 가까이 차지하는 형태로써 CB의 기본 기질을 기반으로 DB의 긍정적 요소인 행동력, 추진력, 다양성, 독자성 등과 성급함, 오만함, 폐쇄성, 예민함 등의 부정적 요소가 가미된다.

CB와 DB의 화학적 결합이 어떤 형식으로 이뤄지느냐에 따라 인격과 능력이 결정된다. 긍정적으로 결합하면 CB의 효율성, 냉철함, 객관성, 세밀함 등에 DB의 행동력, 추진력, 다양성, 독자성 등이 결합하여 대단한 시너지 효과를 일으키며 냉철하고 다양하면서도 추진력을 갖춘 능력을 드러내게 된다.

하지만 부정적으로 결합한다면 CB의 예민함, 이중성, 게으름, 미루기, 낯가림 등에 DB의 성급함, 인내력 부족, 무책임함, 분주함, 폐쇄성, 오만함 등이 불협화음을 일으켜 무책임하고 신경질적이면서 오만한 행동을 일삼는 인격을 형성하게 될 것이다.

CpB(소음태양 B형)

CpB는 CB를 기본으로 PB가 보조하고 있는 형국으로 CB의 효율성, 냉철함, 객관성 등의 기질을 중심으로 PB의 치밀함, 엄격성, 정의감 등이 결합한 유형이다.

이들의 외형적 특징을 살펴보면 대개 날씬하거나 덩치가 작은 편이다. 혹 통통하더라도 키가 작거나 키가 조금 크더라도 살이 찌지 않는 특징을 보인다. 얼굴은 다소 차갑게 보이고 눈은 작지만 매우 반짝거리고 영롱하며 피부는 매끈한 느낌이 든다.

이들은 첫인상이 차가워서 사람들이 쉽게 접근하기 힘들다. 또한 사람에 대해 선을 긋는 면이 있어 친해지기 쉽지 않다. 한번 친해지면 다정다감하고 관계도 오래 가지만 누구라도 극진하게 대하는 경우는 거의 없다. 함부로 일을 벌이는 경우는 거의 없고 치밀한 편이다. 나서기를 좋아하지는 않고 항상 관망하는 자세를 보인다. 평소엔 남에게 공격적이지는 않지만 막상 공격을 시작하면 매우 예리하고 날카롭다. 또한 매우 신경질적으로 대응하지만 쉽게 흥분하지 않는다. PB의 비율이 늘어날수록 치밀하고 꼼꼼한 성향이 강해진다.

이들은 심폐가 발달하지 않아 행동이 빠르지 않으며, 위장이 약해서 자주 체하거나 차멀미를 하는 경우가 많아 여행 중에 쉽게 체력이 고갈되는 경향을 보인다. 하지만 이런 현상은 PB의 비율이 높아질수록 조금씩 줄어든다.

하지만 CpB라고 해서 모두 같은 성격과 행동방식이 나타나는 것은 아니다. 기본 기질(CB)과 보조 기질(PB)의 결합 비율에 따라 다소 다른 양상을 보일 수 있다. 따라서 CpB를 좀 더 세분하여 Cp91B, Cp82B, Cp73B, Cp64B 등 네 가지로 구분해 이해할 필요가 있다. (Cp91B는 CB와 PB 비율이 9:1이고, Cp82B는 8:2, Cp73B는 7:3, Cp64B는 6:4인 경우이다.)

Cp91B는 CB와 거의 유사한 유형이다. 하지만 Cp64B는 CB의 성향이 상당히 줄어들고 PB의 성향이 많이 가미된 유형이라 할 수 있다. 이에 따라 달라지는 이들의 특징을 정리한다.

우선 Cp91B는 CB의 특성 90%에 PB의 특성이 10%다. CB의 특성이 대부분을 차지하고 PB의 특성은 아주 일부만 차지하므로 CB와 거의 같다고 이해하면 된다.

Cp82B는 Cp91B보다는 PB의 기질이 더 많다. PB의 주요 기질인 치밀함과 엄격성이 추가된 형태다.

Cp73B는 PB형의 강한 특징인 치밀함과 엄격한 기질에 이어 원칙주의와 정의감이 더해진 형태다.

Cp64B는 PB형의 기질이 절반 가까이 차지하는 형태로써 CB의 기본 성격을 기반으로 PB의 긍정적 요소인 치밀함, 엄격함, 원칙주의, 정의감 등과 부정적 요소인 답답함, 지나치게 깐깐함, 지나친 불안감, 완벽주의 등이 복합적으로 작용한다.

CB와 PB의 화학적 결합이 어떤 형식으로 이뤄지느냐에 따라 인격과 능력이 결정된다. 긍정적으로 결합하면 CB의 냉철함, 효율성, 객관성 등에 PB의 치밀함, 정의감, 원칙주의, 엄격성 등이 시너지 효과를 일으키며 온화하면서 원칙적이고 효율적인 능력을 발휘하게 된다. 또 주변을 화합이 잘 되는 환경으로 만드는 인격을 드러내게 될 것이다.

하지만 부정적으로 결합한다면 CB의 소심함, 겁 많음, 옹졸함, 게으름, 낯가림, 미루기, 짜증스러움 등에 PB의 답답함, 불안감, 느림, 과한 공격성 등이 불협화음을 일으키며 폐쇄적이고 옹졸하고 신경질적인 인격을 형성하게 될 수 있다.

CeB(소음태음 B형)

CeB는 CB를 기본으로 EB가 보조하고 있는 형국으로 CB의 냉철함, 효율성, 객관성 등의 기질을 중심으로 EB의 여유로움, 포용성, 인내심 등이 결합한 유형이다.

이들의 외형적 특징을 살펴보면 대개는 키가 작고 통통한 편이지만 일부는 평균 이상의 키에 여윈 몸을 지녔다. 이들은 대개 눈이 작고 얼굴이 둥근 편이다. 말수는 아주 적은 편이며, 웬만한 일엔 나서지 않는다. 일에 있어서는 진척이 느린 편이며, 미루는 습관이 있고 망설임이 많다.

기질은 옹졸하지만 느긋하고 모든 일에 관망하는 자세를 취한다. 기분에 따라 행동하는 일은 별로 없고 겉으론 매우 차분하게 보인다. 하지만 속으론 망설임이 많고 엉뚱한 구석이 있다.

이들은 심폐가 약하여 행동이 느리며, 비위는 아주 약하지는 않다. 신장이 발달하여 끈기는 좋은 편이다. 일부는 간이 튼튼하여 술과 잡기도 즐긴다. 음식은 가리는 편이지만, 일부 음식에 대해선 아주 즐기며 일부는 매운 음식을 잘 먹는다. 또 단 것을 매우 즐기고 먹는 양이 많다. 모임은 즐기지 않으며, 사람이 많은 곳은 꺼린다. 여행도 크게 좋아하지 않는다. 되도록 익숙한 한 곳에 오래 있는 것을 좋아하며, 폐쇄된 공간에서도 잘 지낸다.

하지만 CeB라고 해서 모두 같은 성격과 행동방식이 나타나는 것은 아니다. 기본 기질(CB)과 보조 기질(EB)의 결합 비율에 따라 다소 다른 양상을 보일 수 있다. 따라서 CeB를 좀 더 세분하여 Ce91B, Ce82B, Ce73B, Ce64B 네 가지로 구분해 이해할 필요가 있다. (Ce91B는 CB와 EB 비율이 9:1이고, Ce82B는 8:2, Ce73B는 7:3, Ce64B는 6:4인 경우이다.)

Ce91B는 CB와 거의 유사한 유형이다. 하지만 Ce64B는 CB의 성향이 상당히 줄고 EB의 성향이 많이 가미된 유형이라 할 수 있다. 이에 따라 이들의 특징을 정리해본다.

우선 Ce91B는 CB의 특성 90%에 EB의 특성이 10% 더해졌다. CB의 특성이 대부분이고 EB의 특성은 아주 일부다. 하지만 EB의 특성이 전혀 영향을 끼치지 않는 것은 아니다. 특히, EB의 가장 두드러지는 특징인 여유로움과 포용성이 작용할 가능성이 높다. 또한 CB에 비해 위가 좋고 살집도 있다.

Ce82B는 Ce91B보다는 EB의 기질이 더 많다. 여유로움과 포용성에 이어 EB의 또 다른 기질인 인내력과 지속성이 추가된 형태다. 살집이 늘고, 물 먹는 양과 땀도 늘어나는 경향을 띤다.

Ce73B는 EB의 강한 특징인 여유로움, 포용성, 인내력, 지속성 기질에 이어 우유부단함이 더해진 형태이다.

Ce64B는 EB의 기질이 절반 가까이 되는 형태로 CB의 기본 성격을 기반으로 EB의 긍정적 요소인 여유로움, 포용성, 인내력, 지속성, 추진력과 부정적 요소인 우유부단, 유약함, 느림, 눈치 없음, 폐쇄성이 복합적으로 작용한다.

이러한 CB와 EB의 화학적 결합이 어떤 형식으로 이뤄지느냐에 따라 인격과 능력이 결정된다. 긍정적으로 결합하면 CB의 효율성, 객관성, 냉철함 등에 EB의 여유로움, 포용성, 인내력 등이 시너지 효과를 일으키며 세심하면서도 객관적이고 포용력 있는 인격을 드러내게 될 것이다.

하지만 부정적으로 결합하면 CB의 소심함, 겁 많음, 옹졸함, 게으름, 미루기 등에 EB의 유약함, 느림, 눈치 없음, 언변 부족 등이 불협화음을 일으키며 짜증 많고 예민하며 우유부단한 인격을 형성하게 될 것이다.

⑤ 내 성격유형에 맞는 배우자

CB의 성격유형은 CB의 세 가지 자기 기질인 CdB, CpB, CeB 와 네 가지 두뇌유형 L(논리형), U(실리형), J(명분형), S(감성형)의 결합을 통해 12가지가 만들어진다.

CdB 계열 - CdBL, CdBU, CdBJ, CdBS

CpB 계열 - CpBL, CpBU, CpBJ, CpBS

CeB 계열 - CeBL, CeBU, CeBJ, CeBS

배우자를 선택할 때는 체질과 기질 그리고 두뇌유형을 모두 고려해야 한다. 체질과 기질은 멀수록 좋고, 두뇌유형은 가까울수록 좋다. 이성 관계에서 체질과 기질은 반대인 사람에게 끌리게 되어 있지만 끌린다고 해서 반드시 좋은 배우자가 될 수 있는 것은 아니다. 또 그 배우자와 결혼했다고 해서 반드시 그 결혼 생활이 무난한 것도 아니다.

끌림이 있고 난 뒤에 갈등이 적어야 한다. 갈등은 대개 문제에 접근하고 해결하는 방식에서 비롯되는 경우가 많은데, 이러한 갈등은 두뇌유형의 차이로 일어난다. 말하자면 두뇌유형이 비슷할수록 갈등이 일어날 확률이 낮아진다는 뜻이다. 따라서 가장 적절한 배우자는 체질과 기질이 가장 멀고, 두뇌유형은 같은 상대여야 한다.

CB는 소음인의 하나이므로 일단 태양인(P)을 가장 선호한다. 소음인은 선천적으로 적극성이 떨어지며 속내를 잘 보이지 않으며, 외형적으로 다소 약해 보이고 내면적으론 자존심이 강하다. 에너지가 약한 까닭에 누군가의 보살핌을 받는 것을 좋아한다. 이에 비해 태양인은 남을 돕고 누군가를 섬기는 것을 좋아한다. 또한 자신은 외향적이면서 신중한 성향이어서 내성적이면서 비밀스러운 구석이 있는 대상을 좋아한다.

하지만 태양인 중에 혈액형이 같은 PB에게는 끌림이 약할 수 있다. O형 혈액형은 양면성이 강해서 O형보다는 A형과 부딪칠 우려가 적다. 따라서 CB에게는 PA가 가장 잘 어울리고, 다음으로 PO, PB 순으로 잘 어울린다.

태양인 다음으로 CO가 끌리는 체질은 소양인(D)이다. 소양인의 순서도 혈액형에 따라 순위가 정해진다. 따라서 소양인과의 배우자 적합도 순서는 DA, DO, DB가 될 것이다. 그리고 소음인과 태음인은 서로 상극이어서 태음인에 해당하는 기질유형은 모두 배제되고, 또 소음인은 같은 소음인에게 매력을 느끼지 못하므로 이 역시 배제된다.

CdB 계열

CdBL(소음소양 B형 논리형 두뇌) : CdB 기질과 논리형(L) 두뇌가 결합한 성격유형으로 긍정적으로 결합하면 냉철하고 효율적이며 언변이 뛰어나다. 하지만 부정적으로 결합하면 신경질적이고 폐쇄적이며 실용성이 부족한 성향을 보일 수 있다.

CdBL 적절한 배우자

1순위	PeAL	PcAL	PdAL	2순위	PeOL	PcOL	PdOL
3순위	PeBL	PcBL	PdBL	4순위	DeAL	DcAL	DpAL
5순위	DeOL	DcOL	DpOL	6순위	DeBL	DcBL	DpBL

이는 기본 기질과 보조 기질 그리고 두뇌유형을 세밀하게 따져서 내린 결론이다. CdB는 기본 기질(CB)이 소음인 B형이어서 PA와 가장 잘 맞고, 보조 기질(DB)은 소양인 B형이므로 EA와 가장 잘 어울린다. 또한 같은 두뇌유형을 선호해서 CdBL에겐 PeAL이 가장 좋은 배우자감이다. 1순위 그룹의 PcAL, PdAL이 그 다음 순위를 잇는 것도 이런 원칙이고, 2순위 그룹부터 6순위 그룹까지의 형성 과정도 마찬가지다.

CdBU(소음소양 B형 실리형 두뇌) : CdB 기질과 실리형(U) 두뇌가 결합한 성격유형으로 긍정적으로 결합하면 냉철하고 효율적이고 현실적이면서 실리적이고 추진력이 있다. 하지만 부정적으로 결합하면 신경질적이고 폐쇄적이며 결과만 중시하는 특징을 보인다.

CdBU 적절한 배우자

1순위	PeAU	PcAU	PdAU	2순위	PeOU	PcOU	PdOU

3순위	PeBU PcBU PdBU	4순위	DeAU DcAU DpAU
5순위	DeOU DcOU DpOU	6순위	DeBU DcBU DpBU

CdBJ(소음소양 B형 명분형 두뇌) : CdB 기질과 명분형(J) 두뇌가 결합한 성격유형으로 긍정적으로 결합하면 냉철하고 효율적이고 분명한 가치관에 입각하여 일을 처리하는 특징을 보인다. 하지만 부정적으로 결합하면 신경질적이고 폐쇄적이며 허례와 명분만 따지는 특징을 보일 수 있다.

CdBJ 적절한 배우자

1순위	PeAJ PcAJ PdAJ	2순위	PeOJ PcOJ PdOJ
3순위	PeBJ PcBJ PdBJ	4순위	DeAJ DcAJ DpAJ
5순위	DeOJ DcOJ DpOJ	6순위	DeBJ DcBJ DpBJ

CdBS(소음소양 B형 감성형 두뇌) : CdB 기질과 감성형(S) 두뇌가 결합한 성격유형으로 긍정적으로 결합하면 냉철하고 효율적이며 예술적이고 독창적인 능력을 드러낸다. 하지만 부정적으로 결합하면 신경질적이고 폐쇄적이며 오만하고 자기중심적인 행동을 일삼는 특징을 보일 수 있다.

1순위	PeAS PcAS PdAS		2순위	PeOS PcOS PdOS
3순위	PeBS PcBS PdBS		4순위	DeAS DcAS DpAS
5순위	DeOS DcOS DpOS		6순위	DeBS DcBS DpBS

CpB 계열

CpBL(소음태양 B형 논리형 두뇌) : CpB 기질과 논리형(L) 두뇌가 결합한 성격유형으로 긍정적으로 결합하면 냉철하고 엄격하며 언변이 뛰어나다. 하지만 부정적으로 결합하면 짜증이 많고 불안감이 심하면서 실용성이 부족한 특징을 보일 수 있다.

CpBL 적절한 배우자

1순위	PcAL PeAL PdAL		2순위	PcOL PeOL PdOL
3순위	PcBL PeBL PdBL		4순위	DcAL DeAL DpAL
5순위	DcOL DeOL DpOL		6순위	DcBL DeBL DpBL

CpBU(소음태양 B형 실리형 두뇌) : CpB 기질과 실리형(U) 두뇌가 결합한 성격유형으로 긍정적으로 결합하면 냉철하고 엄격하며 현실적이고 추진력이 뛰어나다. 하지만 부정적으로 결합하면 짜증이 많고 불안감이 심하면서 결과만 중시하는 특징을 보일 수 있다.

CpBU 적절한 배우자

1순위	PcAU PeAU PdAU	2순위	PcOU PeOU PdOU
3순위	PcBU PeBU PdBU	4순위	DcAU DeAU DpAU
5순위	DcOU DeOU DpOU	6순위	DcBU DeBU DpBU

CpBJ(소음태양 B형 명분형 두뇌) : CpB 기질과 명분형(J) 두뇌가 결합한 성격유형으로 긍정적으로 결합하면 냉철하고 엄격하며 객관적이고 분명한 가치관에 입각하여 일을 처리하는 특징을 보인다. 하지만 부정적으로 결합하면 짜증이 많고 불안감이 심하면서 허례와 명분만 따지는 특징을 보일 수 있다.

CpBJ 적절한 배우자

1순위	PcAJ PeAJ PdAJ	2순위	PcOJ PeOJ PdOJ
3순위	PcBJ PeBJ PdBJ	4순위	DcAJ DeAJ DpAJ
5순위	DcOJ DeOJ DpOJ	6순위	DcBJ DeBJ DpBJ

CpBS(소음태양 B형 감성형 두뇌) : CpB기질과 감성형(S) 두뇌가 결합한 성격유형으로 긍정적으로 결합하면 냉철하고 엄격하며 예술적이고 창조적인 특징을 보인다. 하지만 부정적으로 결합하면 소심하고 짜증이 많고 불안감이 심하면서 오만하고 개념 없는 특징을 보일 수 있다.

1순위	PcAS	PeAS	PdAS		2순위	PcOS	PeOS	PdOS
3순위	PcBS	PeBS	PdBS		4순위	DcAS	DeAS	DpAS
5순위	DcOS	DeOS	DpOS		6순위	DcBS	DeBS	DpBS

CeB 계열

CeBL(소음태음 B형 논리형 두뇌) : CeB 기질과 논리형(L) 두뇌가 결합한 성격유형으로 긍정적으로 결합하면 냉철하고 엄격하며 언변이 뛰어나다. 하지만 부정적으로 결합하면 짜증이 많고 답답하며 실용성이 부족한 특징을 보일 수 있다.

CeBL 적절한 배우자

1순위	PdAL	PcAL	PeAL		2순위	PdOL	PcOL	PeOL
3순위	PdBL	PcBL	PeBL		4순위	DpAL	DcAL	DeAL
5순위	DpOL	DcOL	DeOL		6순위	DpBL	DcBL	DeBL

CeBU(소음태음 B형 실리형 두뇌) : CeB 기질과 실리형(U) 두뇌가 결합한 성격유형으로 긍정적으로 결합하면 냉철하면서도 너그러우며 현실적인 추진력이 있다. 하지만 부정적으로 결합하면 짜증이 많고 답답하며 결과만 중시하는 특징을 보일 수 있다.

1순위	PdAU PcAU PeAU	2순위	PdOU PcOU PeOU
3순위	PdBU PcBU PeBU	4순위	DpAU DcAU DeAU
5순위	DpOU DcOU DeOU	6순위	DpBU DcBU DeBU

CeBJ(소음태음 B형 명분형 두뇌) : CeB 기질과 명분형(J) 두뇌가 결합한 성격유형으로 긍정적으로 결합하면 냉철하면서도 너그러우며 분명한 가치관에 입각하여 일을 처리하는 특징을 보인다. 하지만 부정적으로 결합하면 짜증이 많고 답답하며 허례와 명분만 따지는 특징을 보일 수 있다.

CeBJ 적절한 배우자

1순위	PdAJ PcAJ PeAJ	2순위	PdOJ PcOJ PeOJ
3순위	PdBJ PcBJ PeBJ	4순위	DpAJ DcAJ DeAJ
5순위	DpOJ DcOJ DeOJ	6순위	DpBJ DcBJ DeBJ

CeBS(소음태음 B형 감성형 두뇌) : CeB 기질과 감성형(S) 두뇌가 결합한 성격유형으로 긍정적으로 결합하면 냉철하면서도 너그러우며 예술적이면서 독창적인 능력을 드러낸다. 하지만 부정적으로 결합하면 짜증이 많고 답답하며 오만하고 자기중심적인 행동을 일삼는 특징을 보일 수 있다.

CeBS 적절한 배우자

1순위	PdAS PcAS PeAS	2순위	PdOS PcOS PeOS
3순위	PdBS PcBS PeBS	4순위	DpAS DcAS DeAS
5순위	DpOS DcOS DeOS	6순위	DpBS DcBS DeBS

4

태음인의
기질별 특징과
성격유형

태음인의 특징과 행동양식

태음인은 심폐가 약한 데다 비장과 췌장이 크고 강하여 활동성이 부족하고 성정이 매우 너그러운 체질이다. 또 위장이 커서 부족함을 모르는 탓에 공격성이 약하고 신장이 크고 강하여 인내력과 지속성이 아주 강하다. 그런 까닭에 물을 많이 먹고 땀을 많이 흘리며 더위를 많이 타고 추위는 별로 타지 않는다.

이들은 간이 크고 강한 까닭에 여간해서 속내를 드러내지 않으며, 화를 내지도 않는다. 소리 내어 웃는 일은 드물고, 여간한 일로 감정을 드러내지 않으며, 얼굴만 봐서는 무슨 생각을 하는지 알기 쉽지 않다.

위장이 튼튼하고 간이 튼튼하여 체력이 좋은 이들은 오락을 몹시 즐기며, 오락에 빠지면 밤이 새는 것도 모르는 체질이다. 그렇다 보니 한 곳에 오래 머물길 좋아하고, 일단 한 번 앉았다 하면 웬만해서는 일어나지 않는다. 심하면 일어날 때와 앉을 때를 전혀 구분하지 못하게 된다.

심폐가 약한 이들은 민첩하지 못하며 큰 위장 탓에 덩치가 크고 살이 찌는 경향이 있다. 그래서 운동을 싫어하고 움직이기를 좋아하지 않는다. 특히 집 안에 있을 땐, 거의 움직이지 않으며 시키지 않으면 여간해서 스스로 나서지 않는다. 하지만 강력한 어조로 시키면 별다른 반발도 없이 대수롭지 않은 태도로 나선다.

이들은 비장이 크고 강한 탓에 신경이 예민하지도 않고 웬만한 일에는 크게 놀라지 않는다. 그렇다 보니 선천적으로 순한 성정이고, 거기다 몸이 크다 보니 게으르기 십상이다. 만사에 급한 일이 없고, 누군가 급하게 서둘러 명령을 해도 눈치를 슬슬 보며 게으름을 피우는 경우가 많다.

간이 큰 이들은 때때로 엉뚱한 일을 벌이는 경우가 많다. 누구도 예상한 못한 엄청난 일을 저지르기도 하고, 다른 사람의 꼬드김에 속아 넘어가 재산을 탕진하거나 거절을 잘 못하여 돈을 빌려주고 떼이는 일도 많다.

하지만 태음인은 계획이 원대하고 끈기가 좋아서 때때로 남들이 전혀 엄두도 내지 못하는 엄청난 성공을 거두는 경우도 있다. 체력이 좋은 이들은 좋아하는 일에 한번 빠지면 끝장을 보는 일벌레가 되기 쉬운데, 그런 근성이 누구도 예상치 못한 일을 일궈내게 한다. 모험이 필요한 일에 겁 없이 뛰어들어 큰 사업적인 성공을 거두기도 한다.

이들은 거대한 외양과 달리 매우 섬세한 면이 있다. 비록 소음인이 섬세하다고는 하나 태음인의 섬세함에 비할 바가 아니다. 특히 예술적인 일이나 컴퓨터 같은 기계를 다루는 일 같이 엄청난 체력을 요구하는 일에 있어선 단연 태음인의 섬세함이 빛을 발한다. 소음인은 섬세하긴 하지만 체력이 모자라서 중도에 여러 번 작업을 중단하지만 태음인은 일단 일을 잡았다 하면 끝까지 꼼짝도 하지 않고 지속하는 경향을 띤다.

그러나 대다수의 태음인은 능동성보다는 수동성이 강하고, 추진력이 약하다. 그런 까닭에 섣불리 일을 벌이면 실패하기 쉽다. 다행히 태음인은 여간해서 자신의 자리를 박차고 나가지 않는 경향이 있고, 거기다 인내력과 너그러움까지 많아 한 직장에 오래 머물 수 있는 에너지가 있다. 그래서 영업사원같이 인격적인 공격을 당하는 일에서도 잘 버텨내는 편이다.

그런데 태음인은 일에 있어서는 세심하지만 사람에게는 그렇지 못한 경향이 있다. 특히 자신의 가족에 대해서는 아주 무심한 편이다. 바깥에 나가면 그야말로 호인 중에 호인이라는 소리를 듣지만 집에만 들어오면 무심하기 짝이 없는 경우가 많다. 거기다 일부는 쫀쫀하고 쩨쩨하기까지 하며 고집이 매우 세다. 특히 남성 태음인의 경우 이런 양상이 심하다. 하지만 실제 함께 지내보지 않은 사람은 그 실상을 알지 못한다. 그저 무던하고 사람 좋고 너그러운 사람으로 인식하기 십상이다.

태음인은 대개가 말이 많지 않다. 하지만 태음인 중에 일부는 매우 말이 많다. 특히 어떤 분야에서 성공을 거둔 태음인은 너무 말이 많아 피곤할 지경이 되고, 심지어 자기 자신도 제어가 되지 않는 지경이 되기도 한다. 이런 태음인은 실언을 자주 하는데, 그 실언으로 인해 공격을 당해도 크게 개의치 않는다. 또한 자신이 잘 아는 분야에 대한 지식을 원하지 않는 상대에게 늘어놓고 심지어 생활까지 간섭하는 일이 있어 짜증을 불러일으키기도 한다.

오락을 즐기는 태음인은 자신의 일을 오락의 일부로 만들어버리고 그것을 철저하게 즐기는 태도를 취하는 경우도 많다. 태음인이 자신의 일에 한 번 자신감을 갖게 되면 아무도 못 말릴 만큼 거만해지고 독단적으로 변하기 쉬운 까닭이 바로 여기에 있다.

태음인은 간과 비장, 췌장이 좋고 위가 큰 까닭에 여간해서 화를 내지 않는데, 심지어 심하게 부부싸움을 한 뒤에도 아무렇지도 않게 잠들고, 상대가 화를 내고 길길이 날뛰는데도 눈만 끔뻑거리며 쳐다보는 경우가 많다. 거기다 상대의 감정을 이해하는 능력이 부족한 탓에 엉뚱한 말이나 비유를 들어 대화의 초점을 흐려놓거나 상대를 분통 터지게 하는 경우도 많다.

그렇다고 태음인이 늘 화를 내지 않는 것은 아니다. 막상 화를 내면 본인이 절제할 수 없을 정도로 크게 화를 낸다. 그래서 자칫 물건을 던지거나 폭력을 행사하는 등 큰 사고를 유발할 가능성도 높다. 특히 간에 열이 찬 태음인의 경우는 화를 내는 속도가 매우 급하고, 화를 쉽게 잠재우지 못해 폭력적인 경향을 드러낼 소지가 많다.

대부분의 태음인은 고집도 엄청나다. 고집부리고 있는 내용이 전혀 상식적이지 않은 것이라도 상관없다. 한번 고집을 부리면 아무도 꺾지 못하며, 설득을 해도 전혀 듣지 않는 경향이 있다. 그리고 막상 겉으론 고집을 꺾고 생각을 바꾼 듯이 보여도 속으론 여전히 자기 생각이 옳다고 여기는 경우도 많다. 하지만 자신보다 확실히 강력한 존재를 만나면 의외로 쉽게 고집을 꺾는다.

이런 태음인의 성정이 긍정적으로 발전하면 매우 온후하고 너그럽고 인자한 성품의 소유자가 된다. 덕분에 남으로부터 호인이라는 소리를 들으며 훌륭한 인격을 유지하며 많은 사람을 거느리는 리더로 성장할 수 있다.

그러나 부정적으로 발전하면 매우 게으르고 불성실하며, 일은 하지 않고 노는 데만 정신을 판다는 소리를 듣기 십상이다. 그래서 부모의 입장에선 태음인 아이를 교육하기가 매우 어렵고 성인이 된 뒤에도 가정생활을 원활하게 하지 못하는 남성 태음인이 많다.

이러한 태음인의 특징은 여러 가지 현상으로 드러나게 되는데, 이를 요약하면 다음의 열 가지가 핵심이다.

태음인의 특징

①	성정	느긋하면서 차분한 사람이다.
②	물과 땀	물을 많이 먹고, 땀을 많이 흘린다.
③	화	웬만해선 화가 나지 않는다.
④	판단과 행동	충분한 시간을 두고 판단하는 편이고 천천히 행동하는 편이다.

⑤	일을 대하는 태도	새로운 일이든 익숙한 일이든 크게 구분 없이 대한다.
⑥	시작과 마무리	무슨 일이든 느긋하게 시작하고, 마무리에 대한 염려가 별로 없는 편이다.
⑦	대화	말을 하는 것보다 걸어주는 것이 좋고, 말하는 것보다 듣는 것이 편하다.
⑧	음식 습관	어떤 음식이든 잘 소화하고, 많이 먹어도 별 부담이 없다.
⑨	사람 만남	새로운 사람이나 익숙한 사람이나 사람 대하는 것이 크게 불편하지 않다.
⑩	얼굴과 체형	눈이 작거나 보통이거나, 또는 큰 편이고 몸은 살집이 있다.

하지만 태음인이라고 해도 어떤 혈액형과 결합하느냐에 따라 다른 특징과 행동 양식을 보일 수 있다.

태음인의 체질과 혈액형을 결합하면 EA, EO, EB 등 세 가지 기본 기질을 얻을 수 있다. 여기에 보조 체질 세 가지(d, p, c)와 두뇌유형 네 가지(L, U, J, S)가 결합하면 태음인의 36가지 성격유형이 발생한다. 이를 EA, EO, EB 세 기질별로 분류하여 특징과 성격유형을 설명하려 한다.

혈액형별 특징

A형	① 경쾌하고 밝다.
	② 분주하고 가볍다.
	③ 겁이 많고 소심하다.

O형	① 활동적이고 공격적이다.
	② 감정 기복이 심하다.
	③ 화끈하고 포용력이 좋다.

B·AB형	① 정적이고 방어적이다.
	② 예민하고 독자적이다.
	③ 집요하고 세심하다.

Type_ 10

태음인 A형 -EA

기질과 성격유형

변방형이거나 말뚝형 양

온화하고 우유부단한

안정된 조직에 적합한 리더

EA 타입은 태음인이면서 A형 혈액형을 가진 사람을 지칭한다. EA를 이해하기 위해서는 앞에서 설명한 태음인부터 이해해야 한다. 여기에 A형 혈액형의 기질적 특징도 알 필요가 있다. EA는 태음인의 특징과 A형 혈액형의 기질이 화학적으로 결합하여 새로운 양상을 드러낸다.

① 성격

온화하고 우유부단한

EA는 태음인의 느긋하고 온화한 성향과 A형 혈액형의 밝고 소심한 기질이 결합한 형질인데, 태음인 중에서는 가장 밝고 명랑한 사람들이지만 마음이 약하고 줏대가 별로 없다.

EA는 대개 사람이 순하고 성정이 너그러우며 분주하게 움직이는 것을 싫어하는 사람들로서 한 곳에 오래 머물러 있기를 좋아한다. 하지만 사람들과 어울려 노는 것을 즐기고, 오락에 심취하는 경향을 갖는다.

EB나 EO에 비해 고집은 강하지 않고, 되도록 남과 부딪치지 않으려고 애쓴다. 남에게 싫은 소리를 하지 못하며, 화를 잘 내지도 않는다. 맺고 끊음이 불분명하고 하고 싶은 말이 있어도 쉽게 내뱉지 않는다. 어떤 문제든 단도직입적으로 풀어내는 성격은 아니다. 남의 부탁을 잘 거절하지 못해서 때때로 자기 의도와 상관없이 엉뚱한 일에 가담하여 손해를 보는 일도 많다.

이들은 대개 행동이 느리며 잠이 많고 게으른 편이다. 평소에 집에서는 누워서 뒹굴거리는 경우가 많고, 마음이 굳지 못해 목표 의식이 별로 없다. 미련이 많고 적응력이 약해 직업이나 직장을 바꾸면 상당 기간 어려움을 겪는다.

EA라고 해서 모두 그런 것은 아니다. 이들 중 보조유형이 DA가 많은 비율을 차지하는 경우는 비교적 행동이 빠르고 성격도 급하다. 그러나 EA 특유의 기질은 고스란히 간직하고 있다.

EA는 어떤 한 가지 일에 충실하긴 하지만 몰입하는 데엔 어려움을 겪는다. 끈기가 없다는 소리를 듣기 십상이다. 대신 EB나 EO에 비해 폐쇄성은 적다. 덕분에 남의 말에 귀를 기울이는 미덕을 지녔다.

이들은 남의 하소연이나 울분을 잘 들어주는 힘이 있으나 문제를 해결해주는 능력은 약한 편이다. 어떤 문제를 해결하려고 할 때 논리적이고 냉정한 접근보다는 다소 인정에 끌리는 방식에 익숙하다. 이들의 문제 해결 방식은 대개 사람과 사람의 관계를 이용하는 경향이 있다.

EA는 다른 태음인들에 비해 인간관계가 원만한 편이라 마당발이 많고, 활동 영역이 넓은 편이다. 그러나 한편으론 소심한 성격의 소유자도 많아 인간관계에서 마음에 상처를 입는 경우도 더러 있다. 특히 EA 여성들 중에는 지나치게 착한 탓에 마음이 여려 남에게 이용을 당하거나 정신적인 피해를 입는 경우도 허다하다.

이들은 대개 음식에 민감하지 않으므로 음식 타령을 하는 경우는 별로 없고, 이들 중 상당수는 미감이 매우 둔감하여 아무 음식이나 맛있다고 말하는 경우도 많다. 대개 싸고 양을 많이 주는 음식점을 찾는 경향이 있는데, 만약 맛이 좋더라도 값이 비싸거나 양이 적으면 꺼린다. 그럼에도 의외로 이들 중에 요식업에 종사하는 사람이 많다.

또한 EA는 돈을 쓰는 일에 있어서는 매우 소심한 편이고, 물건을 살 때도 값을 많이 따지는 경향이 있다. 말하자면 이들은 다른 태음인에 비해 현실적인 성향인 셈이다. 하지만 그것은 낭만적 기질을 약화시켜 다소 삶의 향기가 없는 사람으로 비치게 만든다.

EA는 태음인 중에서는 비교적 현실에 대한 적응력이 강한 편이고, 사회의 흐름에도 민감한 편이다. 그래서 사회의 변화에 적응하려고 나름대로 많은 노력을 한다. 그러나 속도가 느린 탓에 발 빠르게 대처하지는 못한다. 대신 성실성과 인간미로 자신의 느린 본성을 상쇄한다.

EA는 대개 극단적인 성향은 별로 없고 남에게 자신의 주장을 강압하지도 않는다. 대신 소심한 성향 탓에 때때로 매우 깐깐한 느낌을 주기도 하고, 자기 관리를 잘하는 사람도 꽤 발견된다. 이들은 태음인이긴 하지만 다소 가볍고 경쾌한 기질을 가져서 태음인 특유의 답답함이 비교적 적은 편인 까닭이다.

EA 중에는 인사성이 밝은 사람도 많다. 대개 태음인들은 사람을 만나도 인사를 하는 둥 마는 둥 하는 경향이 있는데, EA 중에는 매우 밝고 다정하게 인사하는 사람이 많다. 특히 사회적으로 안정된 사람들이 이런 경향을 보인다.

EA들은 호인으로 불리는 사람이 많지만 고집불통인 경우는 드물다. 대신 이들 중엔 밴댕이 속을 가졌다는 소리를 듣는 사람이 많다. 말하자면 소심하여 잘 토라지는 경향이 있는 것이다. 의외로 EA 남자들 중에 이런 밴댕이 속을 가진 사람이 많이 발견된다. 그러나 이들 밴댕이족들은 남에게 피해를 입히는 것을 몹시 싫어하므로 오히려 자기 관리를 잘하는 경우가 많다.

EA 여성들 중에는 심성이 아주 고운 사람이 많다. 이들은 인정이 많아 불쌍한 사람을 그냥 지나치지 못하는 경향이 있고, 남모르게 남을 돕는 일도 많다. 하지만 세상에 얼굴을 드러내는 것을 그다지 좋아하지 않는다.

그러나 EA들 중에는 너무 나태하여 도대체 무슨 생각으로 사는지 모르겠다는 소리를 듣는 사람도 많다. 이들은 그저 만사에 관심이 없고 그저 놀고먹는 일에만 열중한다. 손가락질을 받아도 별로 자극을 받지 않는다. 이들은 태음인 특유의 게으른 면과 A형의 밝고 낙천적인 기질이 잘못된 만남을 이뤄 탄생한 결정체라고 할 수 있다.

이런 성향들이 긍정적으로 결합하면 친절하고 온화한 인격을 형성할 수 있고, 여유롭고 포용력 있는 능력을 가진 사람으로 평가받을 수 있다. 또한 특유의 따뜻함과 끈기로 특정한 분야에서 전문적인 이력을 쌓으며 성공적인 삶을 살 수 있다.

하지만 부정적으로 결합하면 우유부단하고 유약한 행동을 일삼으며, 고집스럽고 느려 터졌다는 인상을 주기 십상이고, 너무 안이하고 답답하여 함께 일하기 힘든 사람이라는 인상을 줄 수 있다.

변방형이거나 말뚝형 양

EA는 변방형 심리와 말뚝형 심리로 구분할 수 있다. 변방형 심리는 어떤 곳에 예속되는 것은 좋아하지만 중심에 서는 것은 추구하지 않는 것을 말한다. 이런 심리를 가진 사람들은 어떤 곳에서든 수동적인 자세를 취한다. 즉, 누군가가 자기를 불러주길 기다리는 심리로서 불러줄 때까지 주변을 맴돈다.

그렇다고 한 다리를 빼놓고 언제든지 빠져나갈 방도를 모색하는 것도 아니다. 두 다리 모두 그곳에 빠져 있으면서도 늘 주변에만 머물러 있으려는 속성이다. 이런 변방형 심리는 능동적인 행동에 미숙할 수밖에 없다. 말하자면 누군가가 일을 안겨다 주면 거부하지 않고 열심히 해내는 스타일이다. 따라서 이들은 대개 권력을 쥐려는 생각보다는 권력을 지탱하려는 생각을 많이 한다.

말뚝형 심리는 전혀 딴판이다. 이들은 일단 자기 자리를 확보하는 것을 제일의 목표로 생각하는 사람들이다. 그래서 어떤 단체나 모임에 가든 자신의 위치를 가져야만 그곳의 일원이 된다. 그렇지 않으면 아예 처음부터 그 단체에 가입하지 않는다. 말하자면 말뚝부터 박아놓고 거기에 자기 명함을 걸어놓아야만 일을 시작할 수 있는 심리다.

이들은 대개 야심이 강하고 고집이 세다. 또한 권력 지향형이다. 투지가 강하고 이권에 대한 애착도 강하다.

변방형과 말뚝형 심리는 EA들이 늘 이율배반적으로 드러내는 심리 상태다. 말하자면 모든 EA들에겐 두 가지 심리가 다 있지만, 어느 쪽이 더 강하게 드러내느냐는 문제라는 것이다.

이런 EA의 심리를 12지의 동물에 비유하자면 양과 유사하다. 양은 털이 많고 쉽게 살이 찌고 움직임이 많지 않은 동물이다. 그래서 추위를 잘 견디고 행동도 느린 편이다. 반면에 인상이 밝고, 성정이 순하다. 이런 면들은 A형 혈액형을 가진 태음인인 EA의 성향과 유사하다.

③ 리더십

안정된 조직에 적합한 리더

EA의 리더십은 일정한 영역이 확보된 뒤에 발휘되는 경향이 있다. 즉, EA는 자신의 영역이 확보되기 전까지는 쉽게 리더십을 드러내지 않는다. 따라서 이들의 리더십은 안정된 조직에서 유용하게 쓰일 수 있다.

이들의 성향이 12지 동물 중에 양과 유사하다고 했는데, 양은 크게 집양과 산양으로 구분할 수 있다. 이들의 리더십도 집양형과 산양형으로 구분하여 이해할 필요가 있다.

대개 집양형 EA는 리더가 되는 것을 꺼리는데, 막상 리더가 되면 생각보다 매우 훌륭하게 단체를 잘 이끌어간다. 이들은 특유의 세밀함과 부드러움으로 조직의 조화를 이끌어내는 힘이 있다. 집양형 EA가 리더가 되면 조직의 분위기가 매우 온화하고 가족적이다.

그러나 이들은 지나치게 주변 사람들을 의식해서 자칫 사업의 타이밍을 놓칠 소지가 많다. 또한 속도감이나 추진력이 떨어지는 탓에 단체에 활력을 불어넣는 데엔 불리하다.

이에 비해 산양형 EA는 스스로 리더가 되는 것을 당연하게 생각하는 경향이 있다. 리더가 되기 전까지는 라이벌을 만들 소지가 많다. 그러나 막상 리더가 되면 강한 카리스마를 형성하며 리더십을 발휘한다. 이들은 현실 감각이 좋고 속도감도 있어서 단체에 활력을 불어넣고 사업을 확장하기도 한다. 또한 EA 특유의 가족주의 성향을 발휘하여 수하들을 강하게 응집시키는 능력을 발휘한다.

그러나 간혹 지나치게 고집을 부리는 경향이 있고, 사람들에게 자신의 주장을 강압하는 면이 있는 탓에 불만을 가진 사람이 많을 수 있다. 또 영역 확보에 너무 주력한 나머지 너무 큰 짐을 지고 비틀대는 경우도 생길 수 있다.

이런 EA의 리더십이 긍정적으로 발휘되기 위해서는 DB나 DO의 도움이 필요하다. DB(소양인 B형)의 발 빠른 추진력과 센스, DO(소양인 O형)의 공격력과 관용성이 EA의 한계를 극복할 수 있기 때문이다. 여기에 태양인 PB의 치밀함이 보태진다면 더할 나위가 없을 것이다.

④ 3가지 기질별 특징

EdA(태음소양 A형)

EdA는 EA를 기본으로 DA가 보조하고 있는 형국으로 EA의 온화함, 친절함, 포용성 등의 기질을 중심으로 DA의 경쾌함, 다재다능, 화려함 등이 결합한 유형이다.

이들의 외형적 특징을 살펴보면 체구가 크거나 퉁퉁한 편이다. 퉁퉁하지 않아도 키가 크거나, 키가 작으면 통통한 외형이다. 얼굴은 밝아 보이고 무던한 인상을 주며, 웃을 땐 해맑은 느낌이 든다. 또한 DA의 비율이 높을수록 얼굴에 밝은 기운이 조금 늘어나고 인상은 좀 더 강한 느낌이 된다.

기질적으론 온화하고 친절하며 순하다. 그래서 화를 잘 내지 않고 태평스러운 성향을 보인다.

이들은 심폐가 크고 약하고, 비위가 강하다. 따라서 행동이 느리고 일을 적극적으로 하지 않는다. 음식은 대개 가리는 것이 없고, 양도 많이 먹는 편이다. 여행은 꺼리지는 않고 차멀미도 잘하지 않지만, 여행 가는 것을 즐기지는 않는다. 다만 사람들과 어울려 노는 것을 좋아해서 노는 일은 마다하지 않고, 한 곳에 오래 앉아 즐기는 오락을 좋아한다. DA의 비율이 높아질수록 경쾌한 성정이 강화되며, 태평스러운 경향도 줄어든다.

하지만 EdA라고 해서 모두 같은 성격과 행동방식이 나타나는 것은 아니다. 보조 기질 DA의 결합 비율에 따라 다소 다른 양상을 보일 수 있다. 따라서 EdA를 좀 더 세분하여 Ed91A, Ed82A, Ed73A, Ed64A 등 네 가지로 구분해 이해할 필요가 있다. (Ed91A는 EA와 DA의 비율이 9:1이고, Ed82A는 8:2, Ed73A는 7:3, Ed64A는 6:4인 경우이다. 이를 확인하기 위해서는 앞의 체질 진단 10가지 항목에서 기본 체질과 보조 체질 비율이 어떠했는지 보면 된다.)

Ed91A는 EA와 거의 유사한 유형이다. 하지만 Ed64A는 EA의 성향이 상당히 줄어들고 DA의 성향이 많이 더해진 유형이다. 이에 따라 이들의 특징을 정리해본다.

우선 Ed91A는 EA의 특성 90%에 DA의 특성이 10% 정도 더해졌다. EA의 특성이 대부분 차지하고 DA의 특성은 거의 드러나지 않는다.

Ed82A는 Ed91A보다는 DA의 기질이 더 많아져서 경쾌함과 친화력이 더해진 형태다.

Ed73A는 DA의 강한 특징인 경쾌함, 다재다능, 화려함, 다양성 같은 긍정적 면과 오만함, 성급함, 분주함, 자기중심적 등의 부정적 기재가 더해지는 양상을 보이게 된다.

Ed64A는 DA의 기질이 절반 가까이 차지하는 형태로써 EA의 기본 기질을 기반으로 DA의 경쾌함, 다재다능, 화려함, 다양성, 친화력, 화려함 등 긍정적 요소와 오만함, 성급함, 분주함, 자기중심적, 인내력 부족, 무책임함 등의 부정적 요소가 가미된다.

이러한 EA와 DA의 화학적 결합이 어떤 형식으로 이뤄지느냐에 따라 인격과 능력이 결정된다. 긍정적으로 결합하면 EA의 온화함, 포용력, 효율성, 여유로움, 지속성 등에 DA의 경쾌함, 다재다능, 다양성, 친화력, 화려함 등이 결합하여 대단한 시너지 효과를 일으키며 친절하고 여유롭고 다재다능한 능력을 드러내게 된다.

하지만 부정적으로 결합한다면 EA의 우유부단, 유약함, 눈치 없음, 고집스러움 등에 DA의 성급함, 인내력 부족, 무책임함, 분주함 등이 불협화음을 일으켜 무책임하고 고집스럽고 뭐든지 미루는 행동을 일삼는 인격을 형성하게 될 것이다.

EpA(태음태양 A형)

EpA는 EA를 기본으로 PA가 보조하고 있는 형국으로 EA의 온화함, 친절함, 포용성 등의 기질을 중심으로 PA의 충성심, 해맑음, 치밀함 등이 결합한 유형이다.

이들의 외형적 특징을 살펴보면 대개 살집이 있고, 덩치가 큰 편이다. 또한 부리부리한 눈을 가진 사람이 많다. 그래서 얼굴은 다소 위압적이거나 중후한 느낌을 준다.

이들은 첫인상이 다소 위압적이어서 사람들이 쉽게 말을 걸지 못하는 경향이 있다. 하지만 성격은 순하고 예의도 바른 편이라 친해지면 위압감이 사라진다. 이들은 되도록 앞에 나서지 않고 뒤에서 일을 도와주는 것을 좋아한다. 함부로 일을 벌이는 경우는 거의 없지만, 보기보다 귀가 얇아 남의 일에 겁 없이 발을 담그는 경우가 종종 있다. 또 일을 하면 끈기 있게 해내는 편이며, 고집이 세서 남의 말은 잘 듣지 않는 편이다.

PA의 비율이 늘어날수록 치밀하고 꼼꼼한 성향이 강해지고 완벽주의 성향이다. 이들은 심폐가 크지만 발달하지 않아 행동이 빠르지 않으며, 위장은 강해서 음식을 잘 잘 소화하고 많이 먹는다. 이들은 체력이 좋고 차멀미를 하지 않아 먼 곳을 여행하는 것에 대한 두려움이 없다.

하지만 EpA라고 해서 모두 같은 성격과 행동방식이 나타나는 것은 아니다. 기본 기질(EA)과 보조 기질(PA)의 결합 비율에 따라 다소 다른 양상을 보일 수 있다. 따라서 EpA를 좀 더 세분하여 Ep91A, Ep82A, Ep73A, Ep64A 등 네 가지로 구분하여 이해할 필요가 있다. (Ep91A는 EA와 PA 비율이 9:1이고, Ep82A는 8:2, Ep73A는 7:3, Ep64A는 6:4인 경우이다.)

Ep91A는 EA와 거의 유사한 유형이다. 하지만 Ep64A는 EA의 성향이 상당히 줄어들고 PA의 성향이 많이 가미된 유형이다. 이에 따라 달라지는 이들의 특징을 정리한다.

우선 Ep91A는 EA의 특성 90%에 PA의 특성이 10% 정도 더해졌다. EA의 특성이 대부분 차지하고 PA의 특성은 아주 일부만 차지하므로 EA와 거의 같다고 이해하면 된다.

Ep82A는 Ep91A보다는 PA의 기질이 더 많다. PA의 주요 기질인 치밀함과 충성심이 추가된 형태다.

Ep73A는 PA형의 강한 특징인 치밀함과 충성스러운 기질에 이어 원칙주의와 밝은 기운이 더해진 형태다.

Ep64A는 PA형의 기질이 절반 가까이 차지하는 형태로써 EA의 기본 성격을 기반으로 PA의 긍정적 요소인 충성심, 해맑음, 치밀함, 원칙주의 등과 부정적 요소인 답답함, 지나치게 깐깐함, 지나친 불안감, 겁 많음 등이 복합적으로 작용한다.

이러한 EA와 PA의 화학적 결합이 어떤 형식으로 이뤄지느냐에 따라 인격과 능력이 결정된다. 긍정적으로 결합하면 EA의 친절함, 온화함, 여유로움, 포용성 등에 PA의 충성심, 해맑음, 배려심, 치밀함, 정의감, 원칙주의, 준비성 등이 시너지 효과를 일으키며 온화하면서 여유롭고 치밀한 능력을 발휘하고 주변을 화합이 잘 되는 환경으로 만드는 인격을 드러내게 될 것이다.

하지만 부정적으로 결합한다면 EA의 우유부단함, 유약함, 느림, 고집스러움 등에 PA의 두려움, 답답함, 불안감, 과한 공격성 등이 불협화음을 일으키며 답답하고 고집스럽고 불안감이 높아 함께 일하기 힘든 사람이라는 인식을 주게 될 수 있다.

EcA(태음소음 A형)

EcA는 EA를 기본으로 CA가 보조하고 있는 형국으로 EA의 여유로움, 포용성, 온화함 등의 기질을 중심으로 CA의 효율성, 냉철함, 사려 깊음 등이 결합한 유형이다.

이들의 외형적 특징을 살펴보면 대개는 키가 작고 통통한 편이지만, 일부는 평균 이상의 키에 여윈 편이다. 이들은 대개 눈이 작고 얼굴이 둥근 편이다. 말수는 아주 적은 편이며, 웬만한 일엔 나서지 않는다. 일에 있어서는 진척이 느린 편이며, 미루는 습관이 있고, 두려움이 많은 편이다.

기질은 느긋하지만 예민한 구석이 있고, 모든 일에 관망하는 자세를 취한다. 기분에 따라 행동하는 일은 별로 없고, 겉으론 매우 차분하게 보인다.

이들은 심폐가 크지만 약해서 행동이 느리다. 그렇지만 비위와 신장, 간이 모두 발달하여 음식을 즐기고 술도 잘 먹는다. 모임도 즐기는 편이지만 모임을 주도하지는 않는다. 여행을 좋아하지는 않지만 여행에 대한 거부감은 별로 없다. 한 곳에 오래 머무는 것을 좋아하며, 폐쇄된 공간에서도 잘 지내는 편이다.

하지만 EcA라고 해서 모두 같은 성격과 행동방식이 나타나는 것은 아니다. 기본 기질(EA)과 보조 기질(CA)의 결합 비율에 따라 다소 다른 양상을 보일 수 있다. 따라서 EcA를 좀 더 세분하여 Ec91A, Ec82A, Ec73A, Ec64A 등 네 가지로 구분해 이해할 필요가 있다. (Ec91A는 EA와 CA 비율이 9:1이고, Ec82A는 8:2, Ec73A는 7:3, Ec64A는 6:4인 경우이다.)

Ec91A는 EA와 거의 유사한 유형이다. 하지만 Ec64A는 EA의 성향이 상당히 줄어들고 CA의 성향이 많이 가미된 유형이라 할 수 있다. 이에 따라 이들의 특징을 정리해본다.

우선 Ec91A는 EA의 특성 90%에 CA의 특성이 10% 정도 더해졌다. EA의 특성이 대부분 차지하고 CA의 특성은 아주 일부만 차지한다. 따라서 Ec91A는 EA와 거의 같다고 보면 된다.

Ec82A는 Ec91A보다는 CA의 기질이 더 많다. 냉철함이나 효율성 같은 CA의 기질이 더해지는 형태다. 또한 살집이 줄고, 위장도 조금 약한 성향을 나타낸다.

Ec73A는 CA의 강한 특징인 냉철함, 효율성 기질에 이어 사려 깊음, 소심함 등이 더해진 형태다.

Ec64A는 CA의 기질이 절반 가까이 차지하는 형태로써 EA의 기본 성격을 기반으로 CA의 긍정적 요소인 효율성, 냉철함, 사려 깊음, 배려심 등과 부정적 소심함, 옹졸함, 게으름, 낯가림, 미루기 등이 복합적으로 작용한다.

이러한 EA와 CA의 화학적 결합이 어떤 형식으로 이뤄지느냐에 따라 인격과 능력이 결정된다. 긍정적으로 결합하면 EA의 여유로움, 포용성, 온화함, 친절함 등에 CA의 효율성, 냉철함, 사려 깊음 등이 시너지 효과를 일으키며 세심하면서도 온화하고 여유를 잃지 않는 인격을 드러내게 될 것이다.

하지만 부정적으로 결합하면 EA의 우유부단, 유약함, 느림, 눈치 없음, 언변 부족 등에 CA의 소심함, 겁 많음, 옹졸함, 게으름, 낯가림, 미루기 등이 불협화음을 일으키며 옹졸하고 낯가림 심하고 갑갑한 인격을 형성하게 될 것이다.

⑤ 내 성격유형에 맞는 배우자

　EA의 성격유형은 EA의 세 가지 자기 기질인 EdA, EpA, EcA와 네 가지 두뇌유형 L(논리형), U(실리형), J(명분형), S(감성형)의 결합을 통해 12가지가 형성된다.

　EdA 계열 - EdAL, EdAU, EdAJ, EdAS

　EpA 계열 - EpAL, EpAU, EpAJ, EpAS

　EcA 계열 - EcAL, EcAU, EcAJ, EcAS

　배우자를 선택할 때는 체질과 기질 그리고 두뇌유형을 모두 고려해야 한다. 체질과 기질은 멀수록 좋고, 두뇌유형은 가까울수록 좋다. 이성 관계에서 체질과 기질은 반대인 사람에게 끌리게 되어 있지만 끌린다고 해서 반드시 좋은 배우자가 될 수 있는 것은 아니다. 그 배우자와 결혼했다고 해서 반드시 결혼 생활이 무난한 것도 아니다. 끌림 이후에 갈등이 적어야 한다. 갈등은 대개 문제에 접근하고 해결하는 방식에서 비롯되는데, 이러한 갈등은 대개 두뇌유형의 차이로 일어난다. 두뇌유형이 비슷할수록 갈등이 일어날 확률이 낮아진다는 뜻이다. 따라서 가장 적절한 배우자는 체질과 기질이 가장 멀고, 두뇌유형은 같은 상대이다.

　EA는 태음인의 하나여서 일단 소양인(D)을 가장 선호한다. 태음인은 행동이 느리고 말을 하는 것보다는 말을 듣는 것을 좋아한다. 또한 남에게 쉽게 다가가지 못해서 잘 다가오는 사람을 좋아한다. 그래서 자신에게 잘 다가와 말을 걸어주고 자신의 느린 행동을 보완해줄 사람을 선호한다. 선천적으로 그런 성향을 지닌 소양인에게 끌린다.

하지만 소양인 중에 혈액형이 같은 소양인 A형(DA)에게는 끌림이 약할 수 있다. 또 O형은 양면성이 강해서 A형보다는 B형이 부딪칠 우려가 적다. 따라서 EA에게는 소양인 B형(DB)이 가장 잘 어울리고, 다음으로 DO, 그 다음으로 DA가 잘 어울린다.

소양인 다음으로 EA가 끌리는 체질은 태양인(P)이다. 태양인의 순서도 혈액형에 따라 순위가 정해진다. 따라서 태양인과의 배우자 적합도 순서는 PB, PO, PA가 될 것이다. 그리고 태음인과 소음인은 서로 상극인 탓에 소음인에 해당하는 기질유형은 모두 배제되고, 또 태음인은 같은 태음인에게 매력을 느끼지 못하므로 이 역시 제외된다.

EdA 계열

EdAL(태음소양 A형 논리형 두뇌) : EdA 기질과 논리형(L) 두뇌가 결합한 성격유형으로 긍정적으로 결합하면 온화하고 사려 깊으며 언변이 뛰어나다. 하지만 부정적으로 결합하면 우유부단하고 소심하며 실용성이 부족한 특징을 보일 수 있다.

EdAL 적절한 배우자

1순위	DeBL	DcBL	DpBL	2순위	DeOL	DcOL	DpOL

3순위	DeAL DcAL DpAL	4순위	PeBL PcBL PdBL
5순위	PeOL PcOL PdOL	6순위	PeAL PcAL PdAL

이는 기본 기질과 보조 기질 그리고 두뇌유형을 세밀하게 따져서 내린 결론이다. EdA는 기본 기질(EA)이 태음인 A형이기에 DB와 가장 잘 맞고, 보조 기질(DA)은 소양인 A형이므로 EB와 가장 잘 어울린다. 또한 같은 두뇌유형을 선호해서 EdAL에겐 DeBL이 가장 좋은 배우자감이다. 1순위 그룹의 DcBL, DpBL이 그 다음 순위를 잇는 것도 이런 원칙이고, 2순위 그룹부터 6순위 그룹까지의 형성 과정도 마찬가지다.

EdAU(태음소양 A형 실리형 두뇌) : EdA 기질과 실리형(U) 두뇌가 결합한 성격유형으로 긍정적으로 결합하면 온화하고 사려 깊으며 현실적이면서 실리적이고 추진력이 있다. 하지만 부정적으로 결합하면 우유부단하고 소심하며 결과만 중시하는 특징을 보일 수 있다.

EdAU 적절한 배우자

1순위	DeBU DcBU DpBU	2순위	DeOU DcOU DpOU
3순위	DeAU DcAU DpAU	4순위	PeBU PcBU PdBU
5순위	PeOU PcOU PdOU	6순위	PeAU PcAU PdAU

EdAJ(태음소양 A형 명분형 두뇌) : EdA 기질과 명분형(J) 두뇌가 결합한 성격유형으로 긍정적으로 결합하면 온화하고 사려 깊고 객관적이면서 분명한 가치관에 입각하여 일을 처리하는 특징을 보인다. 하지만 부정적으로 결합하면 우유부단하고 소심하고 허례와 명분만 따지는 특징을 보일 수 있다.

EdAJ 적절한 배우자

1순위	DeBJ DcBJ DpBJ	2순위	DeOJ DcOJ DpOJ
3순위	DeAJ DcAJ DpAJ	4순위	PeBJ PcBJ PdBJ
5순위	PeOJ PcOJ PdOJ	6순위	PeAJ PcAJ PdAJ

EdAS(태음소양 A형 감성형 두뇌) : EdA 기질과 감성형(S) 두뇌가 결합한 성격유형으로 긍정적으로 결합하면 온화하고 사려 깊고 예술적이고 독창적인 능력을 드러낸다. 하지만 부정적으로 결합하면 우유부단하고 소심하며 오만하고 자기중심적인 행동을 일삼는 특징을 보일 수 있다.

EdAS 적절한 배우자

1순위	DeBS DcBS DpBS	2순위	DeOS DcOS DpOS
3순위	DeAS DcAS DpAS	4순위	PeBS PcBS PdBS
5순위	PeOS PcOS PdOS	6순위	PeAS PcAS PdAS

EpA 계열

EpAL(태음태양 A형 논리형 두뇌) : EpA 기질과 논리형(L) 두뇌가 결합한 성격유형으로 긍정적으로 결합하면 온화하면서도 치밀하며 언변이 뛰어나다. 하지만 부정적으로 결합하면 우유부단하고 불안감이 심하면서 실용성이 부족한 특징을 보일 수 있다.

EpAL 적절한 배우자

1순위	DcBL DeBL DpBL	
3순위	DcAL DeAL DpAL	
5순위	PcOL PeOL PdOL	

2순위	DcOL DeOL DpOL	
4순위	PcBL PeBL PdBL	
6순위	PcAL PeAL PdAL	

EpAU(태음태양 A형 실리형 두뇌) : EpA 기질과 실리형(U) 두뇌가 결합한 성격유형으로 긍정적으로 결합하면 온화하면서도 치밀하며 현실적이고 추진력이 뛰어나다. 하지만 부정적으로 결합하면 우유부단하고 불안감이 심하고 결과만 중시하는 성향을 보일 수 있다.

EpAU 적절한 배우자

1순위	DcBU DeBU DpBU	
3순위	DcAU DeAU DpAU	
5순위	PcOU PeOU PdOU	

2순위	DcOU DeOU DpOU	
4순위	PcBU PeBU PdBU	
6순위	PcAU PeAU PdAU	

EpAJ(태음태양 A형 명분형 두뇌) : EpA 기질과 명분형(J) 두뇌가 결합한 성격유형으로 긍정적으로 결합하면 온화하면서도 치밀하며 객관적이고 분명한 가치관에 입각하여 일을 처리하는 특징을 보인다. 하지만 부정적으로 결합하면 우유부단하고 불안감이 심하면서 허례와 명분만 따지는 특징을 보일 수 있다.

EpAJ 적절한 배우자

1순위	DcBJ DeBJ DpBJ	2순위	DcOJ DeOJ DpOJ
3순위	DcAJ DeAJ DpAJ	4순위	PcBJ PeBJ PdBJ
5순위	PcOJ PeOJ PdOJ	6순위	PcAJ PeAJ PdAJ

EpAS(태음태양 A형 감성형 두뇌) : EpA 기질과 감성형(S) 두뇌가 결합한 성격유형으로 긍정적으로 결합하면 온화하면서도 치밀하며 예술적이고 창조적인 특징을 보인다. 하지만 부정적으로 결합하면 우유부단하고 불안감이 심하면서 오만하고 개념 없는 특징을 보일 수 있다.

EpAS 적절한 배우자

1순위	DcBS DeBS DpBS	2순위	DcOS DeOS DpOS
3순위	DcAS DeAS DpAS	4순위	PcBS PeBS PdBS
5순위	PcOS PeOS PdOS	6순위	PcAS PeAS PdAS

EcA 계열

EcAL(태음소음 A형 논리형 두뇌) : EcA 기질과 논리형(L) 두뇌가 결합한 성격유형으로 긍정적으로 결합하면 온화하면서도 냉철하고 언변이 뛰어나다. 하지만 부정적으로 결합하면 우유부단하고 낯가림이 심하고 실용성이 부족한 특징이 나타난다.

EcAL 적절한 배우자

1순위	DpBL DeBL DcBL		2순위	DpOL DeOL DcOL
3순위	DpAL DeAL DcAL		4순위	PdBL PeBL PcBL
5순위	PdOL PeOL PcOL		6순위	PdAL PeAL PcAL

EcAU(태음소음 A형 실리형 두뇌) : EcA 기질과 실리형(U) 두뇌가 결합한 성격유형으로 긍정적으로 결합하면 온화하면서도 냉철하고 현실적이며 추진력이 있다. 하지만 부정적으로 결합하면 우유부단하고 낯가림이 심하고 결과만 중시하는 성향을 보일 수 있다.

EcAU 적절한 배우자

1순위	DpBL DeBL DcBL		2순위	DpOL DeOL DcOL
3순위	DpAL DeAL DcAL		4순위	PdBL PeBL PcBL
5순위	PdOL PeOL PcOL		6순위	PdAL PeAL PcAL

1. 태음인 A형의 기질과 성격유형

EcAJ(태음소음 A형 명분형 두뇌) : EcA 기질과 명분형(J) 두뇌가 결합한 성격유형으로 긍정적으로 결합하면 온화하면서도 냉철하고 분명한 가치관에 입각하여 일을 처리하는 특징을 보인다. 하지만 부정적으로 결합하면 우유부단하고 낯가림이 심하고 허례와 명분만 따지는 특징을 보일 수 있다.

EcAJ 적절한 배우자

1순위	DpBJ	DeBJ	DcBJ	2순위	DpOJ	DeOJ	DcOJ
3순위	DpAJ	DeAJ	DcAJ	4순위	PdBJ	PeBJ	PcBJ
5순위	PdOJ	PeOJ	PcOJ	6순위	PdAJ	PeAJ	PcAJ

EcAS(태음소음 A형 감성형 두뇌) : EcA 기질과 감성형(S) 두뇌가 결합한 성격유형으로 긍정적으로 결합하면 온화하면서도 냉철하고 예술적이면서 독창적인 능력을 드러낸다. 하지만 부정적으로 결합하면 우유부단하고 낯가림이 심하며 오만하고 자기중심적인 행동을 일삼는 특징을 보일 수 있다.

EcAS 적절한 배우자

1순위	DpBS	DeBS	DcBS	2순위	DpOS	DeOS	DcOS
3순위	DpAS	DeAS	DcAS	4순위	PdBS	PeBS	PcBS
5순위	PdOS	PeOS	PcOS	6순위	PdAS	PeAS	PcAS

태음인 O형 - EO

기질과 성격유형

끈기 있는 고집쟁이

몽상가이거나 저돌적인 돼지

저돌적이고 독단적인

EO 타입은 태음인이면서 O형 혈액형인 사람을 지칭한다. EO를 이해하기 위해서는 앞에서 설명한 태음인부터 이해해야 한다. 여기에 더해 O형 혈액형의 기질적 특징을 알 필요가 있다. EO는 태음인의 특징과 A형 혈액형의 기질이 화학적으로 결합하여 새로운 양상을 드러낸다.

끈기 있는 고집쟁이

EO는 태음인의 느긋하면서도 소극적인 성향과 O형 혈액형의 공격적이면서 관용적인 이중 성향의 기질이 결합한 형질로서 태음인 중에서 가장 극단적인 기질을 가진 사람들이다.

EO는 겉으론 무딘 것처럼 보이나 실제로는 예민한 사람들이다. 가족애가 강하고 한 가지 이상의 고질적인 나쁜 버릇을 가진 경우가 많다. 어떤 부분에 대해서는 매우 고집스럽지만, 가족 문제에 대해서는 너그러운 편이며, 때때로 매우 저돌적이다. 그러나 막상 결정적인 순간에 부닥치면 매우 소심한 면모를 드러내는 경우가 많다.

이들 역시 태음인 특유의 성향에서 벗어나기 힘들다. 인간관계에 있어 맺고 끊음이 불분명하고, 상대방에 대해서 분명한 어조로 자신의 의견을 밝히지 않는다. 하지만 이들은 급하게 화를 낼 때가 많다. 또 한 번 화가 나면 물불을 가리지 않는 성향이 있다. 그래서 이들이 화를 내는 것은 매우 위험하다. 특히 EO 남자들 중에는 성질이 급한 사람이 매우 많다. 그래서 이들은 얼핏 보면 소양인처럼 비치기도 한다.

EO는 보조 기질에 따라 아주 극단적으로 다른 경우가 많다. 보조 기질이 DO인 경우에는 그저 밖으로만 돌면서 많은 사람과 어울려 놀기를 좋아하는 반면 보조 기질이 CO인 경우엔 매우 폐쇄적인 성향이다. 이들은 취미를 가지는 데 있어서도 매우 다른 양상을 보인다.

EO는 어떤 한 분야에 몰입하는 경우가 많고, 자신의 능력을 타인에게 드러내기를 좋아하는 편이다. 하지만 소양인처럼 말로 드러내는 것이 아니라 행동으로 직접 보여주는 태도를 보인다. 그러나 대개는 실속이 별로 없다.

이들 중에는 물건에 대한 애착이 남다른 사람이 많다. 그래서 물건을 수집하거나 어떤 종류의 기계나 물품을 직접 설치하는 것을 즐긴다. 또 이들은 대개 음식에도 관심이 많다. 직접 요리를 하는 것을 즐기며 EO 남자들 중에 요리사가 많이 배출된다.

이들 역시 태음인 특유의 성급함이 있다. 즉, 귀가 얇고 군중심리에 잘 흔들리는 경향이 있어 엉뚱한 일에 말려드는 일이 잦다. 그래서 예상치 못한 일을 저지르는 경향이 있다.

EO도 여차하면 게을러지기 쉽다. 특히 남자의 경우, 바깥일은 매우 열심히 하지만 집안일은 도통 하지 않는다. 이들은 대다수가 여간해서 집에 붙어있지 않는다. 그렇다고 가족과 함께 여행을 가거나 산행 하는 것을 좋아하는 것도 아니다. 그야말로 자기가 좋아하는 일에만 열중하고 늘 바깥에 머물기 좋아한다. 그 바람에 매우 이기적이고 무심한 남편으로 취급받기 일쑤다.

이들은 쓸데없는 고집을 부리는 경우가 많다. 또한 우두머리 기질도 매우 강하므로 지배욕구도 무섭다. 하지만 현실성이 떨어지는 경향이 있어 고리타분하다는 지적을 많이 받는다. 그렇지만 이들이 한 번 어떤 분야에 대해서 본격적으로 에너지를 쏟게 되면 그 뚝심과 저력은 타의 추종을 불허한다. 그럴 경우, 일의 속도도 매우 빠르고 치밀함과 세심함이 공포스러울 정도다. 거기다 일단 일을 밀어붙였다 하면 그 저돌성을 당해낼 사람이 없다. 이때는 눈치도 빨라지고, 머리도 영리하게 돌아가며 주변 적응력도 놀랍도록 무섭게 발휘된다. EO는 자신 있는 분야를 만들어내서 스스로 자신감을 갖는 것이 매우 중요하다. 만약 EO가 어떤 일에 자신감을 가졌다 하면 어느 누구도 상대가 되지 않기 때문이다.

그러나 이들의 저돌성 이면에는 늘 소심함과 소극성이 도사리고 있다. 더구나 자신감을 잃고 무엇엔가 주눅이 든 상태라면 이들은 한심할 정도로 빨리 꿈을 포기하고 겉돌기 일쑤다. 심지어 이런 경우엔 자신을 몹시 괴롭히기도 한다. 이런 상황에서는 가족들에게 피해를 끼치는 것을 아무렇지도 않게 생각한다.

EO의 성격은 이렇듯 극단적인 탓에 이들은 어릴 때부터 자신이 확실히 잘 할 수 있는 분야를 개척하는 데 많은 시간을 할애해야만 한다.

EO는 다른 태음인처럼 늘 호인으로 불리지는 않는다. 이들 중 상당수는 주변 사람들에게 매우 무서운 사람이라는 소리를 많이 듣는다. 특히 보조유형이 DO인 남자들은 매우 공격적이어서 사람들이 두려워하는 경우가 많다.

하지만 보조유형이 CO이거나 PO인 여자들 중에는 너무나 온순하여 남에게 싫은 소리 한마디 할 줄 모르는 사람들이 꽤 많다. 이 사람들은 화가 나도 화를 낼 줄 몰라서 스스로도 몹시 답답해한다. 그러나 여간해서 화를 내지 않아 이들이야말로 순종형의 대명사라고 할 수 있다.

이런 성향들이 긍정적으로 결합하면 여유롭고 관용적인 인격을 형성할 수 있고, 인내력 좋고 추진력 있는 능력을 가진 사람으로 평가받을 수 있다. 또한 특유의 끈기과 포용력으로 특정한 분야에서 전문적인 이력을 쌓으며 성공적인 삶을 살 수 있다.

하지만 부정적으로 결합하면 폐쇄적이면서 엉뚱하고 돌발적인 행동을 일삼으며, 지나치게 독단적이고 고집스럽다는 인상을 주기 십상이고, 너무 저돌적이라 사고 치기 쉬운 사람이라는 인상을 줄 수 있다.

② 심리

몽상가이거나 저돌적인 돼지

EO의 심리는 크게 두 가지가 결합해 있다. 하나는 게으름뱅이 심리이고, 다른 하나는 독재자 심리다.

게으름뱅이 심리가 발현되면 만사에 바쁜 것이 없으며, 의욕적으로 뭔가에 덤벼드는 일도 없다. 그렇지만 늘 몽상에 사로잡혀 있어서 자신의 미래는 늘 화려하고 아름답다. 하지만 구체적인 계획은 없고 현실성도 없다.

독재자 심리가 발현되면 권력에 매우 집착하는 성향을 띠게 되고, 덕분에 목표 의식이 생긴다. 그래서 매우 분주하게 활동하고, 매우 적극적으로 일을 꾸민다. 하지만 자신의 주장이 지나치게 강하므로 남과 잘 어우러지기 힘들게 된다.

EO는 이 두 가지 심리를 상황에 따라 각기 다르게 발현하며 자신의 역량을 펼쳐나간다. 게으름뱅이 심리는 때론 매우 여유 만만한 태도로 드러나고, 때론 부자처럼 남에게 큰 인심을 베푸는 행동으로 나타난다. 덕분에 아주 사람 좋게 여겨진다. 하지만 이때 금전적인 여유가 없다면 이들은 아무런 일도 하지 못하고 그저 몽상에 사로잡혀 지내기 쉽다. 그러나 독재자 심리는 다른 사람 위에 군림하려는 성향을 갖게 하고, 그것은 곧 적극성으로 발현되어 매우 활동적인 모습을 보이게 된다.

이렇듯 EO는 전혀 이질적이면서도 한편으론 매우 동질성이 강한 이 두 가지 심리를 엮어가며 살아간다. 그래서 EO 중에는 바깥 활동에선 매우 분주하고 적극적이지만 가정에선 매우 게으르고 하릴없이 퍼져있는 태도를 보이는 사람이 많은 것이다. 또 부지런할 때는 매우 부지런한 태도를 보이지만 막상 일을 하지 않을 땐 누워서 뒹굴거나 몽상에 사로잡히기도 한다.

EO의 이런 심리를 12지 동물에 비유하자면 돼지와 유사하다고 할 수 있다. 돼지는 피부가 두껍고 지방이 풍부하며 살이 많이 찐다. 그들은 겨울에도 먹이를 찾아 돌아다닐 수 있는 에너지가 있다. 또한 돼지는 새끼를 많이 낳고, 새끼들에 대한 지배력이 매우 강하다. 심지어 새끼에게서 이질적인 냄새가 나면 잡아먹기도 한다. 이런 성향들이 EO와 유사한 면이 많다.

③ 리더십

저돌적이고 독단적인

EO가 리더가 되면 매우 활기차고 저돌적인 모습을 보인다. 그러면서도 독단적이다. 이 독단성은 태음인 대다수가 리더가 될 때 나타나는 성향인데 EO도 예외는 아니다.

이들의 심리를 12지의 돼지에 비유했는데, 리더십에서도 비슷한 성향이 나타난다. 돼지를 크게 구분하자면 집돼지와 멧돼지로 구분할 수 있다. 이들의 리더십도 집돼지형과 멧돼지형으로 구분하여 이해할 필요가 있다.

EO는 독단성이 강하지만 집돼지형은 독단성이 그다지 강하지 않다. 이들은 매우 공손하고 남의 말에도 귀를 잘 기울이며 행동도 급하지 않다. 다만 때때로 일을 뒤로 미루거나, 자신의 의지를 분명히 보여주지 않아 부하들이 어떻게 해야 할지 감을 못 잡게 하는 경향이 있다. 집돼지형은 단체의 리더가 되는 경우가 드물다. 설사 리더가 되었다고 하더라도 실질적으로 자신이 리더십을 발휘하기보다는 주변 사람에게 의존하는 경우가 많다.

이에 비해 멧돼지형은 EO의 전형적인 리더십을 발휘한다. 이들은 집권력이 강하고 독재 성향도 강하다. 매우 저돌적이고, 일 추진력도 뛰어나다. 심지어 전혀 이뤄지지 않을 것 같을 일도 뚝심 하나로 밀어붙여 성사시키는 경우도 많다.

따라서 멧돼지형은 리더로서의 본성을 잘 갖추고 있다고 볼 수 있다. 이들은 다소 독재적인 성향을 가졌지만, 그것을 잘만 활용하면 카리스마 있는 지도자라는 평으로 바뀔 수 있다. 거기다 체력도 매우 뛰어나고, 사람들을 통솔하는 능력도 탁월한 편이다. 다만 문제가 있다면 현실 감각이 떨어진다는 점이다.

이런 EO가 리더십을 십분 발휘하려면 DB(소양인 B형)나 DA(소양인 A형)의 도움이 필요하다. 이들은 머리 회전이 빠르고 재주가 많으며 현실 감각이 뛰어나기 때문이다. 또 충성심이 강한 PA(태양인 A형)도 함께하면 좋다. 이들은 신중하고 책임감이 강해서 EO가 저돌적으로 밀어붙이다 놓치는 일들을 잘 챙겨주고, EO의 어두운 면도 잘 보완해줄 수 있기 때문이다.

④ 3가지 기질별 특징

EdO(태음소양 O형)

EdO는 EO를 기본으로 DO가 보조하고 있는 형국으로 EO의 관용성, 포용성, 지속성 등의 기질을 중심으로 DO의 행동력, 추진력, 진취성 등이 결합한 유형이다.

이들의 외형적 특징을 살펴보면 체구가 크거나 통통한 편이다. 또 통통하지 않아도 키가 크거나, 키가 작으면 통통한 외형이다. 얼굴은 둥글고 눈은 작은 편인데 표정에선 의지가 굳고 무던한 느낌을 준다. DO의 비율이 높을수록 얼굴은 더욱 굳건한 느낌이 늘어나고, 인상은 좀 더 강해진다.

기질적으론 다소 강하고 공격적이다. 비록 급하게 화를 내진 않지만 화가 나면 매우 무섭게 내고, 공격할 땐 거세게 몰아붙인다. 때론 화를 조절하지 못하여 물불 안 가리고 덤벼든다.

이들의 심폐는 크지만 약하고, 비위는 크고 강하다. 따라서 행동은 민첩하지 않지만 상황에 따라서는 매우 빠르게 움직인다. 음식은 대개 가리는 것이 없고, 양도 많이 먹는 편이다. 여행은 꺼리지 않고 차멀미도 잘 하지 않는다. 사람들과 어울려 노는 것을 좋아해서 노는 일은 마다하지 않고, 한 곳에 오래 앉아 즐기는 오락을 좋아한다.

그러나 DO의 비율이 높아질수록 성급한 성정이 강화되며, 느긋한 경향이 줄어들고 화가 늘어난다.

하지만 EdO라고 해서 모두 같은 성격과 행동방식이 나타나는 것은 아니다. 보조 기질 DO의 결합 비율에 따라 다소 다른 양상을 보일 수 있다. 따라서 EdO를 좀 더 세분하여 Ed91O, Ed82O, Ed73O, Ed64O 등 네 가지로 구분하여 이해할 필요가 있다. (Ed91O는 EO와 DO의 비율이 9:1이고, Ed82O는 8:2, Ed73O는 7:3, Ed64O는 6:4인 경우이다. 이를 확인하기 위해서는 앞의 체질 진단 10가지 항목에서 기본 체질과 보조 체질 비율이 어떠했는지 보면 된다.)

Ed91O는 EO와 거의 유사한 유형이다. 하지만 Ed64O는 EO의 성향이 상당히 줄어들고 DO의 성향이 많이 가미된 유형이다. 이에 따라 이들의 특징을 정리해본다.

우선 Ed91O는 EO의 특성 90%에 DO의 특성이 10% 정도 더해졌다. EO의 특성이 대부분 차지하고 DO의 특성은 거의 드러나지 않는다.

Ed82O는 Ed91O보다는 DO의 기질이 더 많으며 행동력과 추진력이 더해진 형태다.

Ed73O는 DO의 강한 특징인 행동력, 추진력, 진취성, 다양성 같은 긍정적 면과 성급함, 저돌성, 인내력 부족 등의 부정적 기재가 더해지는 양상을 보이게 된다.

Ed64O는 DO의 기질이 절반 가까이 차지하는 형태로써 EO의 기본 기질을 기반으로 DO의 행동력, 추진력, 진취성, 다양성, 포용력 등의 긍정적 요소와 성급함, 무책임, 인내력 부족, 무절제, 돌발성 등의 부정적 요소가 가미된다.

이러한 EO와 DO의 화학적 결합이 어떤 형식으로 이뤄지느냐에 따라 인격과 능력이 결정된다. 긍정적으로 결합하면 EO의 여유로움, 관용성, 포용성, 지속성, 인내력, 추진력 등에 DO의 행동력, 추진력, 진취성, 다양성 등이 결합하여 대단한 시너지 효과를 일으키며 여유로우면서도 포용력 있고 추진력 강한 능력을 드러내게 된다.

하지만 부정적으로 결합한다면 EO의 저돌성, 엉뚱함, 답답함, 무기력, 게으름 등에 DO의 성급함, 무책임, 인내력 부족, 무절제, 돌발성 등이 불협화음을 일으켜 무책임하고 고집스럽고 뭐든지 미루는 행동을 일삼는 인격을 형성하게 될 것이다.

EpO(태음태양 O형)

EpO는 EO를 기본으로 PO가 보조하고 있는 형국으로 EO의 여유로움, 관용성, 포용성, 지속성 등의 기질을 중심으로 PO의 엄격성, 치밀함, 정의감 등이 결합한 유형이다.

이들의 외형적 특징을 살펴보면 대개 살집이 있고, 덩치가 큰 편이다. 또한 부리부리한 눈을 가진 사람이 많다. 그래서 얼굴은 다소 위압적이거나 중후한 느낌을 준다.

이들은 첫인상이 다소 위압적이어서 사람들이 쉽게 말을 걸지 못하는 경향이 있다. 하지만 성격은 순하고 예의도 바른 편이라 친해지면 위압감이 사라진다. 이들은 되도록 앞에 나서지 않고 뒤에서 일을 도와주는 것을 좋아한다. 함부로 일을 벌이는 경우는 거의 없지만, 친한 사람이 권하는 일에 대해선 앞뒤 재보지 않고 덤비는 경향이 있다. 또 일을 하면 끈기 있게 해내는 편이며 꼼꼼하고 계획적인 편이다.

PO의 비율이 늘어날수록 치밀하고 꼼꼼한 성향이 강해지고 완벽주의 성향이 된다. 이들은 심폐가 크지만 발달하지 않아 행동이 빠르지 않다. 위장은 강해서 음식을 잘 잘 소화하고 많이 먹는다. 이들은 체력이 좋고 차멀미를 하지 않아 먼 곳을 여행하는 것에 대한 두려움이 없다. 하지만 좁은 환경엔 오래 머물지는 못한다.

하지만 EpO라고 해서 모두 같은 성격과 행동방식이 나타나는 것은 아니다. 기본 기질(EO)과 보조 기질(PO)의 결합 비율에 따라 다소 다른 양상을 보일 수 있다. 따라서 EpO를 좀 더 세분하여 Ep91O, Ep82O, Ep73O, Ep64O 등 네 가지로 구분해 이해할 필요가 있다. (Ep91O는 EO와 PO 비율이 9:1이고, Ep82O는 8:2, Ep73O는 7:3, Ep64O는 6:4인 경우이다.)

Ep91O는 EO와 거의 유사한 유형이다. 하지만 Ep64O는 EO의 성향이 상당히 줄어들고 PO의 성향이 많이 가미된 유형이라 할 수 있다. 이에 따라 달라지는 이들의 특징을 정리한다.

우선 Ep91O는 EO의 특성 90%에 PO의 특성이 10% 정도 더해졌다. EO의 특성이 대부분 차지하고 PO의 특성은 아주 일부만 차지하므로 EO와 거의 같다고 이해하면 된다.

Ep82O는 Ep91O보다는 PO의 기질이 더 많다. PO의 주요 기질인 치밀함과 엄격성이 추가된 형태다.

Ep73O는 PO의 강한 특징인 치밀함과 충성스러운 기질에 이어 원칙주의와 정의감이 더해진 형태다.

Ep64O는 PO의 기질이 절반 가까이 차지하는 형태로써 EO의 기본 성격을 기반으로 PO의 긍정적 요소인 엄격성, 정의감, 치밀함, 원칙주의 등과 부정적 요소인 답답함, 지나치게 깐깐함, 강한 아집, 저돌성 등이 복합적으로 작용한다.

이러한 EO와 PO의 화학적 결합이 어떤 형식으로 이뤄지느냐에 따라 인격과 능력이 결정된다. 긍정적으로 결합하면 EO의 여유로움, 관용성, 포용성, 지속성, 인내력, 추진력 등에 PO의 엄격성, 치밀함, 정의감, 원칙주의, 준비성 등이 시너지 효과를 일으키며 여유로우면서도 추진력 있고 치밀한 능력을 발휘하고 주변을 잘 아우르며 존경받는 인격을 드러내게 될 것이다.

하지만 부정적으로 결합한다면 EO의 엉뚱함, 답답함, 무기력, 게으름 등에 PO의 답답함, 지나치게 깐깐함, 강한 아집, 저돌성 등이 불협화음을 일으키며 답답하고 고집스럽고 게을러서 함께 일하기 힘든 사람이라는 인식을 주게 될 것이다.

EcO(태음소음 O형)

EcO는 EO를 기본으로 CO가 보조하고 있는 형국으로 EO의 관용성, 포용성, 지속성 등의 기질을 중심으로 CO의 효율성, 냉철함, 사려 깊음 등이 결합한 유형이다.

이들의 외형적 특징을 살펴보면 대개는 키가 작고 통통한 편이지만, 일부는 평균 이상의 키에 여윈 편이다. 이들은 대개 눈이 작고 얼굴이 둥근 편이다. 말수는 아주 적은 편이며, 웬만한 일엔 나서지 않는다. 일에 있어서는 진척이 느린 편이며, 미루는 습관이 있고 망설임이 많은 편이다.

기질은 느긋하지만 돌발적인 구석이 있고, 모든 일에 관망하는 자세를 취한다. 하지만 감정 기복이 있어 곧잘 엉뚱한 행동을 하기도 한다.

이들은 심폐가 크지만 약해서 행동이 느리다. 그렇지만 비위와 신장, 간이 모두 발달하여 음식을 즐기고 술도 잘 먹는다. 모임도 즐기는 편이지만 모임을 주도하지는 않는다. 여행을 좋아하지는 않지만 여행에 대한 거부감은 별로 없다. 한 곳에 오래 머무는 것을 좋아하지만, 폐쇄된 공간에서는 잘 지내지 못한다

하지만 EcO라고 해서 모두 같은 성격과 행동방식이 나타나는 것은 아니다. 기본 기질(EO)과 보조 기질(CO)의 결합 비율에 따라 다소 다른 양상을 보일 수 있다. 따라서 EcO를 좀 더 세분하여 Ec91O, Ec82O, Ec73O, Ec64O 등 네 가지로 구분해 이해할 필요가 있다. (Ec91O는 EO와 CO 비율이 9:1이고, Ec82O는 8:2, Ec73O는 7:3, Ec64O는 6:4인 경우이다.)

Ec91O는 EO와 거의 유사한 유형이다. 하지만 Ec64O는 EO의 성향이 상당히 줄어들고 CO의 성향이 많이 가미된 유형이라 할 수 있다. 이에 따라 이들의 특징을 정리해본다.

우선 Ec91O는 EO의 특성 90%에 CO의 특성이 10% 정도 더해졌다. EO의 특성이 대부분 차지하고 CO의 특성은 아주 일부만 차지한다. Ec91O는 EO와 거의 같다고 보면 된다.

Ec82O는 Ec91O보다는 CO의 기질이 더 많다. 냉철함이나 효율성 같은 CO의 기질이 더해지는 형태다. 또한 살집이 줄고, 위장도 조금 약한 성향을 드러낸다.

Ec73O는 CO의 강한 특징인 냉철함, 효율성 기질에 이어 사려 깊음, 소심함 등이 더해진 형태다.

Ec64O는 CO의 기질이 절반 가까이 차지하는 형태로써 EO의 기본 성격을 기반으로 CO의 긍정적 요소인 효율성, 냉철함, 사려 깊음, 배려심 등과 부정적 요소인 소심함, 옹졸함, 게으름, 낯가림, 미루기 등이 복합적으로 작용한다.

이러한 EO와 CO의 화학적 결합이 어떤 형식으로 이뤄지느냐에 따라 인격과 능력이 결정된다. 긍정적으로 결합하면 EO의 관용성, 포용성, 지속성 등에 CO의 효율성, 냉철함, 사려 깊음 등이 시너지 효과를 일으키며 너그러우면서 배포가 크고 냉철함을 잃지 않는 인격을 드러내게 될 것이다.

하지만 부정적으로 결합한다면 EO의 답답함, 엉뚱함, 이중성, 게으름, 돌발성 등에 CO의 소심함, 옹졸함, 게으름, 낯가림, 미루기 등이 불협화음을 일으키며 게으르고 돌발적이며 옹졸하고 갑갑한 인격을 형성하게 될 수 있다.

⑤ 내 성격유형에 맞는 배우자

EO의 성격유형은 EO의 세 가지 자기 기질인 EdA, EpA, EcA와 네 가지 두뇌유형 L(논리형), U(실리형), J(명분형), S(감성형)의 결합을 통해 12가지가 형성된다.

EdA 계열 - EdAL, EdAU, EdAJ, EdAS

EpA 계열 - EpAL, EpAU, EpAJ, EpAS

EcA 계열 - EcAL, EcAU, EcAJ, EcAS

배우자를 선택할 때는 체질과 기질 그리고 두뇌유형을 모두 고려해야 한다. 체질과 기질은 멀수록 좋고, 두뇌유형은 가까울수록 좋다. 이성 관계에서 체질과 기질은 반대인 사람에게 끌리게 되어 있지만 끌린다고 해서 반드시 좋은 배우자가 될 수 있는 것은 아니다. 그런 배우자와 결혼했다고 해서 반드시 결혼 생활이 무난한 것도 아니다.

끌림이 있고 난 뒤에 갈등이 적어야 한다. 갈등은 대개 문제에 접근하고 해결하는 방식에서 비롯되는 경우가 많은데, 이러한 갈등은 대개 두뇌유형의 차로 일어난다. 말하자면 두뇌유형이 비슷할수록 갈등이 일어날 확률이 낮아진다는 뜻이다. 따라서 가장 적절한 배우자는 체질과 기질이 가장 멀고, 두뇌유형은 같은 상대여야 한다.

EO는 태음인의 하나여서 일단 소양인(D)을 가장 선호한다. 태음인은 행동이 느리고 말을 하는 것보다는 말을 듣는 것을 좋아한다. 또한 남에게 쉽게 다가가지 못해서 잘 다가오는 사람을 좋아한다. 그래서 자신에게 잘 다가와 말을 걸어주고 자신의 느린 행동을 보완해줄 사람을 선호한다.

하지만 소양인 중에 혈액형이 같은 DO에게는 끌림이 약할 수 있다. 또한 O형은 양면성이 강해서 B형 보다는 A형과 부딪칠 우려가 적다. 따라서 EO에게는 DA가 가장 잘 어울리고, 다음으로 DB, 그리고 그 다음으로 DO가 잘 어울린다. 소양인 다음으로 EO가 끌리는 체질은 태양인(P)이다. 태양인의 순서도 혈액형에 따라 순위가 정해진다. 따라서 태양인과의 배우자 적합도 순서는 PA, PB, PO가 될 것이다. 그리고 태음인과 소음인은 서로 상극이므로 소음인에 해당하는 기질유형은 모두 배제되고, 또 태음인은 같은 태음인에게 매력을 느끼지 못해서 이 역시 제외된다.

EdO 계열

EdOL(태음소양 O형 논리형 두뇌) : EdO 기질과 논리형(L) 두뇌가 결합한 성격유형으로 긍정적으로 결합하면 여유롭고 추진력 좋으며 언변이 뛰어나다. 하지만 부정적으로 결합하면 저돌적이고 고집스럽고 실용성이 부족한 특징을 보일 수 있다.

EdOL 적절한 배우자

1순위	DeBL	DcBL	DpBL	2순위	DeAL	DcAL	DpAL

3순위	DeOL DcOL DpOL	4순위	PeBL PcBL PdBL
5순위	PeAL PcAL PdAL	6순위	PeOL PcOL PdOL

이는 기본 기질과 보조 기질 그리고 두뇌유형을 세밀하게 따져서 내린 결론이다. EdO는 기본 기질(EO)이 태음인 O형이기에 소양인 B형(DB)과 가장 잘 맞고, 보조 기질(DO)은 소양인 O형이기에 태음인 B형(EB)과 가장 잘 어울린다. 또한 같은 두뇌유형을 선호해서 EdOL에겐 DeBL이 가장 좋은 배우자감이다. 1순위 그룹의 DcBL, DpBL이 그 다음 순위를 잇는 것도 이런 원칙이고, 2순위 그룹부터 6순위 그룹까지의 형성 과정도 마찬가지다.

EdOU(태음소양 O형 실리형 두뇌) : EdO 기질과 실리형(U) 두뇌가 결합한 성격유형으로 긍정적으로 결합하면 여유롭고 추진력이 좋으며 현실적이면서 실리적인 경향이 있다. 하지만 부정적으로 결합하면 저돌적이고 고집스럽고 결과만 중시하는 특징이 나타난다.

EdOU 적절한 배우자

1순위	DeBU DcBU DpBU	2순위	DeAU DcAU DpAU
3순위	DeOU DcOU DpOU	4순위	PeBU PcBU PdBU
5순위	PeAU PcAU PdAU	6순위	PeOU PcOU PdOU

EdOJ(태음소양 O형 명분형 두뇌) : EdO 기질과 명분형(J) 두뇌가 결합한 성격유형으로 긍정적으로 결합하면 여유롭고 추진력 좋으면서 분명한 가치관에 입각하여 일을 처리하는 특징을 보인다. 하지만 부정적으로 결합하면 저돌적이고 고집스럽고 허례와 명분만 따지는 특징을 보일 수 있다.

EdOJ 적절한 배우자

1순위	DeBJ DcBJ DpBJ	2순위	DeAJ DcAJ DpAJ
3순위	DeOJ DcOJ DpOJ	4순위	PeBJ PcBJ PdBJ
5순위	PeAJ PcAJ PdAJ	6순위	PeOJ PcOJ PdOJ

EdOS(태음소양 O형 감성형 두뇌) : EdO 기질과 감성형(S) 두뇌가 결합한 성격유형으로 긍정적으로 결합하면 여유롭고 추진력이 좋으면서 예술적이고 독창적인 능력을 드러낸다. 하지만 부정적으로 결합하면 저돌적이고 고집스럽고 오만하고 자기중심적인 행동을 일삼는 특징을 보일 수 있다.

EdOS 적절한 배우자

1순위	DeBS DcBS DpBS	2순위	DeAS DcAS DpAS
3순위	DeOS DcOS DpOS	4순위	PeBS PcBS PdBS
5순위	PeAS PcAS PdAS	6순위	PeOS PcOS PdOS

EpO 계열

EpOL(태음태양 O형 논리형 두뇌) : EpO 기질과 논리형(L) 두뇌가 결합한 성격유형으로 긍정적으로 결합하면 여유로우면서도 치밀하며 언변이 뛰어나다. 하지만 부정적으로 결합하면 답답하고 고집스럽고 실용성이 부족한 특징을 보일 수 있다.

EpOL 적절한 배우자

1순위	DcBL DeBL DpBL	2순위	DcAL DeAL DpAL
3순위	DcOL DeOL DpOL	4순위	PcBL PeBL PdBL
5순위	PcAL PeAL PdAL	6순위	PcOL PeOL PdOL

EpOU(태음태양 O형 실리형 두뇌) : EpO 기질과 실리형(U) 두뇌가 결합한 성격유형으로 긍정적으로 결합하면 여유로우면서도 치밀하며 현실적이고 추진력이 뛰어난 특징을 보인다. 하지만 부정적으로 결합하면 답답하고 고집스럽고 결과만 중시하는 성향을 나타낼 수 있다.

EpOU 적절한 배우자

1순위	DcBU DeBU DpBU	2순위	DcAU DeAU DpAU
3순위	DcOU DeOU DpOU	4순위	PcBU PeBU PdBU
5순위	PcAU PeAU PdAU	6순위	PcOU PeOU PdOU

EpOJ(태음태양 O형 명분형 두뇌) : EpO 기질과 명분형(J) 두뇌가 결합한 성격유형으로 긍정적으로 결합하면 여유로우면서도 치밀하며 객관적이고 분명한 가치관에 입각하여 일을 처리하는 특징을 보인다. 하지만 부정적으로 결합하면 답답하고 고집스럽고 허례와 명분만 따지는 특징을 보일 수 있다.

EpOJ 적절한 배우자

1순위	DcBJ DeBJ DpBJ		2순위	DcAJ DeAJ DpAJ	
3순위	DcOJ DeOJ DpOJ		4순위	PcBJ PeBJ PdBJ	
5순위	PcAJ PeAJ PdAJ		6순위	PcOJ PeOJ PdOJ	

EpOS(태음태양 O형 감성형 두뇌) : EpO 기질과 감성형(S) 두뇌가 결합한 성격유형으로 긍정적으로 결합하면 여유로우면서도 치밀하며 예술적이고 창조적인 특징을 보인다. 하지만 부정적으로 결합한다면 답답하고 고집스럽고 오만하고 개념 없는 특징을 보일 수 있다.

EpOS 적절한 배우자

1순위	DcBS DeBS DpBS		2순위	DcAS DeAS DpAS	
3순위	DcOS DeOS DpOS		4순위	PcBS PeBS PdBS	
5순위	PcAS PeAS PdAS		6순위	PcOS PeOS PdOS	

EcO 계열

EcOL(태음소음 O형 논리형 두뇌): EcO 기질과 논리형(L) 두뇌가 결합한 성격유형으로 긍정적으로 결합하면 여유로우면서도 냉철하고 언변이 뛰어나다. 하지만 부정적으로 결합하면 답답하고 낯가림이 심하고 실용성이 부족한 특징을 보일 수 있다.

EcOL 적절한 배우자

1순위	DpBL DeBL DcBL	2순위	DpAL DeAL DcAL
3순위	DpOL DeOL DcOL	4순위	PdBL PeBL PcBL
5순위	PdAL PeAL PcAL	6순위	PdOL PeOL PcOL

EcOU(태음소음 O형 실리형 두뇌): EcO 기질과 실리형(U) 두뇌가 결합한 성격유형으로 긍정적으로 결합하면 여유로우면서도 냉철하고 현실적이면서 추진력이 있다. 하지만 부정적으로 결합하면 답답하고 낯가림이심하고 결과만 중시하는 특징을 보일 수 있다.

EcOU 적절한 배우자

1순위	DpBU DeBU DcBU	2순위	DpAU DeAU DcAU
3순위	DpOU DeOU DcOU	4순위	PdBU PeBU PcBU
5순위	PdAU PeAU PcAU	6순위	PdOU PeOU PcOU

EcOJ(태음소음 O형 명분형 두뇌) : EcO 기질과 명분형(J) 두뇌가 결합한 성격유형으로 긍정적으로 결합하면 여유로우면서도 냉철하고 분명한 가치관에 입각하여 일을 처리하는 특징을 보인다. 하지만 부정적으로 결합하면 답답하고 낯가림이 심하고 허례와 명분만 따지는 특징을 보일 수 있다.

EcOJ 적절한 배우자

1순위	DpBJ	DeBJ	DcBJ	2순위	DpAJ	DeAJ	DcAJ
3순위	DpOJ	DeOJ	DcOJ	4순위	PdBJ	PeBJ	PcBJ
5순위	PdAJ	PeAJ	PcAJ	6순위	PdOJ	PeOJ	PcOJ

EcOS(태음소음 O형 감성형 두뇌) : EcO 기질과 감성형(S) 두뇌가 결합한 성격유형으로 긍정적으로 결합하면 여유로우면서도 냉철하고 예술적이면서 독창적인 능력을 드러낸다. 하지만 부정적으로 결합하면 답답하고 낯가림이 심하며 오만하고 자기중심적인 행동을 일삼는 특징을 보일 수 있다.

EcOS 적절한 배우자

1순위	DpBS	DeBS	DcBS	2순위	DpAS	DeAS	DcAS
3순위	DpOS	DeOS	DcOS	4순위	PdBS	PeBS	PcBS
5순위	PdAS	PeAS	PcAS	6순위	PdOS	PeOS	PcOS

태음인 B·AB형 – EB

기질과 성격유형

사람 좋아하는 호인

때로는 황제, 때로는 노예 소

뚝심 있는 리더

EB 타입은 태음인이면서 B형 또는 AB형 혈액형을 가진 사람이다. 그러니 태음인의 특징에 B형 또는 AB형의 기질이 결합한 유형이다. AB형은 음인 즉, 소음인이나 태음인과 만나면 음혈인 B형 기질이 주로 발산되므로 B형과 같이 봐도 무방하다. EB는 태음인의 특징과 B형 혈액형의 기질이 화학적으로 결합하여 새로운 양상을 드러낸다.

① 성격

사람 좋아하는 호인

EB는 태음인의 느긋하고 여유로운 성격에 B형 혈액형의 폐쇄적이고 독단적인 기질이 결합된 형질이며, 태음인 중에서 가장 다양한 성격을 지녔다. 이들의 혈액형은 B형과 AB형이 있다.

EB는 대개 얼굴에 살이 있고 성격은 순하다. 하지만 고집이 세고 독단적인 경우도 많으며, 남의 간섭을 싫어한다. 스스로도 남의 일에 거의 간섭하지 않는다. 심지어 꼭 참견해야 할 일조차도 회피하는 경우가 많다. 맺고 끊음이 불분명하다는 소리를 듣기 쉬우며, 어떤 일에 대한 태도가 불분명하다는 소리도 자주 듣는다. 대신 급하게 화를 내지 않으며, 다른 사람과 거의 싸우지 않는다. 하지만 막상 화가 나면 자신도 절제할 수 없을 정도로 크게 화를 내며, 이렇게 화를 낸 뒤엔 스스로 감당을 하지 못하는 경우도 많다.

이들은 대개 사람을 만나 어울려 놀기 좋아한다. 또한 술자리를 즐기는 편이며, 비록 술을 먹지 않더라도 함께 어울려 지내는 것을 즐긴다. 그러나 자신이 주도적으로 만남을 주선하는 경우는 드물고, 분위기를 주도하지도 않는다. 다만 누군가가 만남을 원하면 거의 거절하지 못하며, 일단 만났다 하면 오랫동안 어울려 지낸다.

그만큼 이들은 체력이 좋다. 대다수의 태음인이 그렇듯 이들 또한 밤새워 술을 마시고 들어와도 아침에 별 탈 없이 출근하는 대단한 체력을 과시한다. 비록 직장에 가서 다소 몸이 피곤한 상태로 일을 하긴 하지만 술을 많이 먹었다고 해서 출근을 하지 못하는 경우는 거의 없다. 소양인이나 소음인들이 이들과 함께 어울려 다니면서 술을 마시면 체력이 남아나지 않게 된다.

EB는 일에 대한 집착이 강한 편이지만, 책임감이 강한 것은 아니다. 기획력이 뛰어난 것도 아니다. 그러나 일에 흥미를 느끼면 낮밤을 가리지 않고 매달려서 자칫 일 중독증에 걸릴 우려가 있다. 하지만 일을 서두르는 법이 별로 없고, 발이 빠르지도 않아 빠른 속도를 요구하는 일에는 약하다.

EB는 사람들과 어울려 지내기를 좋아해서 일도 인간관계에서 비롯되는 경우가 많다. 친구나 지인의 일을 도와주거나 그들의 말에 솔깃하여 성급하게 일을 추진하는 상황이 자주 연출될 수 있다는 것이다. 그러므로 EB는 자칫 친구 따라 강남 간다는 식의 군중 심리로 본의 아니게 사업에 참여하는 경우가 허다하다. 이런 탓에 남에게 이용당하거나 사기를 당하는 일도 많다.

이들은 또한 겉보기와는 달리 귀가 얇은 편이고 의심이 많지 않다. 특히 친한 사람의 말을 너무 잘 믿는다. 남의 부탁을 잘 거절하지 못하며, 남을 공격하는 성향도 약하다. 그래서 터무니없는 일에 가담하거나, 예기치 않았던 일을 저지르는 경우가 많고, 남의 부탁을 거절하지 못해 빚보증을 서거나 돈을 빌려주는 경우도 많다.

EB는 게을러지기 쉽고, 적극적인 면이 모자라서 한 번 직장을 버리고 놀기 시작하면 쉽게 일을 시작하지도 않는다. 그래서 EB는 되도록 같은 직장에 오랫동안 머무르는 것이 좋다. 또한 배우자를 선택할 때도 되도록 성질이 다소 급하고 공격적인 성향이 있는 사람을 골라야 한다. 그래야만 자신의 지나친 느긋함과 게으름을 통제할 수 있다.

EB는 때때로 너무 지나치게 고집을 부린다. 일명 황소고집이라고 하면 바로 이들을 두고 하는 말이다. 그런 고집 덕분에 때때로 하나의 일을 깊이 파고들어 대단한 성공을 거두기도 한다. 하지만 이들의 고집은 터무니없는 경우도 많다. 도저히 일반적인 상식으로는 이해할 수 없는 태도로 고집을 부리는 경향이 있다.

또 이들은 외형과 달리 매우 소심하고 민감하기도 하다. 말하자면 어떤 일에 대해서 적극적으로 해결책을 모색하는 일에 약하고, 두려움이 많아 과감하게 일을 추진하지 못한다. 거기다 때때로 매우 옹졸해지기도 한다. 그러면서도 자기를 못살게 굴거나 자기에게 큰 손해를 입힌 사람을 강하게 다그치지 못한다.

EB를 남녀로 구분해 보자면, 대개 사회 활동이 많은 남자 쪽이 문제를 많이 일으키는 편이다. 또한 이들은 대개 가정적인 면이 별로 없고 배우자에 대해 세심한 배려를 하지 않는다. 다만 배우자가 강하게 요구하면 시키는 일은 잘하는 편이다. 이들 남성들은 여성에 대해 매우 보수적인 태도를 지니고 있으며, 여성을 위하는 행동도 매우 상투적인 경우가 많다. 배우자의 생일에 해마다 똑같은 꽃을 산다든지, 아니면 해마다 옷을 사준다든지, 좋아하는 여성에게 백송이의 장미꽃을 보내는 것과 같이 사회적으로 이미 잘 알려진 상투적인 방법으로 여성을 위하려는 경향이 있다.

이들 남성들은 바깥에서는 매우 호인으로 통한다. 사람 좋고 너그럽고 인심이 후하며 남의 부탁을 잘 들어주는 사람들이기 때문이다. 하지만 대개는 가정에선 그다지 환영받지 못한다. 늦게 귀가하고 행동이 불분명하고, 아내에 대해 세심하게 배려하지 않으며, 사랑을 표현하는 방법이 너무 무뚝뚝하다. 이들은 아내에게 달콤한 말을 하는 일이 드물고 사랑한다거나 예쁘다거나 하는 말을 하는 데도 너무 인색하다. 심지어 어떤 경우엔 바깥에 나가서 돈을 벌어다 주는 것으로 남편의 도리를 다 했다고 생각하는 경우도 많다.

이들에 비해 EB 여자들은 비교적 온순한 편이고, 매우 내성적이며 성정이 순한 편이다. 하지만 고집이 세고 융통성이 없는 경우가 많아 답답하다는 소리를 자주 듣는다. 또한 활동성이 모자라고, 모든 일에 소극적인 성향을 지녔다. 원하는 일이 있어도 적극적으로 요구하지 않으며, 할 말이 있어도 쉽게 꺼내놓지 못한다. 늘 속으로만 앓는 경우가 많다. 하지만 때때로 이들 여성 중에도 매우 독단적이고, 고집불통인 사람들도 발견된다. 남자들에 비해 수적으론 적지만 EB 특유의 고집을 부리는 것이다.

그러나 EB가 자기 관리를 잘 한다면 매우 성공적인 삶을 살수 있다. 이들이 가장 먼저 배워야 할 것은 계획성 있는 삶과 절제력 있는 생활이다. 거기다 해야 할 일과 하지 말아야 할 일을 분명히 구분하는 습관을 기른다면 금상첨화다. 이런 EB들은 반드시 성공한다. 여기에 한 가지 더 보태자면 배우자에 대한 세심한 관찰과 배려다. 그러면 사회에서만 성공하는 것이 아니라 가정생활도 성공할 수 있다.

이런 성향들이 긍정적으로 결합하면 여유롭고 포용력 있는 인격을 형성할 수 있고, 무던하면서도 완성도 높은 능력을 가진 사람으로 평가받을 수 있다. 또한 특유의 끈기와 집요함으로 특정 분야에서 전문적인 이력을 쌓으며 성공적인 삶을 살 수 있다.

하지만 부정적으로 결합하면 무감각하고 독단적인 행동을 일삼으며, 지나치게 답답하고 느려 터졌다는 인상을 주기 십상이고, 만사에 너무 느리고 게을러서 함께 일하기 힘든 사람이라는 인상을 줄 수 있다.

때로는 황제, 때로는 노예 소

EB의 심리는 양극화되어 있다. 한쪽에서는 황제처럼 군림하려는 심리가 있고, 다른 한쪽에서는 노예처럼 복종하려는 심리가 있다.

황제적 심리는 주로 성공한 사람들에게서 나타난다. 이들은 성공하면 매우 거만해지고 한편으론 매우 사치스럽다. 또 비록 자신이 성공하지 못해도 많은 유산을 물려받거나 일정 정도 재산이 있으면 분수에 넘치는 사치를 부리는 경우가 많다.

비록 성공하거나 재산이 많은 사람이 아닐지라도 많은 EB 남성들은 가정에서 황제적 심리를 드러낸다. 집안에서 거의 절대 군주처럼 행세하는 것이다. 이런 남성들은 가사를 돕는 일도 없고, 자기 주변을 치우는 법도 없다. 아무리 주변이 지저분하고 어지러워도 자신의 손으로 치우지 않는다. 하지만 지저분한 것도 보지 못한다. 그래서 이런 EB 남성들과 사는 여성들은 매우 고달프고 짜증스럽다.

황제적 심리 이면에 이들에게는 노예적 심리가 깔려있다. 자신보다 강하거나, 자기보다 현격하게 성공한 사람 앞에서는 노예적 심리를 드러낸다. 그래서 아주 복종적인 자세를 취하고, 시키는 일이면 무엇이든 한다. EB 남성중에 많은 사람들이 직장에선 노예적 심리를, 집안에서는 황제적 심리를 드러낸다.

반대인 경우도 있다. 사회적으론 매우 성공하여 회사에서는 황제처럼 군림하는 사람들도 아내에게는 노예적 심리를 드러내는 EB 남자들도 많다. 이들은 대개 결혼 전에 아내를 몹시 따라다니며 어렵게 구애에 성공한 케이스다. 이들은 아내가 시키는 일이면 거의 모든 일을 한다. 심지어 부엌일과 관계된 일도 마다하지 않는다. 특히 아내가 몸이 약할 경우, EB의 이런 노예적 심리는 아주 노골적으로 발현된다.

따라서 EB들에겐 황제적 심리와 노예적 심리를 얼마나 잘 조화시키는가 하는 것이 관건이다.

이런 이들의 심리를 12지의 동물에 비유하자면 소와 닮았다고 할 수 있다. 소는 덩치가 크고 위가 네 개나 되는 동물이다. 또한 평소에 움직임이 느리고 성격이 유순하다. 하지만 일단 일을 했다 하면 쉬지 않고 해내는 에너지가 있다. 또한 주인에 대한 복종심도 강하다. 소의 이런 성향들은 EB와 유사한 면이 많다.

③ 리더십

뚝심 있는 리더

EB는 리더가 되면 매우 강력한 리더십을 행사한다. EB의 리더십은 다소 독단적이다. 그리고 의사 결정 과정도 폐쇄적이다. EB의 리더십은 매우 다양한 편이다. 그들의 심리를 소에 비유한 것처럼 그들의 리더십도 물소형, 들소형, 집소형 등으로 구분하여 이해할 수 있다.

물소형은 일 욕심이 많고, 체력이 좋은 사람들이다. 그래서 남들도 모두 자기처럼 일해 주기를 바란다. 거기다 술을 즐기고, 오락도 즐긴다. 그래서 부하들과 술자리가 잦고, 함께 노름이나 게임을 즐기는 일도 많다. 이때 이들은 매우 일방적인 성향을 드러낸다. 예컨대, 미리 약속하지 않았더라도 갑작스럽게 부하 직원에게 시간을 비워둘 것을 요구하는 식이다. 이때 만약 부하 직원이 어떤 이유로도 이것을 거부하면 자신의 명령을 거부하는 것으로 판단하고 불이익을 주는 경우가 많다.

이에 비해 들소형은 뒤끝이 별로 없다. 일단 부탁을 했다가 거절당하면 그걸로 끝낸다. 또 개인적인 일을 업무와 연관시키지도 않는다. 다만 이들은 체력이 약한 사람을 좋아하지 않는다. 그래서 체력이 약한 사람을 주변에 두길 꺼린다.

집소형은 리더가 되면 모든 일에 매우 신중하다. 그리고 함부로 다른 사람에게 생각을 강요하지 않는다. 다만 자기와 뜻이

맞지 않는다고 판단하면 중요한 일에서는 모두 배제해버린다.

집소형은 여간해서 리더가 되지 않는다. 이들은 사람들을 지배하는 것 자체를 힘들어한다. 또한 무리를 지어서 뭔가를 도모하는 것에도 익숙하지 않다. 하지만 막상 일이 주어지면 엄청난 에너지를 발산한다.

이런 EB들이 리더가 되면 무슨 일에든 아주 뚝심이 좋다는 소리를 듣게 된다. 또한 맡은 일은 반드시 수행하는 끈기도 보인다. 그러나 현실 적응력이 떨어지고, 새로운 일을 기획하는 것에는 약하며, 속도가 느리다. 그래서 너무 급작스럽게 변하는 사업에는 어려움을 겪는다.

대신 이들은 며칠 밤을 새워도 끄떡없는 체력이 있다. 그래서 남이 해내지 못하는 일을 엄청난 에너지를 발산하여 성취한다. 또 자신이 옳다고 생각하는 일에 대한 집념이 대단하다. 덕분에 끈기가 필요한 일에는 아주 적임이다.

이런 EB의 리더십이 제대로 발휘되기 위해서는 현실 감각이 뛰어나고 기획력이 좋고 주변을 잘 챙기며 밝고 명랑한 성격을 가진 DA(소양인 A형)와 발 빠르고 화끈한 성격을 가진 DO(소양인 O형) 등 소양인들의 도움이 필요하다.

④ 3가지 기질별 특징

EdB(태음소양 B형)

EdB는 EB를 기본으로 DB가 보조하고 있는 형국으로 EB의 포용성, 지속성, 인내력 등의 기질을 중심으로 DB의 행동력, 추진력, 독자성 등이 결합한 유형이다.

이들의 외형적 특징을 살펴보면 체구가 크거나 통통한 편이다. 또한 통통하지 않아도 키가 크거나, 키가 작으면 통통한 외형이다. 얼굴은 무표정하고 속을 알 수 없는 느낌을 주며, 여간해서 크게 웃지 않는다. 하지만 DB의 비율이 높을수록 얼굴에 밝은 기운이 조금 늘어나고 인상은 좀 더 무거운 느낌이 된다.

기질적으론 순하지만 독자성이 강해 남에게 속을 잘 안 보이는 성향이다. 여간해서 화를 내지 않는데, 화가 나면 자신도 절제할 수 없을 정도로 판을 뒤엎어버리는 경향이 있다.

이들은 심폐는 크면서도 약하고, 비위가 강하다. 따라서 행동이 느리고 일을 적극적으로 하지 않는다. 음식은 대개 가리는 것이 없고 양도 많이 먹는 편이다. 여행은 별로 좋아하지 않는데, 차멀미를 하거나 지구력이 떨어져서가 아니다. 자주 움직이는 것을 싫어하기 때문이다. 다만 사람들과 어울려 노는 것을 좋아해서 노는 일은 마다하지 않고, 한 곳에 오래 앉아 즐기는 오락을 좋아한다. 그러나 DB의 비율이 높아질수록 경쾌한 성정이 강화되며, 태평스러운 경향도 줄어든다.

하지만 EdB라고 해서 모두 같은 성격과 행동방식이 나타나는 것은 아니다. 보조 기질(DB)의 결합 비율에 따라 다소 다른 양상을 보일 수 있다. 따라서 EdB를 좀 더 세분하여 Ed91B, Ed82B, Ed73B, Ed64B 등 네 가지로 구분하여 이해할 필요가 있다. (Ed91B는 EB와 DB의 비율이 9:1이고, Ed82B는 8:2, Ed73B는 7:3, Ed64B는 6:4인 경우이다. 이를 확인하기 위해서는 앞의 체질 진단 10가지 항목에서 기본 체질과 보조 체질 비율이 어떠했는지 보면 된다.)

Ed91B는 EB와 거의 유사한 유형이다. 하지만 Ed64B는 EB의 성향이 상당히 줄어들고 DB의 성향이 상당히 많이 가미된 유형이라 할 수 있다. 이에 따라 이들의 특징을 정리해본다.

우선 Ed91B는 EB의 특성 90%에 DB의 특성이 10% 정도다. EB의 특성이 대부분이고 DB의 특성은 거의 드러나지 않는다.

Ed82B는 Ed91B보다는 DB의 기질이 더 많으며 행동력이나 추진력이 더해진 형태다.

Ed73B는 DB의 강한 특징인 행동력, 추진력, 다양성 같은 긍정적 면과 성급함, 예민함, 폐쇄성 등의 부정적 기재가 더해지는 양상을 보이게 된다.

Ed64B는 DB의 기질이 절반 가까이 차지하는 형태로써 EB의 기본 기질을 기반으로 DB의 행동력, 추진력, 진취성, 다양성, 포용력 등의 긍정적 요소와 성급함, 분주함, 자기중심적, 인내력 부족, 무책임함, 예민함 등의 부정적 요소가 가미된다.

이러한 EB와 DB의 화학적 결합이 어떤 형식으로 이뤄지느냐에 따라 인격과 능력이 결정된다. 긍정적으로 결합하면 EB의 여유로움, 포용성, 지속성, 인내력 등에 DB의 행동력, 추진력, 진취성, 다양성 등이 대단한 시너지 효과를 일으키며 여유롭고 끈질기며 진취적인 능력을 드러내게 된다.

하지만 부정적으로 결합한다면 EB의 느림, 게으름, 고집스러움, 폐쇄성 등에 DB의 성급함, 인내력 부족, 무책임함, 예민함 등이 불협화음을 일으켜 무책임하고 고집스럽고 뭐든지 공격적인 행동을 일삼는 인격을 형성하게 될 것이다.

EpB(태음태양 B형)

EpB는 EB를 기본으로 PB가 보조하고 있는 형국으로 EB의 포용성, 지속성, 인내력 등의 기질을 중심으로 PB의 엄격성, 정의감, 치밀함 등이 결합한 유형이다.

이들의 외형적 특징을 살펴보면 대개 살집이 있고, 덩치가 큰 편이다. 또한 부리부리한 눈을 가진 사람이 많다. 그래서 얼굴은 다소 위압적이거나 중후한 느낌을 준다.

이들은 첫인상이 다소 위압적이어서 사람들이 쉽게 말을 걸지 못하는 경향이 있다. 하지만 성격은 순하고 예의도 바른 편이라 친해지면 위압감이 사라진다. 이들은 되도록 앞에 나서지 않고 뒤에서 일을 도와주는 것을 좋아한다. 함부로 일을 벌이는 경우는 거의 없지만, 보기보다 귀가 얇아 남의 일에 겁 없이 발을 담그는 경우가 종종 있다. 또 일을 하면 끈기 있게 해내는 편이며, 매우 꼼꼼하고 치밀하다.

PB의 비율이 늘어날수록 치밀하고 꼼꼼한 성향이 강해지고 완벽주의 성향이 된다. 이들은 심폐가 크지만 발달하지 않아 행동이 빠르지 않으며, 위장은 강해서 음식을 잘 소화하고 많이 먹는다. 이들은 체력이 좋고 차멀미를 하지 않아 먼 곳을 여행하는 것을 좋아한다. 하지만 같은 장소에 오래 머무는 것은 좋아하지 않는다.

하지만 EpB라고 해서 모두 같은 성격과 행동방식이 나타나는 것은 아니다. 기본 기질(EB)과 보조 기질(PB)의 결합 비율에 따라 다소 다른 양상을 보일 수 있다. 따라서 EpB를 좀 더 세분하여 Ep91B, Ep82B, Ep73B, Ep64B 등 네 가지로 구분하여 이해할 필요가 있다. (Ep91B는 EB와 PB 비율이 9:1이고, Ep82B는 8:2, Ep73B는 7:3, Ep64B는 6:4인 경우이다.)

Ep91B는 EB와 거의 유사한 유형이다. 하지만 Ep64B는 EB의 성향이 상당히 줄어들고 PB의 성향이 많이 가미된 유형이라 할 수 있다. 이에 따라 달라지는 이들의 특징을 정리한다.

우선 Ep91B는 EB의 특성 90%에 PB의 특성이 10% 정도다. EB의 특성이 대부분 차지하고 PB의 특성은 아주 일부만 차지하므로 EB와 거의 같다고 이해하면 된다.

Ep82B는 Ep91B보다는 PB의 기질이 더 많아졌으며, PB의 주요 기질인 치밀함과 엄격성이 추가된 형태다.

Ep73B는 PB형의 강한 특징인 치밀함과 엄격한 기질에 이어 원칙주의와 준비성이 더해진 형태다.

Ep64B는 PB형의 기질이 절반 가까이 차지하는 형태로써

EB의 기본 성격을 기반으로 PB의 긍정적 요소인 엄격함, 준비성, 치밀함, 원칙주의 등과 부정적 요소인 답답함, 지나치게 깐깐함, 지나친 불안감, 과한 공격성 등이 복합적으로 작용한다.

이러한 EB와 PB의 화학적 결합이 어떤 형식으로 이뤄지느냐에 따라 인격과 능력이 결정된다. 긍정적으로 결합하면 EB의 여유로움, 관용성, 포용성, 지속성 등에 PB의 충성심, 치밀함, 정의감, 원칙주의, 준비성 등이 시너지 효과를 일으키며 여유로우면서도 꼼꼼하고 정의감에 입각한 능력을 발휘하고 주변을 화합이 잘 되는 환경으로 만드는 인격을 드러내게 될 것이다.

하지만 부정적으로 결합한다면 EB의 우유부단함, 느림, 고집스러움, 답답함, 폐쇄성 등에 PB의 답답함, 지나치게 깐깐함, 지나친 불안감, 과한 공격성 등이 불협화음을 일으키며 답답하고 고집스럽고 공격성이 많아 함께 일하기 힘든 사람이라는 인식을 주게 될 것이다.

EcB(태음소음 B형)

EcB는 EB를 기본으로 CB가 보조하고 있는 형국으로 EB의 포용성, 지속성, 인내력 등의 기질을 중심으로 CB의 효율성, 냉철함, 사려 깊음 등이 결합한 유형이다.

이들의 외형적 특징을 살펴보면 대개는 키가 작고 통통한 편이지만, 일부는 평균 이상의 키에 여원 편이다. 이들은 대개 눈이 작고 얼굴이 둥근 편이다. 말수는 아주 적은 편이며, 웬만한 일엔 나서지 않는다. 일에 있어서는 진척이 느린 편이며, 미루는 습관이 있고 두려움이 많은 편이다.

기질은 느긋하지만 예민한 구석이 있고, 모든 일에 관망하는 자세를 취한다. 기분에 따라 행동하는 일은 별로 없고, 겉으론 매우 차분하게 보인다. 다만 폐쇄성이 지나친 면이 있다.

이들은 심폐가 크지만 약해서 행동이 느리다. 그렇지만 비위와 신장, 간이 모두 발달하여 음식을 즐기고 술도 잘 먹는다. 다만 가끔 배탈이 나고, 너무 찬 것을 먹으면 좋지 않다. 모임도 즐기는 편이지만 모임을 주도하지는 않는다. 여행을 좋아하지는 않고 일부는 여행에 대한 거부감도 있다. 한 곳에 오래 머무는 것을 좋아하며, 폐쇄된 공간에서도 잘 지내는 편이다.

하지만 EcB라고 해서 모두 같은 성격과 행동방식이 나타나는 것은 아니다. 기본 기질(EB)과 보조 기질(CB)의 결합 비율에 따라 다소 다른 양상을 보일 수 있다. 따라서 EcB를 좀 더 세분하여 Ec91B, Ec82B, Ec73B, Ec64B 등 네 가지로 구분하여 이해할 필요가 있다. (Ec91B는 EB와 CB 비율이 9:1이고, Ec82B는 8:2, Ec73B는 7:3, Ec64B는 6:4인 경우이다.)

따라서 Ec91B는 EB와 거의 유사한 유형이라 할 수 있다. 하지만 Ec64B는 EB의 성향이 상당히 줄어들고 CB의 성향이 많이 가미된 유형이다. 이에 따라 이들의 특징을 정리해본다.

우선 Ec91B는 EB의 특성 90%에 CB의 특성이 10% 정도다. EB의 특성이 대부분 차지하고 CB의 특성은 아주 일부만 차지한다. 따라서 Ec91B는 EB와 거의 같다고 보면 된다.

Ec82B는 Ec91B보다는 CB의 기질이 더 많다. 냉철함이나 효율성 같은 CB의 기질이 더해지는 형태다. 또한 살집이 줄고, 위장도 조금 약한 성향을 드러낸다.

Ec73B는 CB의 강한 특징인 냉철함, 효율성 기질에 이어 사려 깊음, 소심함 등이 더해진 형태다.

Ec64B는 CB의 기질이 절반 가까이 차지하는 형태로써 EB의 기본 성격을 기반으로 CB의 긍정적 요소인 효율성, 냉철함, 사려 깊음, 배려심 등과 부정적 소심함, 옹졸함, 게으름, 낯가림, 미루기 등이 복합적으로 작용한다.

이러한 EB와 CB의 화학적 결합이 어떤 형식으로 이뤄지느냐에 따라 인격과 능력이 결정된다. 긍정적으로 결합하면 EB의 포용성, 지속성, 인내력 등에 CB의 효율성, 냉철함, 사려 깊음 등이 시너지 효과를 일으키며 세심하면서도 끈기 있고, 포용력 좋은 인격을 드러내게 될 것이다.

하지만 부정적으로 결합한다면 EB의 우유부단, 유약함, 느림, 눈치 없음, 언변 부족 등에 CB의 소심함, 겁 많음, 옹졸함, 게으름, 낯가림, 미루기 등이 불협화음을 일으키며 옹졸하고 낯가림 심하고 갑갑한 인격을 형성하게 될 수 있다.

⑤ 내 성격유형에 맞는 배우자

EB의 성격유형은 EB의 세 가지 자기 기질인 EdB, EpB, EcB
와 네 가지 두뇌유형 L(논리형), U(실리형), J(명분형), S(감성형)의 결
합을 통해 12가지가 형성된다.

EdB 계열 - EdBL, EdBU, EdBJ, EdBS

EpB 계열 - EpBL, EpBU, EpBJ, EpBS

EcB 계열 - EcBL, EcBU, EcBJ, EcBS

배우자를 선택할 때는 체질과 기질 그리고 두뇌유형을 모두
고려해야 한다. 체질과 기질은 멀수록 좋고, 두뇌유형은 가까울
수록 좋다. 이성 관계에서 체질과 기질은 반대인 사람에게 끌리
게 되어 있지만 끌린다고 해서 반드시 좋은 배우자가 될 수 있는
것은 아니다. 또 그 배우자와 결혼했다고 해서 반드시 결혼 생활
이 무난한 것도 아니다.

끌림이 있고 난 뒤에 갈등이 적어야 한다. 갈등은 대개 문제
에 접근하고 해결하는 방식에서 비롯되는 경우가 많은데, 이러한
갈등은 대개 두뇌유형의 차이로 일어난다. 말하자면 두뇌유형이
비슷할수록 갈등이 일어날 확률이 낮아진다는 뜻이다. 따라서
가장 적절한 배우자는 체질과 기질이 가장 멀고, 두뇌유형은 같
은 상대여야 한다.

EB는 태음인의 하나여서 일단 소양인(D)을 가장 선호한다.
태음인은 행동이 느리고, 말을 하는 것보다는 말을 듣는 것을 좋

아한다. 또한 남에게 쉽게 다가가지 못해서 잘 다가오는 사람을 좋아한다. 그래서 자신에게 잘 다가와 말을 걸어주고 자신의 느린 행동을 보완해줄 사람을 선호한다. 선천적으로 그런 성향의 소양인에게 끌린다.

하지만 소양인 중에 혈액형이 같은 DB에게는 끌림이 약할 수 있다. 또한 O형 혈액형은 양면성이 강해서 A형보다는 부딪칠 우려가 많다. 따라서 EB에게는 DA가 가장 잘 어울리고, 다음으로 DO, 그 다음으로 DB가 잘 어울린다.

소양인 다음으로 EB가 끌리는 체질은 태양인(P)이다. 태양인의 순서도 혈액형에 따라 순위가 정해진다. 따라서 태양인과의 배우자 적합도 순서는 PA, PO, PB가 될 것이다. 그리고 태음인과 소음인은 서로 상극인 탓에 소음인에 해당하는 기질유형은 모두 배제되고, 또 태음인은 같은 태음인에게 매력을 느끼지 못하므로 이 역시 제외된다.

두뇌유형은 같을 때 가장 좋고, 가까울수록 좋다. 두뇌유형 사이의 선호도와 갈등 관계에 대해서는 1부를 참조하기 바란다.

EdB 계열

EdBL(태음소양 B형 논리형 두뇌) : EdB 기질과 논리형(L) 두뇌가 결합한 성격유형으로 긍정적으로 결합하면 끈기 있고 사려 깊으며 언변이 뛰어나다. 하지만 부정적으로 결합하면 답답하고 폐쇄적이며 실용성이 부족한 특징을 보일 수 있다.

EdBL 적절한 배우자

1순위	DeAL	DcAL	DpAL	2순위	DeOL	DcOL	DpOL
3순위	DeBL	DcBL	DpBL	4순위	PeAL	PcAL	PdAL
5순위	PeOL	PcOL	PdOL	6순위	PeBL	PcBL	PdBL

EdB는 기본 기질(EB)이 태음인 B형이기에 DA와 가장 잘 맞고, 보조 기질(DB)은 소양인 B형이므로 EA와 가장 잘 어울린다. 또한 같은 두뇌유형을 선호해서 EdBL에겐 DeAL이 가장 좋은 배우자감이다. 1순위 그룹의 DcAL, DpAL이 그 다음 순위를 잇는 것도 이런 원칙이고, 2순위 그룹부터 6순위 그룹까지의 형성 과정도 마찬가지다.

EdBU(태음소양 B형 실리형 두뇌) : EdB 기질과 실리형(U) 두뇌가 결합한 성격유형으로 긍정적으로 결합하면 끈기 있고 사려 깊으며 현실적이면서 실리적이고 추진력이 있다. 하지만 부정적으로 결합하면 답답하고 폐쇄적이며 결과만 중시하는 성향을 보인다.

EdBU 적절한 배우자

1순위	DeAU	DcAU	DpAU	2순위	DeOU	DcOU	DpOU
3순위	DeBU	DcBU	DpBU	4순위	PeAU	PcAU	PdAU
5순위	PeOU	PcOU	PdOU	6순위	PeBU	PcBU	PdBU

EdBJ(태음소양 B형 명분형 두뇌) : EdB 기질과 명분형(J) 두뇌가 결합한 성격유형으로 긍정적으로 결합하면 끈기 있고 사려 깊고 객관적이면서 분명한 가치관에 입각하여 일을 처리한다. 하지만 부정적으로 결합하면 답답하고 폐쇄적이며 허례와 명분만 따지는 성향을 보일 수 있다.

EdBJ 적절한 배우자

1순위	DeAJ DcAJ DpAJ		2순위	DeOJ DcOJ DpOJ
3순위	DeBJ DcBJ DpBJ		4순위	PeAJ PcAJ PdAJ
5순위	PeOJ PcOJ PdOJ		6순위	PeBJ PcBJ PdBJ

EdBS(태음소양 B형 감성형 두뇌) : EdB 기질과 감성형(S) 두뇌가 결합한 성격유형으로 긍정적으로 결합하면 끈기 있고 사려 깊고 예술적이고 독창적인 성향을 보인다. 하지만 부정적으로 결합하면 답답하고 폐쇄적이고 오만하고 자기중심적인 행동을 보일 수 있다.

EdBS 적절한 배우자

1순위	DeAS DcAS DpAS		2순위	DeOS DcOS DpOS
3순위	DeBS DcBS DpBS		4순위	PeAS PcAS PdAS
5순위	PeOS PcOS PdOS		6순위	PeBS PcBS PdBS

EpB 계열

EpBL(태음태양 B형 논리형 두뇌) : EpB 기질과 논리형(L) 두뇌가 결합한 성격유형으로 긍정적으로 결합하면 끈기 있고 치밀하며 언변이 뛰어나다. 하지만 부정적으로 결합하면 답답하고 불안감이 심하면서 실용성이 부족한 특징을 보일 수 있다.

EpBL 적절한 배우자

1순위	DcAL DeAL DpAL		2순위	DcOL DeOL DpOL	
3순위	DcBL DeBL DpBL		4순위	PcAL PeAL PdAL	
5순위	PcOL PeOL PdOL		6순위	PcBL PeBL PdBL	

EpBU(태음태양 B형 실리형 두뇌) : EpB 기질과 실리형(U) 두뇌가 결합한 성격유형으로 긍정적으로 결합하면 끈기 있고 치밀하며 현실적이고 추진력이 뛰어난 경우가 많다. 하지만 부정적으로 결합하면 답답하고 불안감이 심하고 결과만 중시하는 특징을 보일 수 있다.

EpBU 적절한 배우자

1순위	DcAU DeAU DpAU		2순위	DcOU DeOU DpOU	
3순위	DcBU DeBU DpBU		4순위	PcAU PeAU PdAU	
5순위	PcOU PeOU PdOU		6순위	PcBU PeBU PdBU	

EpBJ(태음태양 B형 명분형 두뇌) : EpB 기질과 명분형(J) 두뇌가 결합한 성격유형으로 긍정적으로 결합하면 끈기 있고 치밀하며 객관적이고 분명한 가치관에 입각하여 일을 처리한다. 하지만 부정적으로 결합하면 답답하고 불안감이 심하면서 허례와 명분만 따진다.

EpBJ 적절한 배우자

1순위	DcAJ DeAJ DpAJ	2순위	DcOJ DeOJ DpOJ
3순위	DcBJ DeBJ DpBJ	4순위	PcAJ PeAJ PdAJ
5순위	PcOJ PeOJ PdOJ	6순위	PcBJ PeBJ PdBJ

EpBS(태음태양 B형 감성형 두뇌) : EpB 기질과 감성형(S) 두뇌가 결합한 성격유형으로 긍정적으로 결합하면 끈기 있고 치밀하며 예술적이고 창조적인 성향을 드러낸다. 하지만 부정적으로 결합하면 답답하고 불안감이 심하면서 오만하고 개념 없는 행동을 할 수 있다.

EpBS 적절한 배우자

1순위	DcAS DeAS DpAS	2순위	DcOS DeOS DpOS
3순위	DcBS DeBS DpBS	4순위	PcAS PeAS PdAS
5순위	PcOS PeOS PdOS	6순위	PcBS PeBS PdBS

EcB 계열

EcBL(태음소음 B형 논리형 두뇌) : EcB 기질과 논리형(L) 두뇌가 결합한 성격유형으로 긍정적으로 결합하면 여유로우면서 냉철하고 언변이 뛰어난 경우가 많다. 하지만 부정적으로 결합하면 답답하고 낯가림이 심하고 실용성이 부족한 성향을 보일 수 있다.

EcBL 적절한 배우자

1순위	DpAL DeAL DcAL		2순위	DpOL DeOL DcOL	
3순위	DpBL DeBL DcBL		4순위	PdAL PeAL PcAL	
5순위	PdOL PeOL PcOL		6순위	PdBL PeBL PcBL	

EcBU(태음소음 B형 실리형 두뇌) : EcB 기질과 실리형(U) 두뇌가 결합한 성격유형으로 긍정적으로 결합하면 여유로우면서도 냉철하고 현실적이고 추진력이 있는 경우가 많다. 하지만 부정적으로 결합하면 답답하고 낯가림이 심하고 결과만 중시하는 성향을 보일 수 있다.

EcBU 적절한 배우자

1순위	DpAU DeAU DcAU		2순위	DpOU DeOU DcOU	
3순위	DpBU DeBU DcBU		4순위	PdAU PeAU PcAU	
5순위	PdOU PeOU PcOU		6순위	PdBU PeBU PcBU	

EcBJ(태음소음 B형 명분형 두뇌) : EcB 기질과 명분형(J) 두뇌가 결합한 성격유형으로 긍정적으로 결합하면 여유로우면서도 냉철하고 분명한 가치관에 입각하여 일을 처리하는 경우가 많다. 하지만 부정적으로 결합하면 답답하고 낯가림이 심하고 허례와 명분만 따진다.

EcBJ 적절한 배우자

1순위	DpAJ DeAJ DcAJ		2순위	DpOJ DeOJ DcOJ	
3순위	DpBJ DeBJ DcBJ		4순위	PdAJ PeAJ PcAJ	
5순위	PdOJ PeOJ PcOJ		6순위	PdBJ PeBJ PcBJ	

EcBS(태음소음 B형 감성형 두뇌) : EcB 기질과 감성형(S) 두뇌가 결합한 성격유형으로 긍정적으로 결합하면 여유로우면서도 냉철하고 예술적이면서 독창적이다. 하지만 부정적으로 결합하면 답답하고 낯가림이 심하며 오만하고 자기중심적인 행동을 보일 수 있다.

EcBS 적절한 배우자

1순위	DpAS DeAS DcAS		2순위	DpOS DeOS DcOS	
3순위	DpBS DeBS DcBS		4순위	PdAS PeAS PcAS	
5순위	PdOS PeOS PcOS		6순위	PdBS PeBS PcBS	

제3부

체질별
건강관리

체질별 6장부의

형태와
건강관리

소양인

6장부와 건강관리

심강폐강, 위강비강, 간소신소 – 적수열혈형

소양인은 계절적으로 봄에 해당한다. 이들의 특징을 한 마디로 요약하면 '적수열혈(適水熱血)형'이라고 할 수 있다. 적수열혈이란 '물을 적당히 먹고 땀을 적당히 흘리며 피는 뜨거운 형질'이라는 뜻이다. 이런 특징은 소양인의 내장 기관으로부터 비롯한다.

소양인의 6장부 특징을 간단하게 요약하자면 심강폐강, 위강비강, 간소신소라 할 수 있다. 즉 심장과 폐는 작고 강하며, 위와 비췌(비장과 췌장) 또한 작고 강하다. 그러나 간과 콩팥은 작고 약한 형질이다. 이들의 심장과 폐는 작지만 소음인보다는 크고, 위와 비췌의 크기도 소음인보다는 크다. 이들의 위와 비췌는 사상체질 중에서 가장 강하다. 비록 태음인의 비위가 크긴 해도 소양인의 비위보다 건강하지 않으며, 태양인에 비해서는 비위가 현격하게 강하다. 특히 비췌는 태양인에 비해 훨씬 강해 비린 음식도 잘 먹을 수 있다. 이들의 간은 소음인보다 크기는 크지만 매우 약하고, 신장 또한 소음인보다 작고 약하다. 따라서 소양인의 병은 주로 신장과 간에서 비롯된다.

소양인은 간과 신장이 약해서 밤을 새워 폭음을 하는 일은 되도록 삼가야 한다. 이들은 밤을 새워 술을 마시면 자주 졸음이 닥치는데, 이는 콩팥이 피로해지기 때문이다. 이때 이들은 잠을 자는 것이 좋다.

이들은 비위가 강한 탓에 도수 높은 술을 좋아하고, 사람들과 어울리기를 즐겨, 밤을 새우면서 술을 마시는 일이 잦다. 비위가 강한 탓에 어느 정도는 이런 일을 감내할 수 있지만, 그 사이에 간과 신장은 몹시 상하게 된다. 원래 간과 신장은 장기 중에 제일 강한 장기다. 여간해서 상하지 않고, 상한 뒤에도 쉽게 눈치챌 수 없다. 생활 리듬이 일정치 않은 소양인들이 가장 염려해야 할 것은 바로 간과 신장이다.

소양인은 신장이 약해서 성관계를 오래 하면 안된다. 대개는 쉽게 피로를 느껴 힘이 빠져 스스로 성관계를 오래 지속하기 힘들다. 또 비췌가 상한 소양인의 경우 성적 표현이 세심해져 성관계를 오래하는 경우도 있다. 이 경우엔 신장이 크게 상하여 정력이 순식간에 달아나는 현상이 일어나므로 조심해야 한다.

소양인이 술을 즐기는 것은 큰 문제가 되진 않지만 폭음과 밤을 새우는 일은 금해야 한다. 폭음과 밤을 새우는 일에 능한 체질은 태음인이다. 이들의 대부분은 밤새 술을 마시고도 다음날 거뜬히 출근하는 체질이다. 소양인이 만약 이들 태음인과 어울려 함께 술을 마시고 함께 밤을 새우면 치명적인 상태가 된다는 것을 잊지 말아야 한다.

소양인은 네 체질 중에서 비위가 가장 강하지만 그렇다고 비위가 손상되지 않는다는 것은 아니다. 태아로 있을 때 어머니가 전혀 아이의 체질에 맞지 않는 것을 억지로 먹어 비위가 상한 상태로 태어나는 경우도 있고, 어린 시절에 지나친 환경 변화나 충격, 특정한 음식에 의한 좋지 않은 기억이나 장기 손상으로 인해 비위가 상하는 경우도 있다. 대개 태중에 있을 때 얻은 손상은 자라면서 거의 회복되지 않지만, 태어난 뒤에 손상을 입은 경우엔 관리만 잘하면 회복된다.

소양인은 다른 어떤 장기보다도 비위에 의존하여 사는 사람들이어서 비위가 손상되면 아주 힘들어한다. 우선 이들은 심폐가 발달하여 여러 곳을 다니기 좋아하는데, 비위에 손상을 입으면 멀미를 해서 여행에 어려움을 겪는다. 위장의 강함에 의존하여 어떤 일에든 공격적으로 덤벼드는 것이 이들의 특징이자 장점이다. 비위가 상하면 자신도 모르게 소극적인 성격을 드러내고, 되도록 남과 부딪치지 않으려고 일을 회피하는 성향이 생긴다. 게다가 신경질이 많아져 다른 사람에게 공격적인 말을 자주 하게 된다.

또한 이들은 여러 음식을 좋아하고, 음식을 먹는 재미를 인생의 큰 즐거움으로 삼는 사람들인데, 음식을 마음대로 먹지 못해 스트레스가 쌓인다. 특히 육류, 그중에서도 돼지고기를 못 먹는 상황이 발생하면 늘 허기에 시달리고, 조금만 배가 고파도 참지 못해 허겁지겁 음식을 먹어대기 일쑤다. 짜증이 많아지고, 신경이 날카로워지며, 대인 관계도 나빠지기 십상이다. 특히 배가 고플 땐 무섭게 짜증을 내며 주변 사람을 마구 몰아붙이는 경향이 있다.

소양인이 이렇듯 비위가 상하면 선천적으로 비위가 약한 체질인 소음인의 생활 태도를 차용해야만 병에서 벗어날 수 있다. 우선 소음인처럼 생활을 매우 규칙적으로 해야 한다. 소양인은 비위가 강해서 자고 일어나고, 먹고 마시는 일에 일정한 규칙이 없어도 큰 어려움을 겪지 않지만, 비위가 약한 소음인은 조금이라도 생활 리듬이 깨지면 매우 힘겹다. 소양인도 비위가 상하면 그런 어려움에 처할 수 있어 반드시 생활 리듬을 일정하게 만들어야 한다. 다음으로 소음인처럼 식사량을 줄여야 한다. 그리고 술자리에 함부로 끼어들지 말아야 하며, 커피나 담배를 줄여야 한다.

그렇다고 소음인과 똑같은 음식을 먹으라는 말은 아니다. 음식은 비위가 상하지 않은 소양인보다 더 주의해서 소양인에 맞는 것만 먹어야 한다. 즉, 개고기나 닭고기는 금물이고 돼지고기나 소고기를 먹어야 한다. 채소류도 차가운 성질을 가진 것들만 먹어야 하고, 인삼이나 꿀 같이 열이 오르는 음식은 되도록 먹지 말아야 한다.

소양인은 심장과 폐가 잘 상하지 않는 체질이다. 이들은 원래 활동적이라 여간해서 심장과 폐에 무리를 주지 않는다. 그러나 한 가지 주의할 일이 있다. 바로 비만이다. 소양인이 비만해지면 심폐에 이상이 왔다고 생각하면 된다.

태양인

6장부와 건강관리

심대폐대, 위강비중, 간약신약 – 급수맹혈형

태양인은 계절적으로 여름에 해당한다. 이들의 특징을 한 마디로 요약하면 '급수맹혈(急水猛血)형'이다. 급수맹혈이란 '물을 급하게 먹고 땀을 적게 흘리며 피가 사나운 형질'이라는 뜻이다. 이들은 목이 조금만 말라도 물을 벌컥거리며 마시고 땀은 적게 흘리며, 대신에 물을 먹고 나면 오래지 않아 소변을 봐야 한다. 그리고 피가 빠르게 돌고 심장이 커서 화를 낼 땐 무섭게 내고, 화가 오래 가는 체질이다.

이들의 6장부 특징은 심대폐대, 위강비중, 간약신약이라 할 수 있다. 즉, 심장과 폐는 크고 강하다. 하지만 그 강하기는 소양인에 미치지는 못한다. 이들의 위는 강하지만 소양인에 미치지 못하고, 비췌는 아주 약하지는 않으나 강하지도 못하다. 또한 태양인의 간은 크지만 매우 약하다. 태양인의 간은 크긴 하지만 태음인에 비할 바가 되지 못하며, 약하기는 네 체질 중에 가장 약하다. 신장은 작고 약한데, 크기는 소음인보다 크며 약하기는 네 체질 중에서 가장 약하다.

태양인의 심폐는 건강하지만 열이 많은 편이다. 이들은 추위를 잘 견디지 못한다. 이들 중엔 심폐의 강한 열로 인해 기관지를 상한 사람들도 많은데, 이들은 특히 냉기에 약하다. 그렇다고 겨울을 싫어하는 것은 아니다. 이들은 심폐의 열로 자주 답답증을 느끼는데, 겨울의 차가운 기운이 그 답답증을 없애주기 때문이다. 하지만 이들은 추위 속에서 오래 견디지 못한다. 심지어 에어컨 바람이나 가을날의 선선한 바람조차도 두려워한다.

이들은 또 심폐에 열이 많아 피부가 건조하고 거칠어서 습기에 몹시 약하다. 태양인이 본래 뜨거운 여름을 잘 견디지만 고온다습한 기온에선 맥을 못 추는 이유가 바로 여기에 있다. 따라서 태양인은 여름을 좋아하지만 장마철은 아주 싫어한다.

태양인의 비위는 소양인과 아주 많이 다르다. 소양인이 비위가 아주 강하여 서로 균형과 조화를 이루고 있는 반면에 태양인의 위는 강하지만 비췌는 강하지 못해 비린 음식은 잘 먹지 못한다. 태양인의 위는 비록 소양인보다 크지만 그 강하기는 소양인에 미치지 못하는 까닭에 아주 많이 먹지 못한다. 또 태양인은 소양인보다 위가 가슴 쪽으로 더 가까이 붙어있어 음식을 많이 먹으면 복부가 매우 답답해지므로 소양인보다 음식량이 적을 수밖에 없다. 그리고 비췌는 소양인에 비해 작고 훨씬 약해 신경이 예민하고 음식 선택도 다소 까다롭다. 이들은 기름기 많은 것이나 비린 것, 느끼한 것은 먹지 않으며, 되도록 담백한 음식을 찾는다. 태양인이 비계가 많은 돼지고기를 꺼리는 까닭이 바로 여기에 있다.

태양인의 간은 큰 편이나 약하며 열이 많이 차 있다. 이들은 화를 급하게 내고 고함도 잘 지른다. 또한 인내력도 약하여 화가 나면 절제가 잘되지 않고, 가슴으로부터 식도까지 화가 솟구쳐 오른다. 심지어 가슴 주위가 벌겋게 달아오르기도 한다. 거기다 심폐가 발달하여 행동력이 좋아 화가 나면 물불을 가리지 않고 덤비는 경향이 있다.

태양인의 신장은 작고 약하며 냉기가 많다. 태양인은 생식기 계통이 모두 약한 편이며, 여성들은 임신이 잘 안되는 경향이 생긴다. 이런 탓에 손발이 차갑게 되기 십상이고, 방광 또한 약하여 오줌소태에 걸릴 확률이 높다. 따라서 태양인 여성들이 임신에 성공하기 위해서는 뜸이나 찜질 요법으로 자주 배를 데워야 한다.

이렇듯 태양인은 심폐의 기능이 강해 활동력이 좋은 반면 비췌가 예민하여 신경이 날카롭고 간이 약하여 화가 많으며, 콩팥이 약하여 생식 능력이 떨어진다. 따라서 이들이 건강 관리에서 가장 신경을 써야 하는 부분은 간과 콩팥, 비췌인 셈이다. 간에 가장 큰 영향을 끼치는 것은 술과 화다. 선천적으로 간이 약한 태양인은 폭음을 자제해야 하고, 너무 도수가 높은 술은 피하는 것이 좋다. 그래야만 화를 다스릴 수 있다.

태양인 남성들은 과도한 성관계는 삼가야 한다. 이들은 양기가 순식간에 쏟아지면서 참을 수 없는 열기에 사로잡히기 십상이라 하룻밤에 여러 번 성관계를 하는 것은 매우 위험하다. 소양인은 짧고 빠르며 약하게 사정하려는 경향을 띠는 데 반해 태양인은 짧지만 한 번 만에 강하게 사정하는 경향이 있다. 여러 번 사정하면 위험할 수 있다. 물론 남성에 한정된 이야기다. 여성은 성관계로 인한 에너지 소비량이 남성에 비해 상대적으로 훨씬 적어 섹스로 인해 탈진하거나 뇌졸중에 걸리는 경우는 없다.

태양인 중에 비췌가 상한 사람도 많은데, 이들은 너무 열이 많은 음식을 즐긴 탓이다. 특히 태양인은 매운 음식을 좋아하는데, 이는 매운 음식이 대개 뒷맛이 담백한 까닭이다. 하지만 너무 맵게 먹으면 비췌와 소장이 상한다. 이로 인해 소화액이 역류하는 일이 발생하는데, 태양인은 이런 상태가 되면 몹시 힘들어한다. 심지어 숨을 제대로 쉬지 못하는 상황이 발생할 수 있다.

태양인은 비교적 큰 장기가 명치 위쪽에 몰려있어 가슴이 벌어지고 어깨가 위로 올라가는 체형을 갖는다. 이들은 자주 답답증을 느끼며 막힌 공간에 오래 있지 못하고, 바깥바람을 쐬길 좋아한다. 이들이 나들이나 여행을 하지 않으면 화가 차서 병을 얻게 되는 이유도 여기에 있다. 따라서 태양인은 정기적으로 여행이나 산행을 해야 한다. 그러면 태양인은 간이나 가슴에 찬 화가 풀려 병에 잘 걸리지 않게 된다.

태양인은 화만 조절하면 여간해서 병에 걸리지 않는 체질이다. 다만 목과 허리가 짧아 이곳이 잘 다친다. 허리와 목에 디스

크 증세가 생길 우려가 높다는 뜻이다. 또 관절이 약하여 무거운 것을 잘 들지 못하고, 관절이 잘 다친다.

태양인 역시 위가 튼튼한 편이어서 비만에 걸릴 우려가 있다. 태양인은 여간해서 비만병에 걸리지 않지만 만약 걸리게 되면 매우 치명적이어서 과식은 금물이다.

소음인

6장부와 건강관리

심소폐소, 위약비약, 간강신강 - 소수건혈형

소음인은 계절적으로 가을에 해당하는 체질이며, 이들의 특징을 한 마디로 요약하면 '소수건혈(小水乾血)형'이라 할 수 있다. 소수건혈이란 '물을 아주 적게 먹고 땀을 적게 흘리며, 피에 수분이 적다'는 뜻이다. 이들은 땀을 많이 흘리면 피로해지고 쉽게 빈혈에 걸리는 경향이 있다. 특히 여성들은 생리로 인해 빈혈을 앓는 경우가 많다.

소음인의 6장부를 살펴보면 심소폐소, 위약비약, 간강신강이라 할 수 있다. 즉, 심장과 폐, 위와 비췌 역시 작고 약하다. 하지만 간과 콩팥은 강하다. 소음인의 장부는 전체적으로 모두 작은 것이 특징인데, 간과 콩팥을 빼고는 모두 약하기까지 하다.

소음인의 심장과 폐를 먼저 살펴보자. 이들의 심장과 폐는 작고 약하지만, 태음인에 비해서는 건강한 편이다. 따라서 태음인보다는 활동성이 좋고 성격도 급한 편이다. 하지만 근본적으로 심장이 작은 탓에 치밀성은 모자라고 폐 또한 작아 활동성도 약한 편이다. 소음인은 되도록 장소 이동을 하지 않고, 새로운 곳에 적응하는 것이 느리며, 낯가림이 심할 수밖에 없다. 하지만 반대로 이들은 익숙해진 것에 대해서는 매우 능한 특징을 보인다.

소음인의 위와 비췌는 사상체질 중에서 가장 작고 약하다. 소음인의 특징을 가장 잘 드러내고 있는 장기가 바로 위와 비췌라고 할 수 있다. 위는 음식을 저장하고 소화하는 기능을 담당하는 장기인데, 이것이 약한 소음인은 당연히 저장하고 소화하는 능력이 떨어질 수밖에 없다. 이들은 자연스럽게 자기 위에 맞는 음식만 섭취하게 되므로 편식을 하게 된다. 또 비췌는 소화효소를 분비하고 신경선을 다스리는 기능을 하는데, 이것이 약한 소음인은 소화를 촉진하는 기능이 약하고 신경이 예민할 수밖에 없다. 따라서 소음인은 신경질을 잘 내고 멀미에 잘 시달리며 세심한 성격이 된다. 익숙하지 않은 곳에 잘 가려하지 않고, 익숙하지 않은 음식은 잘 먹으려 하지 않으며, 익숙하지 않은 사람을 만나는 것을 꺼리게 된다. 또 먼 곳을 여행하는 것을 싫어하고, 배변 기관이 예민해서 화장실에 몹시 신경을 쓰고, 처음 보는 것에 대한 두려움을 많이 느끼게 되는 것이다.

이런 이유로 소음인의 삶은 매우 규칙적이어야 하며, 영역이 일정해야 하고, 폭식이나 폭음은 절대 금물이고, 지나치게 자극적인 음식도 삼가는 것이 좋다. 이들은 쉽게 잠들지 못하고, 또 쉽게 잠에서 깨어나지 못하며, 한번 잠에서 깨어나면 잠드는 데 오래 걸려 수면 문제로 고생하는 경우가 많다. 이 모든 것이 위와 비췌의 허약함에서 비롯되는 것이다.

소음인이 내세울 수 있는 장기라면 간과 콩팥이다. 소음인은 다른 장기는 약한 편이지만 이 두 장기는 아주 강하다. 비록 간은 작지만 단단하고 건강하며, 콩팥은 체구에 비해 매우 크고 길며 건강하다.

간이 크면 대개 살이 많이 찌기 십상인데, 소음인은 간이 작아 여간해서 살이 찌지 않는다. 더구나 작으면서도 매우 단단하고 건강해서 아주 여윈 체구가 많다. 간이 약하면 화를 잘 내게 되는데, 소음인은 간이 강하므로 화를 잘 내지 않는다. 간이 강하면 화를 내면으로 삭이는 능력이 탁월하게 되는데, 간이 작고 강한 소음인은 비록 화를 잘 내지는 않지만 속으로 삭이면서 그 화가 사라질 때까지 말을 하지 않고 꽁한 얼굴로 지내는 경향이 있다. 그런 까닭에 소음인은 자신을 화나게 한 사람을 오랫동안 용서하지 않으며, 심지어 상대방이 모르게 보복하려는 속성을 갖게 된다.

소음인은 다른 장기는 모두 작지만 신장, 즉 콩팥은 비교적 큰 편이다. 비록 태음인이 소음인보다 신장의 크기가 훨씬 크지만, 그 강함은 소음인을 따라잡지 못한다. 또 체구와 비례해서 신장의 크기를 바라보면 소음인의 신장이 태음인보다 결코 작다고 말할 수도 없다. 콩팥은 인내력과 지속성을 결정짓는 장기이므로 이것이 강하고 큰 소음인은 참는 능력이 탁월한 편이며, 일을 할 때 집요한 속성을 드러낸다. 또한 콩팥은 생식 능력을 주관하고 있으므로 소음인은 생식 능력도 탁월한 편이다. 흔히 마른 장작이 잘 탄다는 말이 있는데 이는 소음인의 정력을 두고 하는 말이다. 하지만 소음인은 이 강한 정력 탓에 건강을 잃기도 한다.

소음인은 어떤 문제에 대해서 세밀하긴 하지만 치밀하기는 힘들다. 하지만 성적인 문제는 매우 집요하고 치밀한 편이다. 더구나 소음인 남자는 성을 탐닉하고자 하는 욕구가 매우 강하며, 성관계를 매우 오랫동안 지속하는 성향이 있다. 이는 자칫 지나친 성욕으로 발전하여 건강을 악화시킬 우려가 있고, 콩팥이 크게 상하는 결과를 낳기도 한다. 하지만 여성의 경우엔 좀 다르다. 소음인 여성들은 여간해서 성적인 만족을 느끼지 못하는 경우가 많은데, 이는 소음인의 쾌감이 매우 늦게 얻어지는 까닭이다. 거기다 소음인은 피부가 매우 약해서 소음인 여자들은 곧잘 성관계로 인해 상처를 입는다. 이는 곧 성관계를 싫어하게 되는 원인으로 작용하게 되고, 심지어 성관계 자체를 아주 기피하는 현상으로 이어질 수 있다.

소음인은 대개 체구가 작고 여윈 편이며, 체형적 특징으로 보면 목이 길고 가슴팍이 좁으며, 허리가 길다. 소음인은 장기가 작아서 가슴이 넓지 않아도 되고, 그런 탓에 가슴이 비좁다. 이는 소음인의 어깨를 사선으로 처지게 만들고, 또한 목도 가늘고 길게 만드는 것이다. 하지만 상대적으로 콩팥이 크고 길어 허리가 길게 되는데, 우습게도 길지만 곡선미는 없고 직선으로 밋밋하게 생겼다. 소음인은 바지를 입으면 늘 엉덩이 쪽으로 흘러내리기 십상이다. 체형이 이렇다 보니 소음인은 다리가 다소 짧게 보이며, 앉은키가 큰 편이다. 태양인이 상체가 짧고 하체가 길어 앉은키가 작은 것과 대조적이다.

소음인이 건강을 관리할 때 가장 중점을 둬야 하는 것은 역시 가장 약한 장기인 비췌와 위다. 소음인은 잔병치레가 많은 편인데, 그 원인은 모두 위와 비췌에서 온다. 위와 비췌가 나쁘면 소장과 대장도 나빠지기 마련인 탓에 소음인은 늘 뱃병을 앓게 된다. 따라서 소음인은 위와 비췌만 잘 관리하면 평생 건강하게 살 수 있다. 만약 소음인이 이 두 장기를 건강하게 유지한다면 병원 갈 일이 거의 없게 될 것이다.

그렇다면 소음인은 어떻게 비췌를 건강하게 유지할 수 있을까? 선천적으로 이 두 장기가 나쁜 소음인이 해답을 마련하는 것은 결코 쉽지 않다. 하지만 다음의 몇 가지 원칙만 잘 지키면 불가능한 일도 아니다.

첫째, 규칙적인 생활을 해야 한다.
둘째, 술과 담배를 삼가야 한다.
셋째, 비린 음식이나 지나치게 맵거나 짠 음식을 먹지 말아야 하며, 폭식을 삼가야 한다.
넷째, 차가운 음식을 함부로 먹지 말아야 한다.

대충 이 네 가지 원칙을 지키면 소음인은 건강을 유지할 수 있다. 물론 이 원칙은 어느 체질에게나 적용될 수 있지만, 특히 소음인은 이것들을 어기면 건강에 적신호가 올 수밖에 없다.

흔히 소음인을 늘 아픈 얼굴로 사는 사람들이라고 말한다. 그 원인은 역시 뱃병과 두통이다. 위와 비장이 나쁘면 뱃병은 기본이고, 뱃병이 생기면 혈액 순환이 나빠져 두통을 동반하기 때문이다.

이를 해결하기 위해선 자기 몸에 맞는 음식을 섭취해야만 한다. 사상체질 중에서 음식에 가장 신경을 써야 하는 체질이 바로 소음인인 셈이다. 다른 체질은 음식 문제로 탈이 나도 금세 고치지만 소음인은 한번 소화기관에 탈이 나면 아주 오랫동안 고쳐지지 않는 까닭이다.

또 하나 소음인이 주의해야 하는 것은 당분이다. 소음인은 원래 당분을 통해 원기를 만들어 내는 탓에 설탕이 섞인 것을 매우 좋아한다. 하지만 이것은 비만과 당뇨의 원인이 되므로 나이를 먹을수록 당분 섭취량을 줄여야 한다. 그렇지 않으면 비만과 당뇨가 동시에 찾아온다.

태음인

6장부와 건강관리

심약폐약, 위대비대, 간대신대 - 대수담혈형

태음인은 계절적으로 겨울에 해당하는 체질이며, 태음인의 체질적 특징은 한 마디로 '대수담혈(大水淡血)형'이다. 대수담혈이란 '물을 많이 먹거나 땀을 많이 흘리며, 피가 묽은 형질'이라는 뜻이다. 땀이 많고 표열이 많은 이들은 계절 중에 여름을 가장 싫어하고, 겨울을 좋아하며 추위를 타지 않는다.

이들의 6장부의 특징을 요약하자면 심약폐약, 위대비대, 간대신대라 할 수 있다. 즉, 심장과 폐는 크고 약한 데 비해 위와 비췌는 매우 크고 강하며, 간과 콩팥 또한 크고 강한 체질인 것이다. 이들은 몸집이 커서 장기가 모두 큰 편이며 심장과 폐를 제외하곤 모두 튼튼하다.

태음인의 심폐는 크지만 아주 약하다. 네 체질 중에서 심폐의 기능이 가장 약하며, 그로 인해 행동이 느리고 굼뜨며 활동성이 부족하다. 심장이 약한 이들은 피가 아주 느리게 돌아 성격이 여유롭고 천성이 순하다. 심장은 크고 치밀하지만 폐가 약해 행동으로 옮기는 능력이 떨어지므로 그 치밀함이 잘 드러나지 않는다. 폐가 약한 이들은 남의 일에 쉽게 간섭하지 않으며 빠르게 움직이는 것을 싫어하여 무슨 일에든 관망하는 자세를 취하기 십상이다. 그러나 누군가 부탁을 해오면 거절을 잘 못해 남의 일에 잘 휩쓸린다.

태음인의 비위는 크고 건강한데, 크기는 가장 크지만 그 강함은 소양인에 미치지 못한다. 위가 큰 이들은 음식을 많이 먹고 거기다 비위가 좋으므로 가리는 음식이 거의 없다. 대개는 대식가이며, 살이 많이 찐다. 위가 강하면 공격성이 강해지지만 이들의 위는 워낙 커서 공격성은 여간해서 발동되지 않는다. 그러다 공격성이 한 번 발동하면 수습할 수 없을 정도로 크게 드러내어 자칫 판을 엎어버리는 경우가 생긴다. 비췌가 크면 신경이 무디고 성정이 너그러워진다. 사람들과 잘 싸우지 않으며, 다른 사람을 잘 미워하지 않는다. 덕분에 태음인은 아무 곳에서나 잘 어울리며 오락을 좋아하고, 사람들과 무리 짓기를 즐긴다.

하지만 반대로 시간관념이 별로 없고, 눈치가 없으며, 절제력과 절도가 없다. 태음인 남자들은 가정생활에 매우 소홀하고, 귀가 시간이 늦는 일이 많다. 체력이 좋고 위장이 튼튼하여 술자리는 거의 마다하지 않으며, 엉덩이가 무거워 일어날 때를 잘 구분하지 못한다. 일을 하면 밤새우기를 밥 먹듯 하여 일 중독증에 빠지기 십상인 것도 위대하고 비대한 장기 탓이다. 그러므로 태음인은 항상 어느 곳에서든 자신의 마음을 다잡아 빨리 일어나고 빨리 물러나는 습관을 들여야 한다.

태음인의 간과 신장은 매우 크고 튼튼하다. 간이 튼튼하고 비위까지 좋은 이들은 술과 음식을 매우 즐긴다. 흔히 말술을 먹는다고 하는 사람이나 음식을 찾아 전국을 돌아다니는 사람은 하나같이 태음인이다. 거기다 이들은 밤을 새워 술을 마시기도 한다. 또 담배도 몹시 피워댄다. 선천적으로 해독 능력이 뛰어나 담배가 주는 고통을 잘 모른다. 즉, 태음인은 술과 담배, 오락을 즐기는 체질인 것이다. 하지만 태음인은 폐가 약해서 담배를 절제해야 한다. 상대적으로 다른 체질에 비해 폐가 커서 담배가 주는 해악이 쉽게 느껴지지 않아 골초가 매우 많은데, 이는 태음인의 명을 재촉하는 지름길임을 알아야 한다.

태음인은 신장이 튼튼하고 크므로 물을 매우 많이 먹고 땀을 아주 많이 흘린다. 이들은 생식 능력은 발달했으나 표현을 하는 것에는 미숙해 노총각이 많다.

신장이 튼튼하고 큰 이들은 일을 하면 매우 끈질기며, 쉽게 포기하지 않는다. 그러나 이들은 계획이 워낙 원대하고 몽상가 기질이 다분해서 현실성이 떨어지는 경우가 많다. 거기다 활동성과 적극성이 약하여 생각을 실천으로 옮기는 데 어려움이 있다. 그런 이유로 이들이 가진 끈기가 빛을 바래는 경우가 많다. 이들의 끈기는 주로 직장 생활에서 빛을 발한다. 이들은 여간해서 새로운 일을 벌이지 않는 데다 지속성이 엄청나서 한 직장에 취직을 하면 웬만한 일로 그만두지 않는다. 또한 소극적인 성격 탓에 시키는 일은 잘하지만 자신이 일을 주도하는 경향은 별로 없다. 이것은 직장인에게 유리한 성품이다.

태음인은 비위가 커서 살이 많이 찌므로 대개 체구가 거대하고 허리가 굵은 편이다. 물론 태음인 중에 상당수는 서른 이전에는 살이 거의 없다가 서른이 넘은 뒤부터 살이 찌기도 한다. 살이 찌지 않은 태음인은 대개 키가 큰 편인데, 이들의 대다수는 서른을 넘기면 살이 찌고, 늦어도 35세가 되면 살이 찐다. 사실, 태음인은 장기 구조상 살이 약간 찐 상태가 건강하지만, 비만은 역시 해악이 아닐 수 없다.

태음인의 병은 크게 두 가지에서 비롯된다. 첫째는 심폐가 약하여 운동을 잘 하지 않기 때문이고, 다음으로는 많이 먹고 마신 결과 비만이 된 탓이다.

이들 대부분은 평소에도 땀이 엄청나게 흘러 땀나는 운동은 질색이다. 이들은 땀 흘릴 일이 있으면 그저 사우나탕에 들어가는 것으로 해결한다. 그런 까닭에 이들은 땀을 흘리지 않고도 충분히 운동량을 늘릴 수 있는 스포츠를 할 필요가 있다. 대표적인 것은 수영이다. 만약 태음인이 수영을 즐긴다면 약한 심폐를 강화할 수도 있고, 지나친 칼로리도 태울 수 있을 것이다. 또 하나 태음인에게 권할 수 있는 운동이 보디빌딩이다. 태음인은 원래 힘이 좋고 살집이 많아 보디빌딩을 하면 쉽게 근육이 나오고, 몸매도 가꿀 수 있다.

2

장기 손상이
성격과
행동방식에
미치는 영향

장기가 손상되었다는 말의 뜻이 근본적으로 장기의 성질이 변했다는 의미는 아니다. 장기가 손상되어도 그 본성은 변하지 않는다.

장기의 손상은 유전적일 수도 있고, 태아 시절에 발생할 수도 있으며, 태어난 뒤에 관리 소홀로 발생할 수도 있다. 대개 유전적인 장기 손상이나 태아 시절의 장기 손상은 잘 회복되지 않지만, 태어난 뒤에 생긴 손상은 노력만 하면 회복될 수 있다. 또 유전적인 장기 손상보다는 태아 시절에 생긴 손상이 회복될 가능성이 높다. 즉, 유전적으로 장기가 손상된 채로 태어난 사람은 거의 평생을 손상된 채로 살아가게 되지만, 태아 시절이나 그 이후에 생긴 손상은 노력만 하면 얼마든지 회복될 수 있다는 뜻이다.

그렇다고 유전적으로 손상이 일어난 사람이라고 해서 완전히 비관적인 것은 아니다. 스스로가 장기가 손상된 사실만 알고 있다면 얼마든지 그에 맞게 살면 되기 때문이다.

장기 손상은 우리 생활 전반에 엄청난 영향을 끼친다. 우선 음식을 비롯하여 생활 습관, 직업, 행동 방식, 배우자 선택 등 모두 것을 좌우하기 때문이다.

그러나 자신에게 장기 손상이 있다는 것을 알지 못하면 이런 문제를 풀어낼 실마리를 찾을 수 없게 된다. 그리고 결과적으로 대단히 힘든 삶을 살게 된다. 무엇이 자기에게 맞고, 무엇이 맞지 않는지 제대로 모르기 때문이다.

문제는 이것을 알아내는 일이 쉽지 않다는 점이다. 왜냐면 장기 손상은 체질마다 다른 결과로 나타나기 때문이다. 그래서 장기 손상에 대해 체질마다 구분하여 언급해보고자 한다.

장기 손상을 입은 소양인

비장이나 췌장이 상했을 때

소양인은 원래 비장과 췌장이 아주 강하여 소화액 분비가 잘 되고, 화를 금방 삭이는 특징이 있다. 그래서 잠들 땐 어렵지 않게 잠들고, 화가 나도 순간적으로만 급하게 내고 이내 사그라들고 마는 것이다.

그러나 만약 소양인이 비췌가 상하게 되면 상황은 완전히 달라진다. 신경이 다소 날카로워지고, 짜증이 잘 나게 된다. 심하면 쉽게 잠들지 못해 불면증에 시달릴 수도 있다. 거기다 차멀미를 하기도 한다.

음식도 가리는 것이 많게 되고, 기름기가 많거나 물컹거리는 것을 잘 못 먹게 된다. 심하게 상한 사람은 아예 육류를 먹지 못하기도 한다. 그래서 비췌가 상한 소양인 중에는 회를 먹지 않는 사람도 있고, 육류를 먹지 않는 사람도 있다. 소양인의 즐거움 중

하나를 잃어버리게 되는 것이다.

비췌가 약해지면 피부가 얇아지기 쉬운데, 이는 인상을 차갑게 만들기도 한다. 그래서 비췌가 상한 사람은 겉보기에 다소 냉랭해 보인다. 비췌 상한 소양인은 때때로 소음인이나 태양인 취급을 받기도 한다. 하지만 비록 비췌가 상했더라도 소양인 근성은 그대로 유지된다. 체질이 변하는 것은 아니다.

위장이 상했을 때

소양인은 위장이 상하면 몹시 괴롭다. 소양인은 먹는 즐거움을 인생의 큰 즐거움으로 알고 사는 사람들이다. 그런데 위장이 상했으니, 즐거움을 만끽할 수 없어 몹시 괴로울 수밖에 없다.

대개 위장이 상하면 대장과 소장도 나빠지기 마련이다. 소화 불량에 시달리게 되고, 곧잘 위염이나 위궤양에 시달리기도 한다.

따라서 위장이 상한 소양인은 소양인임에도 불구하고 얼굴이 어두워지고 신경질적인 경향을 띠게 된다. 또한 활동성이 떨어지고 공격성도 약해지며 진취적 기상이 많이 사라진다. 만약 소양인이 위장뿐 아니라 비췌까지 함께 상했다면, 이는 더욱 괴롭다.

심장과 폐가 강한 소양인은 여러 곳을 돌아다니기를 좋아하는데, 위장과 비췌가 모두 나빠지면 멀미와 복통에 시달릴 수 있고, 정신적으로 몹시 우울해지곤 한다.

폐가 상했을 때

소양인이 폐가 상하면 활동성이 약해지고, 얼굴이 어두워진다. 운동할 때도 민첩성을 요구하는 것은 피하게 되고, 먼 곳을 여행하거나 산행을 하는 것도 싫어한다. 소양인임에도 불구하고 운동을 그다지 좋아하지 않게 된다.

거기다 소양인 특유의 밝은 인상이 사라지고 인상이 흐릿하게 된다. 태음인 처럼 한 곳에 머물러 있기를 좋아하게 된다.

특히 이들 중 일부는 폐가 상하면 거의 태음인 같은 모습을 하게 된다. 하지만 이들은 콩팥이 발달하지 않아 태음인에 비해 참을성이 훨씬 약하고 땀도 적게 흘린다. 또 지속성도 떨어진다.

폐가 상한 소양인은 여행이나 산행을 좋아하지는 않지만, 사회 활동을 싫어하지는 않는다. 또 뭔가 궁금한 것이 있으면 잘 참지 못하는 것도 여전하며, 급하게 말을 쏟아놓는 것도 여전하다. 말하자면 소양인 특유의 근성은 사라지지 않는다는 뜻이다.

심장이 상했을 때

심장은 성정을 조절하는 곳이므로 소양인이 심장을 상하게 되면 화를 급하게 내는 부분이 완화되지만, 경쟁에서 쉽게 물러나는 경향을 보인다. 또한 의협심이 약화되고, 자신감도 줄어든다. 거기다 폐를 상했을 때와 마찬가지로 인상도 어두워지고 소극적인 성격을 가지게 된다.

이들은 심장이 상한 탓에 운동을 기피하고, 슬픈 일을 당했을 때 다른 소양인보다 충격이 오래 간다.

그러나 위와 비췌가 강한 특성이 그대로 유지되므로 행동에 있어서 공격성은 그대로 유지되고, 말을 급하게 하거나, 하고 싶은 말을 참지 못하는 것도 여전하다.

장기 손상을 입은 태양인

비장과 췌장이 상했을 때

태양인은 원래 비췌가 예민한 편이다. 하지만 소음인의 비췌처럼 아주 약하지는 않다. 그런데 막상 비췌가 상하게 되면 작은 문제에도 대범하지 못하고 오랫동안 고민하는 경향을 보이게 된다. 또 자주 머리가 아프고, 얼굴에 열꽃이 자주 피게 된다.

음식에 있어서도 매우 까다로운 성향을 보이게 되고, 먹지 않는 음식 숫자가 늘어나며 비린 음식은 전혀 먹지 못하게 된다. 또 많이 먹지 못하며, 조금만 많이 먹으면 매우 부담스러워하고, 자주 체증에 시달린다. 특히 기름기에 민감하여 기름진 음식에 의한 체증에 자주 걸린다. 이럴 경우 다른 체질에 비해 그 증세가 오래 간다.

태양인이 비췌를 상하면 덩치가 작아지고, 몸이 여위게 된다. 또 피부는 투명해지고, 인상은 더욱 차갑게 변한다. 그렇다고 피부가 아주 부드러워지는 것은 아니다. 태양인의 피부는 원래 단단하고 신축성이 약한 편인데, 그런 성질은 그대로 유지되는 것이다.

위장이 상했을 때

태양인은 원래 위가 아주 튼튼한 편이다. 그래서 거의 못 먹는 음식이 없다. 다만 비췌가 예민한 탓에 기름기 많은 음식은 기피하는 편이다.

그런 태양인이 위장이 상하면 몹시 괴롭다. 먹고 싶은 것은 많은데, 먹기만 하면 위에 탈이 나기 때문이다. 특히 태양인들은 굴이나 전복, 홍합 등 패류를 아주 좋아하는데, 이런 음식들은 모두 차가운 성질을 가진 것들이다. 그런데 위는 상하면 차가운 음식에 매우 민감한 반응을 보여 늘 음식과 입맛 사이에 불협화음이 일어날 수밖에 없다. 그래서 태양인이 위장이 상하면 소음인보다 훨씬 힘들어질 수밖에 없다.

위장과 비췌를 모두 상한 경우라면 더욱 어려워진다. 이 경우, 단순히 음식만 조심해서는 안된다. 태양인은 근본적으로 화가 많은 사람들인데, 위장과 비췌는 화와 직결되어 있다. 그래서 화를 내면 위장과 비췌가 한꺼번에 요동을 쳐서 얼굴에 열꽃이 피고 음식을 제대로 먹을 수 없는 상태가 된다. 위장과 비췌를 한꺼번에 상한 태양인은 스스로 화를 내지 않기 위해 무척 자제한다.

하지만 화를 자제하다 보니, 화병에 많이 시달리게 된다. 그것은 다시 신경을 매우 예민하게 만들어 작은 문제에도 심각한 고민을 하는 경향을 보이게 된다. 말하자면 아주 속이 비좁게 되는 것이다.

이런 태양인은 우선 꾸준히 운동을 해서 비췌와 위장의 근육을 튼튼하게 만들어야 한다. 비췌와 위는 한 번 상하면 잘 낫지 않아 꾸준한 운동은 필수다. 또 함께 사는 배우자 선택에도 매우 유의해야 한다. 배우자가 지나치게 무뚝뚝한 사람이거나 이기적인 사람을 만나면 자신의 처지를 몹시 비관하게 되기 때문이다.

특히 태양인은 사람으로부터 오는 스트레스에 아주 약해서 비췌와 위를 상한 태양인의 경우 배우자 선택이 무엇보다도 중요하다. 이들에게 적당한 배우자는 세심하고 사려 깊고, 따뜻한 사람이다.

폐가 상했을 때

태양인은 폐가 강한 것이 가장 큰 특징이다. 그 덕분에 이들은 여행이나 산행을 좋아하고, 활동적인 성향을 보이게 된다. 그러나 폐가 상하게 되면 우선 여행이나 산행을 기피하게 된다.

또 사회 활동을 좋아하지 않게 된다. 여러 사람과 어우러지는 것을 힘들어하기 때문이다. 그래서 아주 친밀한 사람이 아니면 거의 가까이하지 않게 된다.

태양인은 원래 인상이 뚜렷하고 눈이 아주 영롱한 편이다. 이는 폐가 건강하기 때문이다. 그러나 폐가 상하게 되면 눈의 광채가 사라져 눈빛이 흐릿해진다.

심장이 상했을 때

태양인은 심장의 힘으로 사는 사람들이라고 해도 과언이 아니다. 태양인의 에너지라고 할 수 있는 화(火)도 모두 크고 튼튼한 심장 덕분이다. 심장이 상하게 되면 태양인의 성격을 많이 잃을 수 있다.

우선 치밀하고 강건한 성격이 많이 약화된다. 모든 일에 준비성이 많은 것이 태양인의 특징인데, 이런 성향이 아주 약해지는 것이다. 또 완벽주의적인 습관도 많이 사라진다. 태양인은 다소 결벽증 증세가 있을 정도로 완벽주의를 추구하는 경향이 있는데, 심장이 상하면 완벽주의를 추구하다가 어느 시점에서 포기해버리는 경우가 잦아진다.

태양인은 도덕성이 매우 강한 사람들인데, 심장이 상하게 되면 도덕성도 약화된다. 그리고 한 사람만 좋아하는 특성도 약화된다. 그래서 태양인이 누군가로부터 배신을 당하여 마음을 크게 다치면 그 이전과는 전혀 다른 예상치 못하는 행동을 한다.

장기 손상을 입은 소음인

신장이 상했을 때

소음인은 신장의 힘으로 산다고 해도 과언이 아니다. 그만큼 소음인에겐 신장이 중요하다. 소음인은 위와 비췌가 모두 약해서 체질적으로 아주 강한 육체를 가질 수 없다. 하지만 소음인은 보기보다 질기고 끈기가 강하다. 전형적인 외유내강형인 것이다.

소음인이 이런 체질이 될 수 있는 것은 작지만 아주 단단하고 강한 신장을 소유한 덕분이다. 그런데 만약 신장이 상했다면 소음인은 어떻게 될까?

우선 끈기가 사라진다. 쉽게 물러서고 쉽게 포기해버린다. 소음인의 최대 강점이 약화되는 것이다.

소음인은 비췌가 약해서 성격이 매우 세심하지만 신장이 강한 덕에 그 세심함을 성공의 요인으로 만들 수 있다. 세심함이 좋은 결과를 얻으려면 반드시 끈기와 결부되어야 하는 까닭이다.

그런데 신장의 손상으로 끈기를 잃게 되면 세심함도 빛을 발하지 못하게 된다.

신장은 사람의 정력을 관장하는 기관이다. 소음인 남성은 정력이 좋고 여성은 생산을 잘 한다. 그런데 신장에 손상을 입으면 이 부분이 아주 약화되어 소음인의 특성이 크게 줄어든다. 소음인이 신장을 상하게 되면 그야말로 인생의 즐거움이 한꺼번에 사라질 수 있다.

간이 상했을 때

소음인의 간은 작지만 강하다. 덕분에 소음인은 화(火)를 오랫동안 간직할 능력이 생긴다. 소음인은 화가 나면 꽁한 얼굴로 말을 잘 하지 않는데, 이는 스스로 화를 삭이는 과정이다. 네 체질 중에 소음인만이 이런 능력이 있다. 태양인은 화를 삭이기보다는 한꺼번에 엄청나게 쏟아내는 체질이고, 소양인은 화를 자주 급하게 내는 체질이다. 또 태음인은 평소엔 거의 화를 담아두지도 않지만, 너무 화가 나면 눈에 아무것도 보이지 않게 되어 완전히 이성을 잃어버린다. 태음인은 화가 나면 무슨 짓을 할지 모른다. 그러나 소음인은 아무리 화가 나도 일단 담아두고 견딘다. 그리고 기회를 엿본다. 언제 그것을 무기로 삼을지 저울질하기까지 한다. 그러면서 화를 스스로 없앤다. 말하자면 소음인은 화를 표출하지 않으면서 화를 없앨 수 있는 유일한 체질인 셈이다.

그런 소음인이 간을 상하게 되면 이런 능력이 줄어든다. 소음인은 비췌가 약해서 원래 신경질이 많은 체질이다. 물론 남에게는 거의 신경질을 내는 법이 없다. 오직 자기와 가까운 사람에게만 자주 짜증을 내는 편이다. 그런데 간이 상하게 되면 이것이 한층 심해진다. 반대로 남에게는 더욱 약해진다. 말하자면 용기는 줄어들고 짜증은 늘게 되는 것이다.

또 일을 처리하거나 대인 관계에 있어 앞뒤를 살피지 않는 경향을 띠게 된다. 이를테면 세밀한 계획을 짜지도 않고 사업을 시작한다든지, 돈거래를 함부로 한다든지 하는 성향을 보인다.

소음인이 간을 상하게 되면 자주 피로에 시달려 업무를 대충대충 하려는 경향이 있고, 조금만 힘든 일이 생기면 한숨을 자주 쏟아놓게 된다. 이는 소음인의 차가운 인상을 일그러지게 만든다.

소음인이 만약 간과 신장이 함께 상했다면, 이것은 정말 고질병이 된다. 간과 신장 이외에 별로 건강한 장기가 없는 소음인이다. 그런데 간과 신장이 함께 상한다면, 그는 한 마디로 환자라고 할 수 있다.

장기 손상을 입은 태음인

신장이 상했을 때

태음인은 신장이 지나치게 큰 사람들이다. 때때로 끈기가 지나쳐 눈치가 없다는 소리를 자주 듣는 체질이다.

신장은 물을 요구하는 장기여서 태음인은 물을 엄청나게 먹는다. 덕분에 땀을 아주 많이 흘릴 수밖에 없다.

이런 태음인이 신장을 상하게 되면 우선 물 먹는 양이 줄어든다. 그러나 여전히 땀은 많이 흘려 쉽게 피로해지고 끈기가 약화된다. 태음인은 원래 체력이 좋아 한 번 일을 잡으면 밤낮없이 매달리는 경향이 있는데, 이런 면이 크게 약화될 수 있다.

사실, 태음인은 신장이 원래 너무 좋아서 오히려 적당히(?) 상하면 좋은 체질이 될 수도 있다. 물도 조금 적게 먹을 뿐 아니라 눈치도 빨라지고 행동도 조금 더 민첩해진다.

하지만 얼마만큼 상해야 적당한 것인지는 알 수 없는 일이다.

간이 상했을 때

태음인은 간이 생명이다. 한편으론 간이 화근이기도 하다. 태음인은 간이 너무 좋아 늘 독이 많은 것들을 즐겨 먹는다. 술과 담배가 대표적이다. 대부분의 남자 태음인은 골초에다 주태백이다. 그래서 늘 귀가 시간이 늦고, 그것이 부부 싸움의 원인이 되곤 한다.

간이 상하게 되면 상황은 달라진다. 간이 상한 태음인은 술을 좋아하지 않는다. 심지어 담배도 피우지 않는다. 덕분에 간이 상한 남자 태음인들은 가정적인 남자가 되는 경향이 있다.

하지만 간이 상했다고 해서 그 본질까지 변하지는 않는다. 간이 크고 신장이 크면 에너지가 좋아 오락을 즐기게 되는데, 간이 상한 태음인도 그런 면은 그대로 유지한다. 그래서 술을 먹지는 않더라도 밤새워 오락을 즐기는 일은 잦다.

그런데 만약 태음인이 간과 신장이 함께 상했다면 어떨까? 이럴 경우 오락도 오래 즐기지 못한다. 태음인 중에 귀가 시간이 아주 빠르고 오락을 즐기지도 않는 사람은 간과 신장이 모두 손상된 경우다.

비췌가 상했을 때

태음인은 비췌가 크고 튼튼하여 만사에 너그럽고 소화력이 뛰어나다. 하지만 비췌를 상하게 되면 예민해진다. 신경질도 잦다. 심하게 상하면 멀미를 하기도 한다. 그중 일부는 먹기는 많이 먹는데 살이 전혀 찌지 않는다.

골태음인은 남자보다는 여성에게서 많이 발견된다. 이들은 키는 큰 편인데, 몸무게는 아주 가볍다. 그렇다고 많이 먹지 않는 것도 아니며, 음식을 가리는 것도 아니다. 다만 아주 비린 음식만 피할 뿐이다. 비췌가 많이 상한 태음인은 불면증에 시달린다. 또 밤낮이 바뀌는 경우도 허다하다.

위가 상했을 때

태음인은 먹는 재미로 사는 사람들이라는 말을 듣는다. 그만큼 위가 좋다는 뜻이다. 하지만 아주 강한 편은 아니다. 그들의 위는 아주 크기는 하지만 소양인에 비하면 강도는 약한 편이다. 그럼에도 위장이 커서 쉽게 탈이 나지 않는다.

그런데 위가 손상된다면 어떨까? 우선은 먹는 것이 줄어든다. 덕분에 비만에 잘 이르지 않는다. 그래서 위가 한 번 손상된 적이 있던 태음인은 비만에 잘 걸리지 않는다. 어떻게 보자면 전화위복이라고 할 수 있다.

그러나 태음인의 위는 손상을 입어도 잘 회복되는 편이다. 그래서 위가 회복된 뒤에 조금만 방심하면 곧바로 비만으로 갈 수 있다. ■